长沙海关年鉴

2023

《长沙海关年鉴（2023）》编纂委员会　编

中国海关出版社有限公司
·北京·

图书在版编目（CIP）数据

长沙海关年鉴. 2023/《长沙海关年鉴（2023）》编纂委员会编. —北京：中国海关出版社有限公司，2024. 5

（中国海关史料丛书）

ISBN 978-7-5175-0800-7

Ⅰ. ①长… Ⅱ. ①长… Ⅲ. ①海关—长沙—2023—年鉴 Ⅳ. ①F752. 55-54

中国国家版本馆 CIP 数据核字（2024）第 104188 号

长沙海关年鉴（2023）

CHANGSHA HAIGUAN NIANJIAN（2023）

作　　者：《长沙海关年鉴（2023）》编纂委员会
责任编辑：文珍妮
责任印制：王怡莎
出版发行：中国海关出版社有限公司
社　　址：北京市朝阳区东四环南路甲 1 号　　邮政编码：100023
编 辑 部：01065194242-7504（电话）
发 行 部：01065194221/4238/4246/5127（电话）
社办书店：01065195616（电话）
https://weidian.com/?userid=319526934（网址）
印　　刷：北京中科印刷有限公司　　经　　销：新华书店
开　　本：889mm×1194mm　1/16
印　　张：19.25　　字　　数：420 千字
版　　次：2024 年 5 月第 1 版
印　　次：2024 年 5 月第 1 次印刷
书　　号：ISBN 978-7-5175-0800-7
地图审图号：GS 京（2022）1441 号
定　　价：200.00 元

《长沙海关年鉴（2023）》
编纂委员会

《长沙海关年鉴（2023）》
编辑部

编辑说明

一、《长沙海关年鉴》是由长沙海关组织编撰的年度资料性工具书，每年出版一卷，2022 年已出版第一卷，本卷为第二卷。

二、《长沙海关年鉴（2023）》以马克思列宁主义、毛泽东思想、邓小平理论、“三个代表”重要思想、科学发展观、习近平新时代中国特色社会主义思想为指导，载录 2022 年度长沙海关工作的基本情况，包括改革的、发展的主要措施、重要事件以及成效和经验。

三、《长沙海关年鉴（2023）》记述时限为 2022 年 1 月 1 日至 12 月 31 日。部分内容时间适当上溯，以保持资料的完整性。

四、《长沙海关年鉴（2023）》所采用的稿件由长沙海关各单位、各部门经审核后提供，由《长沙海关年鉴（2023）》编辑部统稿编纂。

五、《长沙海关年鉴（2023）》采用分类编辑法，设类目、分目和条目 3 个层级，以条目为主要信息载体。共设 10 个类目，分别为特载、专记、大事记、党的建设、业务建设、综合保障、隶属海关单位、直属事业单位、荣誉・名录、海关统计资料，后设附录。卷首设专题图片。

图　例

	直属海关单位	⊙廷布	外国首都		地级市界
	隶属海关		自治州行政中心 地区、盟行政公署驻地		县（区、市）界
	派出机构	⊙东城区	县（区、市）政府		铁路
	海关特殊监管区域	○庞各庄镇	乡（镇）政府、街道办事处		高速公路及编号
	口岸	北京首都 国际机场	机场		国道
	铁路口岸		山峰　高程		省道
	水运口岸		国界		其他道路
	航空口岸		未定国界		河流　湖泊
	公路口岸		地区界		沟渠
	境外口岸		军事分界线		桥梁　渡口
⊙北京市	首都		省界		港口　码头
◉石家庄市	省政府		未定省界		长城
◎廊坊市	地级市政府		特别行政区界		珊瑚礁

注：本书中的关境图，不包括香港，澳门，台湾、澎湖、金门、马祖单独关税区。

海关专题图片

领导活动

^ 2022年1月26日，长沙海关工作会议、全面从严治党工作会议召开

^ 2022年，长沙海关党委班子合影，从左至右依次为：张相梅、韦泳亮、徐晓捷、朱光耀（关党委书记、关长）、焦德高、蒋莉、刘志明、吴昊

^ 2022年11月26日，关党委书记、关长朱光耀（中）在花垣县十八洞村以“院坝讲堂”方式宣讲党的二十大精神

< 2022年10月2日，缉私局局长焦德高（中）带队检查国庆期间值班备勤情况

> 2022年10月9日，关党委委员、副关长徐晓捷（右三）在长沙海关所属长沙邮局海关调研

> 2022年5月19日，关党委委员、副关长蒋莉（中）到长沙海关所属衡阳海关调研

> 2022年12月14日，关党委委员、副关长韦泳亮（右二）调研出口烟花检验监管工作

> 2022年10月14—15日，关党委委员、政治部主任刘志明（左二）调研县域开放型经济

> 2022年8月11日，关党委委员、纪检组组长张相梅（左二）在张家界调研

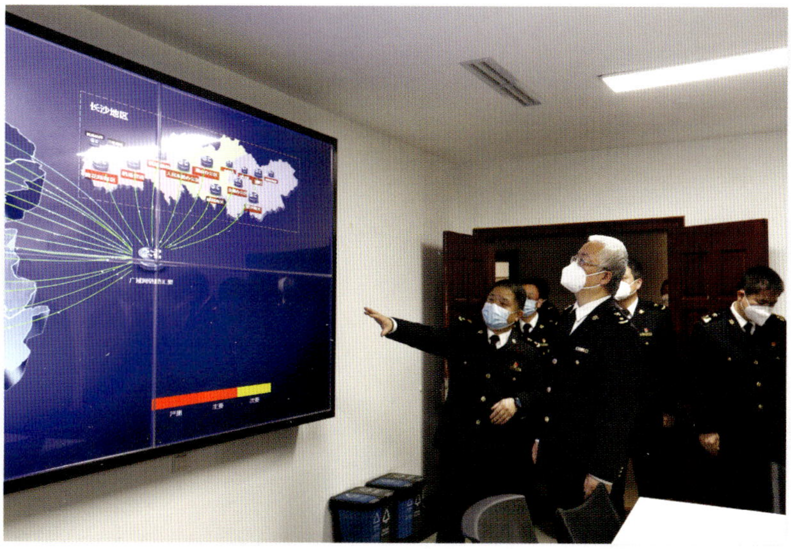

> 2022年12月31日，关党委委员、副关长吴昊（左二）检查指导科技工作

铸忠诚

2022年1月7日，长沙海关召开开展捍卫“两个确立”、做到“两个维护”、强化政治机关建设专项教育活动动员部署会

2022年4月20日，长沙海关所属株洲海关党总支与中车株机供应链管理中心党委举行关企党建联学共建启动仪式

∧ 2022年5月10日，长沙海关组织集中收看庆祝中国共产主义青年团成立100周年大会

∨ 2022年5月12日，长沙海关举办“青年跟党走　建功新时代”庆祝建团100周年主题活动

∧ 2022年5月12日，获评长沙海关青年岗位能手称号人员合影

∧ 2022年5月12日，获评长沙海关青年文明号称号人员合影

^ 2022年6月29日，长沙海关与中南大学湘雅医院签署合作备忘录

^ 2022年6月30日，长沙海关举行“喜迎二十大　奋进新征程”庆祝中国共产党成立101周年活动

2022年8月1日，长沙海关直属机关党委组织开展庆祝“八一”建军节活动

2022年10月16日，长沙海关组织集中收看党的二十大开幕会

2022年11月23日，第二十届中央候补委员、中国工程院刘仲华院士来长沙海关宣讲党的二十大精神

担使命

2022年1月6日，长沙海关所属怀化海关监管中老铁路（怀化—万象）国际货运列车首发

2022年2月11日，长沙海关所属郴州海关监管活大猪出口实现“开门红”

^ 2022年2月23日，长沙海关所属怀化海关对怀化国际陆港海关监管作业场所开展暴雪后安全巡查

^ 2022年3月8日，长沙海关所属长沙黄花机场海关开展全国“两会”，北京冬奥会、冬残奥会期间口岸食品安全专项卫生监督

< 2022年5月25日，长沙海关所属常德海关对供港肉制品进行现场监管

> 2022年7月2日，长沙海关所属怀化海关监管中越铁路（怀化—河内）国际货运列车成功首发

< 2022年7月21日，长沙海关所属岳阳海关助力湘鄂“组合港”开通

> 2022年8月9日，长沙海关所属永州海关关员对出境水果注册果园开展实蝇监测

< 2022年10月27日，长沙海关所属益阳海关助力锂电池扩“能”出口

> 2022年11月16日，长沙海关所属永州海关关员对出境水果注册果园开展核查

^ 2022年11月25日，长沙海关所属星沙海关助力辖区供港澳活猪恢复出口

^ 2022年11月26日，长沙海关所属怀化海关关员对经中老班列出口的柑橘进行查验

2022年12月7日，长沙海关所属永州海关关员对出口蔬菜基地开展核查

2022年12月10日，长沙海关所属怀化海关关员对中老铁路首列老挝香蕉输华班列进行监管

2022年12月16日，长沙海关所属常德海关对供澳活猪开展实地监管，助力活猪供澳业务中断5年后恢复

守国门

2022年1月13日，长沙海关驻黄花机场办事处缉私分局缴获一批走私淫秽物品

2022年3月9日，长沙海关所属长沙黄花机场海关对进口奶粉实施新冠病毒核酸检测和预防性消毒监督

^ 2022年3月10日，长沙海关所属长沙黄花机场海关对自内罗毕入境客运航班进行检疫监管

^ 2022年3月25日，长沙海关后勤管理中心启动“智能人、证核验终端设备”用于核验疫情防控信息

> 2022年7月18日，长沙海关驻黄花机场办事处缉私分局赴蓝山县抓捕涉枪人员

< 2022年7月21—22日，长沙海关举办口岸疫情防控个人安全防护能力提升实操培训班

> 2022年8月30日，长沙海关所属岳阳海关缉私分局开展“国门勇士2022”专项行动，查获疑似枪支一支

< 2022年8月30日，长沙海关所属张家界海关开展新冠疫情口岸防控应急处置演练

< 2022年9月8日，长沙海关动植检处检查指导怀化海关实蝇监测工作

< 2022年9月16日，长沙海关第八纪检组跟班所属株洲海关出口危险品包装检验

∧ 2022年9月20日，长沙海关缉私局移交已结案枪支弹药及管制器具至长沙县公安局进行集中销毁

∧ 2022年9月20日，长沙海关技术中心开展烟花爆竹燃放场安全检查

促发展

^ 2022年1月10日，长沙海关与湖南省工商联合会签署合作备忘录

> 2022年2月15日，长沙海关所属常德海关对辖区出口蔬菜种植基地开展现场监管

2022年3月18日，长沙海关所属娄底海关赴湖南振强锑业有限责任公司开展加工贸易“一对一”指导

2022年3月24日，长沙海关所属湘西海关监管湖南省2022年首批鱼子酱出口

2022年3月29日，长沙海关对湖南省首批以市场采购贸易方式申报的出口至菲律宾的预包装食品开展监管

> 2022年4月22日，长沙海关所属益阳海关对出口黑茶开展现场监管

< 2022年5月30日，长沙海关与湖南省知识产权局签署合作备忘录

> 2022年5月31日，长沙海关所属张家界海关赴桑植县调研粽叶种植加工及出口情况

^ 2022年6月25日，长沙海关与南昌海关签署《支持烟花爆竹出口加强安全监管合作协议》

^ 2022年7月22日，长沙海关所属株洲海关对出口黄桃进行监管

^ 2022年7月22日，长沙海关与湖南大学签署战略合作协议

^ 2022年7月26日，长沙海关所属长沙黄花机场海关全力保障首条非洲全货运航班（埃塞俄比亚—长沙）首航

^ 2022年9月20日，长沙海关所属株洲海关开展县域开放型经济调研

> 2022年9月28日，长沙海关动植检处到韶山海关进行注册猪场实地考核

> 2022年11月3日，长沙海关所属娄底海关对辖区进境粮食存放企业开展核查作业

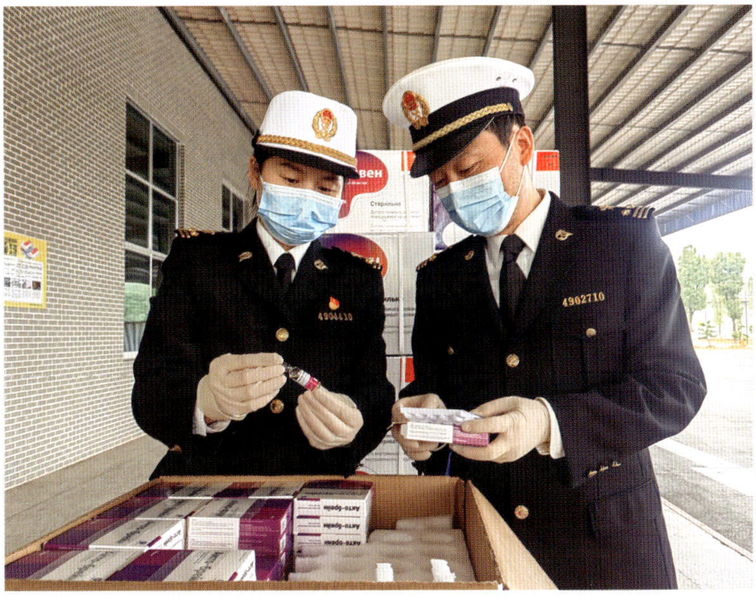

> 2022年11月4日，长沙海关所属韶山海关助力湖南首批小牛去蛋白提取物注射液顺利出口

齐奋斗

2022年1月4日，长沙海关技术中心、保健中心、第五派驻纪检组联合举行升旗仪式

^ 2022年1月25日，长沙海关后勤管理中心开展春节前安全检查

^ 2022年1月25日，长沙海关所属星沙海关开展“写春联　送祝福”活动

^ 2022年1月29日，长沙海关所属永州海关开展“迎新春”活动

^ 2022年2月14日，长沙海关所属衡阳海关开展“闹元宵　猜灯谜”活动

^ 2022年2月14日，长沙海关后勤管理中心开展“闹元宵　猜灯谜”活动

^ 2022年3月5日，长沙海关所属岳阳海关参加岳阳市2021年度“雷锋家乡学雷锋”系列先进典型表彰暨2022年度“党员志愿服务先锋行”活动启动仪式

^ 2022年3月11日，长沙海关机关团委与高桥街道五一社区开展联盟共建暨学雷锋志愿服务活动

2022年4月25日，长沙海关对队列训练小教员和国旗仪仗队队员开展集中训练

2022年6月28日，长沙海关羽毛球代表队参加第二届"健康湖南"全民运动会

^ 2022年12月15日，中国共产主义青年团长沙海关直属机关第六次代表大会召开

^ 2022年12月15日，长沙海关举办"奋进新征程　展现新作为"主题演讲比赛决赛

目　录

第五篇　业务建设

第六篇　综合保障

第七篇　隶属海关单位

第八篇　直属事业单位

第九篇 荣誉·名录

第十篇 海关统计资料

附 录

“中国海关史料丛书”编委会

第一篇

特载

长沙海关概况、主要职能、组织架构

一、概况

中华人民共和国长沙海关是国家进出关境监督管理机关，关区范围为湖南省，负责贯彻执行与海关管理相关的法律、法规、规章、规范性文件和相关技术规范，负责本关区征税、监管、缉私、出入境检验检疫、统计等工作。

长沙海关于1904年始建，1947年裁撤，1984年重建。它既是一个有历史文化底蕴的老关，又是一个改革开放后建立和成长起来的有发展潜力和空间的新关。为贯彻落实党中央关于“将国家质量监督检验检疫总局的出入境检验检疫管理职责和队伍划入海关总署”的改革部署，按照海关总署的统一安排，自2018年4月20日起，湖南出入境检验检疫局统一以长沙海关名义开展工作，各隶属检验检疫机构亦统一以长沙海关相关隶属机构名义对外开展工作。机构改革后，长沙海关的职责更宽广、队伍更壮大，海关事业进入了一个全新的发展阶段。目前，长沙海关下设17个隶属海关单位，覆盖了全省14个市州，人数已由建关初期的60余人发展到近1000人。

二、主要职能

长沙海关是受海关总署直接领导，负责指定口岸及相关区域范围内海关工作运行管理、监督监控的正厅级直属海关，领导隶属海关。长沙海关负责湖南省的各项海关管理工作。其主要职责是：

（一）负责本关区贯彻落实党中央、国务院关于海关工作的方针政策和决策部署，在履行职责过程中坚持和加强党对海关工作的集中统一领导，履行全面从严治党主体责任。

（二）负责贯彻执行与海关管理相关的法律、法规、规章、规范性文件和相关技术规范，负责本关区征税、监管、缉私、出入境检验检疫、统计等工作。

（三）监控研判本关区各类执法风险、管理风险和廉政风险并组织防范和化解，负责本关区基层党组织建设、队伍建设和日常管理工作。

（四）完成海关总署交办的其他工作。

三、组织架构

- 内设机构
  - 办公室
  - 法规处
  - 综合业务处
  - 关税处
  - 卫生检疫处
  - 动植物检疫处
  - 进出口食品安全处
  - 商品检验处
  - 口岸监管处
  - 统计分析处
  - 企业管理和稽查处
  - 财务处
  - 科技处
  - 督察内审处
  - 人事教育处
  - 机关党委（思想政治工作办公室）
  - 监察室
  - 离退休干部办公室
- 隶属海关单位
  - 长沙黄花机场海关
  - 长沙邮局海关
  - 星沙海关
  - 株洲海关
  - 韶山海关
  - 衡阳海关
  - 邵阳海关
  - 岳阳海关
  - 常德海关
  - 益阳海关
  - 张家界海关
  - 郴州海关
  - 永州海关
  - 怀化海关
  - 娄底海关
  - 湘西海关
  - 长沙海关风险防控分局
- 直属事业单位
  - 长沙海关技术中心
  - 湖南国际旅行卫生保健中心（长沙海关口岸门诊部）
  - 中国电子口岸数据中心长沙分中心
  - 长沙海关后勤管理中心

在 2022 年长沙海关工作会议上的讲话

长沙海关主要负责人　朱光耀

（2022 年 1 月 26 日）

这次会议的主要任务是：以习近平新时代中国特色社会主义思想为指导，认真贯彻落实全国海关工作会议精神，总结 2021 年工作，分析形势、理清思路，部署 2022 年任务。

一、实事求是，全面回顾 2021 年工作

2021 年，在总署党委和倪岳峰署长的坚强领导下，以李全关长为班长的党委班子团结带领全关干部职工，贯彻落实习近平总书记重要讲话和重要指示批示精神，深入推进“五关”建设，聚焦“红色湘关”目标，扎实开展“基层基础建设年”活动，全面服务国家经济社会发展大局，全面服务湖南“三高四新”战略定位和使命任务，全关各项工作成果丰硕、亮点纷呈。

（一）政治机关意识坚定坚决

坚持“第一议题”制度，建立政治、纪检、业务工作 3 个例会制度，迅速落实习近平总书记对海关工作、湖南工作的重要指示批示精神。扎实推进模范机关建设，组织党委中心组学习 16 次，专题培训班、读书班 9 期，抓实支部集中学习研讨，引导党员干部忠诚捍卫“两个确立”、增强“四个意识”、坚定“四个自信”、做到“两个维护”。全力配合总署党委巡视工作，扎实做好巡视整改“后半篇文章”，集中整改任务完成率达到 100%，干部群众满意率达到 99%；挂图作战、开门整改等 4 个特色做法，得到总署巡视办、广东分署肯定和推介。强化政治巡察，对 22 个部门、单位开展常规巡察，覆盖率达到 87%，超出总署考核要求 12 个百分点。

（二）党史学习教育扎实务实

利用湖南红色资源，组织党史宣讲 30 多场次，线上线下“我讲家乡党史故事”贯穿全年，成为特色品牌。紧扣庆祝建党 100 周年重大节点，举办庆祝大会，先后组织“两优一先”表彰、演讲比赛、党史抢答等 21 项活动，15 个微视频被学习强国、海关影像刊载。突出抓好“我为群众办实事”实践活动，16 个重点项目、111 条具体措施全部落地见效，6 个项目获中央电视台《新闻联播》报道，1 个项目入选总署“百佳项目”。深入开展红色关史研究，课题报告被总署收录，拍摄《百年公馆》获央视频发布，首次与总署办公厅举办在线访谈，访问量

128万余人次，提问量创栏目新高。

（三）新冠疫情防控有力有效

党委班子靠前指挥，召开指挥部会议18次，各部门单位精诚团结，广大干部职工恪尽职守、日夜奋战，国门安全屏障全面筑牢。坚定不移落实“外防输入、内防反弹”总策略，强化联防联控，发挥移动P2+实验室、健康申报验核一体机等科技防疫支撑作用，坚持“人、物、环境”同防，全年监管检疫出入境人员2.43万人次；监管检疫进口冷链食品312批、进口高风险非冷链集装箱货物266批。强化疫情内部防控，落实一线人员封闭管理，开展“四不两直”督导检查46次，确保规定动作百分之百到位。关心爱护疫情防控一线人员，出台48条细化措施，做好心理疏导和服务保障，加强正向激励和表彰奖励。

（四）口岸监管效能提质增效

贯彻总体国家安全观，深入开展安全生产专项整治，口岸反恐工作获评全省考核优秀等次。强化监控指挥中心作用发挥，在总署考核中7次获得第1名。加强安全准入风险布控，查获风险情事2562起，邮递渠道人工分析布控查获率30.65%，居全国海关第1位。深入开展特许权使用费、粮食加工等专项稽查，稽查补税近3000万元，查发率居全国海关第3位。扎实开展“龙腾2021”专项行动，查扣侵犯知识产权嫌疑商品1386批，增长607%。全面落实企业信用管理制度改革，注册企业突破2万家。提升税收征管质量，全年税款入库101亿元，15项税政调研建议被国务院税则委员会采纳，占全国海关五分之一。出台加强国门生物安全管控15项措施，截获有害生物70种类288种次。优化进出口商品检验模式，加强风险预警和快速反应，检出不合格商品391批，查发率提升16%；检验监管出口烟花爆竹、打火机数量居全国海关第1位，查处“高危低报”情事63起。开展进口食品“国门守护”行动，退运销毁不合格食品22批。

（五）严厉打击走私成果丰硕

落实总署党委加强打私工作“1+6”文件精神，业务领导和综合保障持续加强，严厉打击“洋垃圾”、象牙等濒危物种及其制品、“水客”走私取得丰硕战果。全年刑事立案33起，增长10%，案值3.52亿元，抓获犯罪嫌疑人57人；行政立案319起，增长68%，案值23.1亿元；行政、刑事立案数在内陆海关分列第3名和第4名。移送检察院审查起诉案件20起35人，居内陆海关第2名。深化反走私综合治理，打私合力明显增强，率先在全国建立非法入境固体废物归口地方政府统一处置工作机制，海关部门查发移交缉私刑事立案数占比超过50%。

（六）改革创新成果落地见效

坚持大胆试、大胆闯、自主改，全国首创进口转关货物内河运费不计入完税价格、进口龙虾混装监管、外国人才来华工作一站式服务等制度创新成果，邮快跨业务同场监管案例获国务院自贸办推介，推动29项创新举措落地实施，自贸区改革任务完成率85.7%，走在全省最前列。争取市场采购贸易方式出口预包装食品试点，长沙成为全国第3个试点城市。推广企业集团加工贸易监管改革，自主开展综合保税区卡口改革、区港联动一体化，推动中非易货贸易、市场采购“白名单”等新业态新模式成功试点。开发建设出口烟花爆竹辅助监管平台、送收样环节智能化监管系统，推动54项业务监管事项“进系统、留痕迹、可追溯”。创新实施实验室一体化运行机制，在全国海关作经验交流。牵头完成2项铝颜料国际标准修订、出口水稻种子中重要检疫性病害检测技术研究等3个署级科研项目，有效提升湖南优势产业国际话语权。

（七）服务湖南开放精准有为

推动签署新一轮署省合作备忘录，出台21项具体措施，精准服务湖南高水平开放高质量发展。高效办理31个国家和地区、335家参展商备案，保障第二届中非经贸博览会成功举办。推进非洲产品准入进程，开通湘粤非“铁海联运”班列，支持湖南在全国首次进口非洲卢旺达干辣椒，首次将大闸蟹出口非洲肯尼亚，助力打造中非经贸深度合作先行区。认真落实减税降费政策，为企业减税10.3亿元，其中为重装企业减税5.1亿元，居全国海关第2位。出台助力乡村振兴促进农产品出口18项措施，助推湖南出口农产品133.4亿元，增长29%；安全稳定保障供港澳活猪3.56万头，居全国第4位。全年湖南进出口5988.5亿元，增长22.6%，创历史新高。推行中欧班列出口“运抵直装”“提前申报”等改革，助推湖南发运量1070列，增长96.2%。支持岳阳城陵矶直航香港水运航线恢复运营。巩固压缩整体通关时间成效，进、出口整体通关时间和压缩比，均优于全国平均水平。加强统计预警监测分析，建言献策，128篇分析文章被总署和省委省政府采编。

（八）干部队伍活力有效激发

科学分析干部队伍结构，认真落实选人用人专项整改，全年晋升职务职级干部265人次，推动正、副处级领导干部空缺职数分别下降83.3%和65.7%，平均年龄分别下降6.8岁、6.5岁，事业单位岗位聘用比例达到98.6%。坚持创先争优、正向激励导向，奖励52个集体、231名个人。强化岗位资质人员实操培训，开展专题培训89期，取得或晋升资质667人次、1802项，全员培训学时、学分达标率100%。出口打火机、烟花爆竹检验监管2个教学视频被总署采用，实现“零”的突破。组织5个部门、单位开展两级一岗试点，推动责任到人到岗，实现风险有效防控。

（九）全面从严治党纵深推进

各级领导班子认真履行主体责任，纪检部门切实履行监督责任，定期会商、同向发力，共同推进全面从严治党。细化主体责任清单，加强对“一把手”和领导班子监督，组织基层党组织书记述责述廉述党建，管党治党政治责任持续压实。巩固深化“强基提质工程”，坚持“一支部一品牌一特色”，开展党务干部专题培训，基层党建工作质量稳步提高。加强精神文明创建，开展文化建设“五个一”活动，成功创建一批省级文明（标兵）单位和青年文明号。推行派驻监督“五个三分之一”工作法，扎实推进“现场监管与外勤执法权力寻租”专项整治，一体推进“三不腐”经验做法被总署推介。精准运用监督执纪“四种形态”，立案数量、纪律处分人数创十八大以来新高，释放出越往后执纪越严的强烈信号。扎实开展警示教育月活动，推动以案促教、以案促改、以案促治。

（十）综合运行保障高效有序

出台加强对隶属海关业务指导10条措施，发布操作指引86项，编印办文办会办事实务手册，业务执法、政务管理规范化水平有效提升。认真落实承接《海关法》修订任务，常态化清理制度51项，法治宣传教育有序推进。全面深化平安海关建设，首次荣获湖南省国家安全人民防线建设先进单位，连续12年获评湖南省平安建设先进单位、10年保持“平安单位”称号。信息工作在省委、省政府分列第4名、第3名；新闻宣传在全国海关B序列排第1名，首次在中央电视台《新闻联播》单条刊播我们新闻。敢督善审能力不断提升，圆满完成14个督察项目、6个审计项目。落实“过紧日子”要求，科学安排资金调度，集中财力优先保民生、重点保运转、精准保发展，首次实现预算执行率100%，居全国海关第1位；闲置房地产处置利用率超总署考核要求12.3个百分点；资产管理水平显著提升。稳妥推进事业单位所属企业脱钩，着力建设满意食堂、暖心物业、平安车队，后勤服务保障有力有效。

一年来，机关党委、工会、妇委会、海关学会顺利换届；乡村振兴驻村帮扶工作、离退休干部工作有序推进；事业单位经营发展效益稳步提升。

回顾一年来的工作，我们深切体会到：一是必须旗帜鲜明讲政治。全面贯彻习近平新时代中国特色社会主义思想，落实习近平总书记重要指示批示精神和党中央重大决策部署，深入践行“五关”建设总体要求，确保我们工作始终沿着正确方向前进。二是必须全面依法履职责。找准我们工作在国家大局和湖南发展中的方位，统筹发展和安全，严格依法行政，切实强化监管优化服务，维护国家利益和国门安全。三是必须改革创新提效能。坚持问题导向，强化系统观念、底线思维，通过改革持续挖潜，依托科技全面赋能，提升管理效能，防范风险隐患，推动我们工作不断迈上新台阶。四是必须严管厚爱带队伍。全面从严治党、从严治关，发挥两级党委领导作用和各级党组织政治功能，强化队伍执行力战斗力，为我们改革发展提供坚强保证。

上述成绩的取得，是习近平新时代中国特色社会主义思想科学指引的结果，是总署党委和倪岳峰署长坚强领导的结果，是湖南省委省政府关心支持的结果，是历届党委（党组）接续奋斗的结果，是全关上下勠力同心的结果。在此，我代表关党委，向全体干部职工、离退休老同志，表示衷心感谢！向所有奋战在疫情防控一线的同志们表示亲切慰问！

二、提高站位，准确把握面临的形势

当前，时代之变和世纪疫情相互叠加，我们面临的机遇更具战略性和可塑性，挑战更具复杂性和全面性，需要深刻把握国之形势、国之大计、国之大事，把“国之大者”贯穿于“方方面面”的工作和工作的“方方面面”。

（一）严峻复杂的国际形势对我们工作提出新挑战

面对世纪疫情、大国博弈和地缘风险加剧的形势，世界经济增长持续放缓。我国经济发展面临需求收缩、供给冲击、预期转弱的三重压力，海关维护国门安全的任务更加繁重艰巨。我们必须坚持党的全面领导，统筹国际国内两个大局，不断提高政治判断力、政治领悟力、政治执行力，提升斗争精神和斗争本领，增强大局意识，强化担当作为，全面履职尽责，为国家经济社会发展贡献海关智慧和力量。

（二）党中央重大决策部署对我们工作提出新要求

党的十九届六中全会系统总结党百年奋斗的重大成就和历史经验，提出“两个确立”的重大政治论断。中央经济工作会议强调，要

“稳字当头、稳中求进”，扩大高水平对外开放、多措并举稳定外贸、科学精准做好疫情防控等，这些工作都与海关职责息息相关。习近平总书记多次对打击走私、加强生物安全管控、加强知识产权保护等作出重要指示批示，为做好海关工作提供了根本遵循。我们必须坚决捍卫“两个确立”、做到“两个维护”，深刻领会没有离开政治的业务，也没有离开业务的政治，善于从政治和大局高度审视各项工作，更好发挥海关职能作用，统筹发展和安全，助力构建新发展格局，服务保持平稳健康的经济环境、国泰民安的社会环境、风清气正的政治环境。

（三）海关事业改革发展对我们工作提出新任务

“十四五”海关发展规划明确了今后五年的发展方向，倪岳峰署长在今年全国海关工作会议上提出，要坚持系统思维、深化改革创新，强化监管优化服务，一以贯之推进“五关”建设，维护国门安全，服务打造高水平制度型对外开放格局。这些目标任务，我们必须深刻领会、准确把握，紧密结合实际制定“施工图”和“任务书”，架好“过河”的“路”和“桥”，以只争朝夕的精神状态抓好落实，不断提升制度创新和治理能力建设水平，统筹口岸疫情防控和促进外贸稳增长，在社会主义现代化海关建设新征程中展现新作为。

（四）湖南“三高四新”战略定位和使命任务对我们工作提出新期盼

习近平总书记指示湖南要打造“三个高地”、践行“四新”使命、抓好五项重点任务。省第十二次党代会提出“全面落实‘三高四新’战略定位和使命任务”的总体要求。当前，我们已实现全省各市州海关机构全覆盖，各级党委政府对海关工作更加关注和支持，对海关服务湖南开放发展提出更多需求和期盼。我们必须进一步创新监管方式方法，提升服务能力水平，主动作为、精准发力，助力湖南制度型开放、对非经贸合作、开放平台建设走在前列，打造内陆地区改革开放高地。

面对新形势新要求，我们也清醒看到当前工作还存在以下问题和不足：政治机关建设不够严实，讲政治的要求还没有完全落实到各项工作的全过程各领域。基层党建工作发展不够平衡不够，少数支部党建基础不扎实，个别品牌创建不务实，新设基层一线支部建在科上但没有强在科上。工作作风不够扎实，有的部门单位相互推诿扯皮、执行力不强，有的工作久拖不决，有的对问题视而不见、应付了事。防范化解重大风险不够到位，有的对本部门本单位风险隐患底数不清、情况不明，有的缺少风险分析研判、处置反馈机制，有的执法和非执法领域风险排查整改不及时不到位。党风廉政建设形势依然严峻，有的部门单位落实主体责任不严实，个别干部违规违纪问题时有发生；等等。这些问题，我们必须高度重视、坚决整改、决不贰过。

三、稳中求进，扎实做好2022年工作

2022年是党的二十大召开之年，做好今年工作意义重大。关党委研究认为，2022年工作的总体要求是：坚持以习近平新时代中国特色社会主义思想为指导，全面贯彻党的十九大和十九届历次全会精神，坚决落实全国海关工作会议、全面从严治党工作会议部署，永葆“闯”的精神、“创”的劲头、“干”的作风，深入推进“五关”建设，全面开展基层基础提升工作，

全力推动政治建设走前列、业务建设提质量、队伍建设创一流、综合管理出精品，更好服务国家经济社会发展大局，更好服务湖南“三高四新”战略定位和使命任务，奋力书写长沙海关新篇章，以优异成绩迎接党的二十大胜利召开。

（一）坚定不移深化政治建关

强化理论武装。推进党史学习教育常态化长效化，把深入学习贯彻习近平新时代中国特色社会主义思想，作为党委理论学习中心组、支部“三会一课”首要任务和干部教育培训“第一课程”。做好迎接党的二十大宣传引导和二十大精神学习贯彻，深入学习党的十九届六中全会精神，上半年完成处级领导干部全员轮训和党员干部系统培训，每季度开展一次青年理论学习“悦读”分享会，推动党委中心组学习、青年理论学习等创出经验，走在全国海关和省直单位前列。

抓实政治机关建设。落实“第一议题”制度，发挥好3个例会制度作用，贯彻落实习近平总书记重要讲话和重要指示批示精神。聚焦“讲政治、守纪律、负责任、有效率”，重点打造一批省直、关级模范机关先进单位，示范引领党员干部在口岸疫情防控、维护国门安全、优化营商环境等重点任务中建功立业。扎实开展捍卫“两个确立”、做到“两个维护”、强化政治机关建设专项教育活动，把讲政治从外部要求转化为内在主动，落实到我们工作的各领域、全过程。持续抓好总署党委巡视整改，上半年常规巡察覆盖率达到100%。

加强党的全面领导。坚持党对海关工作的绝对领导，贯彻执行民主集中制，落实请示报告制度，强化两级党委班子建设，发挥党委把方向、管大局、保落实的作用。履行政治责任、主体责任，建立意识形态风险清单，抓好意识形态工作责任制落实。发挥驻村工作队作用，做好职能帮扶、政策帮扶、文化帮扶、技术帮扶，助力乡村振兴。

（二）毫不放松抓好常态化疫情防控

严格口岸卫生检疫监管。保持指挥体系的高效运转，科学精准完善防控策略，打造“口岸现场检疫查验、保健中心实验室技术支撑、多部门联防联控三位一体”防控模式，强化监督检查和专项考核，确保规定动作100%落实到位。聚焦长沙黄花机场、张家界荷花机场和岳阳城陵矶直航班轮等3个重点，严格监督入境客运航空器、直航船舶、“四类人员”行李物品等消毒工作，压紧压实企业主体责任。坚持每月召开疫情防控指挥部会议，研判形势、评估风险，常态化开展实验室检测、人员晕厥、医疗废弃物洒落等应急处置演练，加强抗疫人财物保障，巩固提高口岸公共卫生核心能力、重大疫情和突发公共卫生事件应急处置能力。做好冬奥会和冬残奥会航班备降长沙黄花机场的检疫监管工作。

抓实“人、物、环境”同防。加大进口冷链食品、农产品源头管控力度，对问题企业及时采取暂停进口等措施。对进口冷链食品、高风险非冷链集装箱货物监测检测工作，开展每批实时监督、每月自查、每季专项督查，最大限度阻断疫情经货物传播渠道。严格做好邮快跨物品预防性消毒监督，严防境外疫情通过寄递渠道输入。做到电子化健康申报率、输入性病例拦截率、总署冷链食品及高风险非冷链货物布控指令执行率3个100%。坚持“多病共防”，严防埃博拉病毒、黄热病、中东呼吸综合征、拉沙热等重大传染病传入，防止疫情叠加。

打好安全防护“攻坚战”。严格规范人员跨省和前往中高风险地区出差出行审批管理。扎实做好健康监测、核酸检测、疫苗接种等工作，严格执行一线人员封闭管理要求，加强统筹协调，健全落实关爱激励措施。常态化开展安全防护实操培训，组织内部发现阳性病例应急演练，发挥“挑毛病”专家小组作用，全方位强化安全防护。

（三）坚决守牢进出口检验检疫关

筑牢动植物检疫防线。推广应用智慧动植检系统，提升国门生物安全管理信息化水平。开展湖南主要入境口岸外来入侵物种普查，重点强化水果、粮食、活猪、水生动物等农产品安全风险监控。开展国门生物安全监测，重点做好岳阳城陵矶港进口粮食、长沙黄花机场和张家界荷花机场旅检、长沙国际邮件监管中心邮快跨等渠道的有害生物防控，稳步提升动植物疫情疫病和外来入侵物种截获率。聚焦出口活大猪、水生动物、水果、杂交稻种等湖南特色农产品的检疫和安全风险，加强种、养殖基地源头风险管控，确保湖南农产品安全稳定供应国际市场。启动技术中心动植物标本及培训中心建设，建好岳阳进境粮食检疫监管实操培训基地，高质量完成澳门市政署“供港澳活猪细菌耐药性调查研究Ⅱ期”课题研究任务。

守住进出口食品安全底线。把“四个最严”要求贯穿进出口食品安全工作始终，制订实施2022年进出口食品化妆品监督抽检和风险监测计划。深化进口食品“国门守护”行动，聚焦湖南进口量较大的乳制品、肉类产品等重点商品，严格进口准入管理和口岸检验检疫监管，严格实施进口不合格食品处置，严防进入国内消费市场。聚焦湖南出口量较大的蔬菜、茶叶等重点商品，强化风险源头管控，严格出口检验监管。做好17个非洲国家和地区食品管理体系研究，完成总署下达的肯尼亚水产品、乌干达干辣椒、坦桑尼亚水产品等准入评估专项任务。

严格进出口商品检验监管。牵头建设湖南省进出口商品质量安全风险预警与快速反应体系，强化信息收集，深化结果运用，完善部门联动执法机制。建成用好出口烟花爆竹信息化辅助监管系统，通过创新驱动、协同治理、科技赋能，形成可复制可推广的典型经验，擦亮浏阳烟花爆竹、邵阳打火机等特色产品检验监管品牌。压紧压实高风险商品检验监管责任，加强危化品、矿产品、“两高”产品、防疫物资、机动车、儿童用品等重点敏感商品的风险隐患排查。严厉打击危险品逃漏检，杜绝“洋垃圾”入境，实现不合格检出率、行政处罚案件查发率双提升。深化商检业务模式改革，推进检验结果采信，高质量完成总署进出口烟花爆竹检验监管新体系课题研究、出口烟花爆竹检验规程等6项海关行业技术规范修订。

（四）全面提升监管打私整体效能

强化风险整体管控。将风险管理向海关监管全领域推进，覆盖货物贸易、旅检、邮快跨等全渠道，延伸到事前、事中、事后监管全链条。发挥风险管理委员会作用，构建协调顺畅、反应快速的两级风险防控机制。推动大数据实战应用，构建关级站点“云擎”监控模型20个以上。定期发布查发典型案例与态势分析报告，及时指导基层工作实践。确保货运渠道人工分析布控查获率达到14%以上，高质量查获占比达到30%以上，人工分析专项稽查有效率达到

50%以上。邮件、快件、跨境电商网购保税进口查获率，继续保持在全国海关前列。

提升综合治税效能。密切与税管局协同，加强关税、稽查、风控、缉私等部门的配合，增强税收风险防控整体合力。加强属地纳税人管理，对重点税源企业实施“精准画像”，完成企业底账、双特台账60家。紧扣湖南重点项目深挖税收潜力，加强非贸渠道税收征管，主动与南京、杭州等口岸海关建立协同配合机制，全年完成税款入库不少于105亿元。做好RCEP原产地规则、关税减让政策宣讲，建立优惠税率享惠清单，确保进口享惠比例达到85%以上，帮助企业享受政策红利。推进实施2022年版《协调制度》转版，开展税收政策、自贸协定实施效果评估。立足新能源、高端制造、民生消费等湖南优势产业开展税政调研，上报税政建议采纳数量继续走在全国海关第一方阵。

提高口岸监管效能。落实贸易领域政策措施，加大货运渠道和寄递渠道正面监管力度，开展口岸现场作业规范性检查，加强应急演练，全面强化口岸监管环节的查缉、反恐、防扩散、扫黄打非、出口管制、禁限管控等工作。扎实开展“龙腾2022”知识产权海关保护专项行动，聚焦寄递渠道、市场采购、电子消费品、汽车零配件等重点领域和输美、输俄等重点国别开展风险布控，保持进出口侵权打击高压态势。推进安全生产专项整治三年行动，清理和规范监管场所（场地）管理，扎实开展危化品和燃气安全两个集中整治，继续推动涉危海关监管作业场所仓储业务外迁工作。提升监控指挥中心应用效能，加强二、三级监控指挥中心联动，年内建成1~2个三级监控指挥中心。

加强企业管理和后续监管。高质量推进信用制度建设，构建以信用为基础的新型监管机制，以生产型企业为培育重点，实现AEO高级认证企业数增长10%。继续落实“多证合一”“审批改备案”“注销便利化”等措施，确保全年“多证合一”数据应用率提升8个百分点以上。稳步推进稽查作业改革，参与总署跨关区稽查，组织关区跨辖区稽查，以查发问题为导向，打造一支稽查“尖兵”，加强贸易调查，深入开展涉税、涉检安全准入领域稽查，确保符合条件的稽查线索100%移交，稽查查发率达到80%以上，走在全国海关前列。推进“多查合一”和分类核查改革，稽核查作业100%按时办结，核查作业查发率高于全国平均水平。优化保税监管模式，将边角料内销拍卖机制拓展到3个以上隶属海关。

保持打私高压态势。召开缉私工作专题会议，贯彻落实习近平总书记关于打私工作的重要指示批示精神，全力以赴开展“国门利剑2022”联合专项行动，持之以恒开展“水客”打击治理，严厉打击象牙等濒危动植物及其制品、“洋垃圾”、涉枪涉毒、冻品、重点涉税商品、农产品、反宣品等走私，持续打击涉检、跨境电商走私和跨境赌博违法犯罪行为。落实总署党委“1+6”文件要求，加强业务领导，优化综合保障，深化全员打私，完成海关查发移交缉私刑事立案的考核指标。深入开展反走私综合治理，强化执法规范化建设，加快推进“智慧缉私”，全面构建“打、防、管、控”治理体系。

（五）全面深化改革创新

推动总署重大改革部署落地见效。全面落实属地查检业务改革，优化属地查检作业流程，推动属地查检与企业管理、稽查、核查工作的执法联动。深化全业务领域一体化改革，上线运行检查异常处置系统、出口电子底账系统，全面启用总署物流监控子系统核辐射探测应用功能模块。完成新一代查验管理系统与实验室管理系统对接工作，规范采样作业。在株洲、衡阳海关等单位推广铁路进出境快速通关业务模式，在黄花机场、张家界海关推行进出境运输工具登临检查单兵作业改革。抓好综合保税区新管理办法实施、保税物流中心设立审批调整改革，完善海关报关单位注销管理。

扩大自主改革创新成果。深化自贸试验区制度创新，推出1～2项全国首创性制度创新成果。将综合保税区卡口管理改革试点成果扩大到黄花、衡阳和郴州综合保税区。推进长株潭集约化通关改革、长沙临空邮快跨监管业务集约化整合，提升通关监管的系统性、整体性、协同性。推动“区港联动”第二阶段改革，建成应用“区港联动”功能模块和“云卡口”系统，实现场所间货物流转和转场查验智能化监管。研究加强与南昌、武汉海关的协同配合，探索建立岳阳城陵矶港、九江港、武汉阳逻港三地跨关区“组合港”通关模式；加强与上海、广州、南宁、昆明海关的通关一体化协作，助推岳阳江海联运、湘粤非铁海联运、怀化—东盟班列、中老铁路班列做大做强。

加快推进“智慧海关”建设。推广应用H2018、属地查检等2个署级信息系统，抓好关网办事平台等5个关级信息化项目建设，不断优化流程、提升效率、规范管理。建成H986、CT集中审像中心，推行机检集中审像作业模式，提升智能审图整体识别效能，扩展现场应用场景。拓展安全智能锁使用功能和应用范围，提升基层业务管理水平和执法效能。打造署级、关级和“微创新”三级科技研究和应用机制，争取主持3项省部级课题，参与5项省部级课题研究。推进科普基地建设，实现总署或地方科普示范基地“零”的突破。提升实验室的检测能力和水平，扩增危险化学品分类鉴定、危险货物包装、二噁英等重点敏感商品检测项目100项以上，实现实验室法检项目自检率98%以上。优化两级安全运维体系，确保重点防护“零风险”、常态管理“零失误”。

全面加强法治建设。参与立法顶层设计，配合总署完成《海关法》等修订任务。上半年完成权责清单编制，重点开展出口烟花爆竹检验监管、重大业务改革等领域疑难法律问题研究，厘清职能职责边界，加强对基建项目、政府采购合同的合法性审查。坚持制度动态清理，开展4轮“立改废释”，解决制度缺位、错位和越位问题。发挥公职律师、法律顾问等法治人才专长，稳妥做好行政复议、行政诉讼工作，确保“零败诉”。组建普法讲师团，重点围绕《经修订的京都公约》、新修订的《关税法》、《国境卫生检疫法》、《进出境动植物检疫法》等法律法规，开展专题法治宣传教育，为中心工作提供高质量的法治服务保障。

（六）全力服务湖南高水平开放

持续优化口岸营商环境。深化“放管服”改革，落实主动披露制度，着力打造市场化、法治化、国际化营商环境。全面落实跨境贸易便利化措施，拓展“单一窗口”功能应用，确保进出口整体通关时间走在中西部省份海关前列。认真落实国家减税降费政策，推动清理规范进出口环节合规费用。加强主动对接协调，全力保障湖南智能制造、工业陶瓷等国际展会顺利举办。在长沙霞凝港、岳阳城陵矶港推行危险品货物“直提”“直装”作业模式。落实长沙海关、省商务厅合作备忘录，每半年开展一次外贸形势会商研判，每季度召开一次重点园区、企业座谈会，及时回应企业诉求，解决“急难愁盼”问题。

支持开放平台高质量发展。复制推广国务院自贸改革试点经验，全面落实国务院“21条”措施，推动自贸试验区、综合保税区、跨境电商综试区等开放平台协同发展、提质增效。抓好支持综合保税区高质量发展11条措施落实，力促湖南5个综合保税区在全国绩效排名稳中有升。支持岳阳城陵矶新港建设进境水果、原木指定监管场地和怀化铁路监管场所建设，助推场所（场地）健康发展。推行预约查验、下厂查验、转场查验等便利化措施，支持湖南拓展航空货运、中欧班列、江海联运、铁海联运等国际物流大通道，对接共建西部陆海新通道，构建更加完善的对外开放支撑体系。

促进湖南外贸稳中提质。落实“六稳”“六保”部署，服务湖南深度融入“一带一路”，支持企业抢抓RCEP实施机遇，深入推进“四大改革行动”“五大开放行动”。推进非洲农产品食品输华准入进程，推动扩大中非企业AEO互认合作成果，助力打造中非经贸深度合作先行区。聚焦重点企业、重点商品、重要国别（地区），开展技术性贸易措施研究，申请设立技术性贸易措施调查研究中心（非洲）或技术性贸易措施评议基地。优化生物医药产品进出口检疫审批流程，推动实现口岸、属地信息互联互通，提高查验作业效率，力促湖南生物医药产业健康快速发展。推动市场采购贸易方式出口预包装食品试点落地见效，支持跨境电商、市场采购等新型贸易业态健康发展，培育壮大湖南外贸发展新动能。

加强政策研究和统计分析。统筹政策研究力量，组建青年政策理论研究小组，鼓励在研究状态下开展工作，牵头负责1项署级课题，参与2项署级课题研究，开展不少于10项关级课题研究，打造具有湘关特色的青年智库。运用“数据+研究”方法，紧扣装备制造、轨道交通等特色产业和对非、RCEP、“一带一路”等领域，开展专题调研和监测分析，完成100篇以上高质量调研分析文章。联合杭州海关、省商务厅，启动中非外贸出口先导指数研究编制工作。建立数据监控和业务管理互动机制，加大统计监督结果运用，及时预警贸易异常、管理风险信息。强化数据安全分级管理，在确保数据安全的基础上，满足数据应用需求，为高质量开放发展提供决策参考。

（七）打造高素质专业化干部队伍

树立鲜明选人用人导向。坚持新时期好干部标准，健全完善素质培养、知事识人、选拔任用、从严管理、正向激励“五大体系”建设。注重实绩导向，大力选拔在落实党中央重大决策部署、完成重大专项工作、急难险重任务中表现突出的优秀干部。注重统筹规划，定期开展处级领导班子和干部队伍分析研判，根据职数空缺情况，制订干部选拔任用和职级晋升工作计划。注重加快选拔，开展优秀年轻干部专项调研，大力选拔优秀年轻干部，用好各年龄段干部，选优配强各级领导班子，及时配齐配强执法一线科长。注重激发活力，畅通事业单位、机关和基层交流渠道，明确职级公务员职责，发挥每个人的作用。推动落实事业单位改革，制定事业单位绩效考核办法，调动增收创收性。

加强人才队伍培养。细化落实“十四五”海关人才发展规划，把好人员入口，提高公务员考录、事业单位招聘质量。抓好教育培训，强化岗位资质培训和实操演练，举办各类培训班不少于90期。结合关区业务特色，打造中部一流、全国海关领先的出口打火机、烟花爆竹检验岗位实训基地。参与岗位练兵和技能比武，鼓励关员获取多岗位资质，成为跨领域海关专家，分类建好法治、卫动食商等各类专业人才库，培养不少于3名在全国海关有影响力的专家。组建业务研判专家小组，及时研究解决业务疑难问题。举办湘关大讲堂，鼓励干部走上讲堂，结合工作岗位和专业特长进行授课和宣讲，培养复合型人才队伍。大力培育精品课程，年内向总署推荐不少于2个教学视频。争取参加省委党校培训的机会，实现在省委、市委党校培训班有海关讲授的课题。

强化严管厚爱举措。统筹用好巡视、巡察、审计、督察、检查、执纪等问责追责结果，完善干部监督档案，综合运用提醒、函询和诫勉等手段抓早抓小，促进干部健康成长。通过集中培训、在线访谈、一对一辅导等形式开展宣讲，实现个人有关事项报告零差错，杜绝违规投资或兼职企业情事。严格落实14项及时报告、5项第一时间报告要求，加强与规范领导干部配偶、子女及其配偶经商办企业行为的有效衔接。修订干部交流管理办法，落实“三个区分开来”要求，加大表彰奖励力度，落实支持艰边海关建设措施，用心用情做好老干部工作，增强干部荣誉感、使命感和责任感。

（八）全力推进基层党建高质量发展

巩固深化“强基提质工程”。按照倪岳峰署长提出的“毛主席家乡海关党建工作走在全国海关前列”要求，以提升组织力为重点，全面推动基层一线支部由“建在科上”到“强在科上”。参与总署“书记项目”，强化基层党建难题攻坚和创新，形成一批可复制可推广的典型经验。用好“智慧党建”系统，组织开展2期覆盖全体党务干部的专题培训，把党建成果转化成实际工作成效。深化“四强”党支部建设和党建品牌创建，强化日常指导、典型培树、考核激励、动态退出，打造不少于10个具有湘关特色的党建品牌，走在海关系统、省直单位前列。

持续加强精神文明建设。开展红色湘关历史研究，谋划建设关史荣誉室，组织篮球、网球、书画、摄影等文体活动，加强海关文化建设。深化文明创建，申建各层级文明单位。全力争创各层级职工之家、职工书屋、青年文明号、岗位能手等，为干部职工成长成才搭建更多平台。

深入推进队伍建设。围绕授衔20周年，认真总结准军建设实践和规律性成果，深化内涵学军，开展一次全员准军集训，狠抓日常纪律作风养成。深入挖掘选树宣传先进典型，在海关系统、省直单位推出2～3个先进集体，3～5名先进个人，讲好湘关故事、激发队伍士气。加强政风行风建设，规范办事大厅管理，用好“好差评”系统，打造一批省级文明窗口单位。

（九）持之以恒打造清廉海关

坚决贯彻落实十九届中央纪委六次全会精神，层层压紧压实“两个责任”，一体推进不敢腐不能腐不想腐。巩固深化“现场监管与外勤执法权力寻租”专项整治成果，开展“海关重点项目和财物管理以权谋私”专项整治，推进打私反腐“一案双查”，持续保持执纪审查高压态势。持之以恒落实中央八项规定及其实施细则精神，驰而不息纠治“四风”，精准运用“四种形态”，从严查处顶风违纪问题，对典型案例通报曝光。强化政治监督，做实日常监督，加强对领导班子和“一把手”监督，发挥纪检部门监督保障执行、促进完善发展作用。深化“制度＋科技”反腐，推进执法和管理行为进系统、留痕迹、可追溯。建成智慧监督系统，不断增强监督合力，提升治理效能。常态化开展纪法教育，抓好警示教育月活动，筑牢秉公用权、为政清廉的思想根基。

（十）全面提升综合保障水平

提高财务后勤保障能力。落实“过紧日子”要求，从严控制“三公”经费，压减一般性支出，盘活存量资金资产，100%完成上报总署闲置房地产处置利用。争取中央和地方财政经费支持，重点保工资、保民生、保运转，确保预算执行率达到总署考核要求。优化财务收支结构，改进事业单位管理模式，持续规范政府采购、涉案财物管理。加强基建项目实施管理，督促已完工的保健中心搬迁改造项目竣工决算，推动在建的黄花机场海关基建项目验收和结算，对韶山海关业务技术用房维修改造、湘西海关单身宿舍购置两个新建项目加强实地检查指导。100%完成国有企业改革任务。建立一套后勤服务标准体系，确保后勤保障满意率达90%以上。

提升督察审计水平。配合总署完成相关经济责任审计工作，提升迎审工作质量，深入推进审计发现问题整改。聚集重大决策部署等开展6个专项督察，完成危化品海关监管专题执法评估，完成3个任中经济责任审计，提高内部审计质效。编制督察审计实地作业手册，推动实地作业流程标准化、规范化。强化内部控制与监督平台应用，通过开展内控评价、内控培训，打造内控科室“样板间”，推进内控体系化建设。

提升机关运转效能。建立办公室直接服务基层工作机制，成立2个服务团队，及时解决办文办会办事突出问题。狠抓机关效能建设，坚持开短会、发短文、讲短话，抓执行、办实事、开新局，所有工作都按照承办人、审核人、审批人“3个三分之一”时限抓落实，所有文件都要求简求短求实，保证效率质量。巩固精文简会成果，确保会议、发文数量不超过2021年，便函等非正式发文压减10%以上。聚焦重点工作、重大改革，参与总署在线访谈，举办隶属海关关长在线访谈，加强信息报送和新闻宣传，打造一批在全国海关有影响、高质量的精品力作。做好接受总署涉密网络安全保密风险评估，确保取得优秀等次。

同志们，习近平总书记指出，一个时期有一个时期的历史使命和任务，一代人有一代人的历史担当和责任。开启新篇章，奋进新征程。让我们紧密团结在以习近平同志为核心的党中央周围，在总署党委和倪岳峰署长的坚强领导下，在湖南省委省政府的关心支持下，马上就办、真抓实干，乘势而上、锐意进取，奋力书写长沙海关新篇章，以优异成绩迎接党的二十大胜利召开！

在 2022 年长沙海关全面从严治党工作会议上的讲话

长沙海关主要负责人　朱光耀

（2022 年 1 月 26 日）

这次会议的主要任务是，深入学习领会习近平总书记重要讲话精神，认真贯彻落实全国海关工作会议、全面从严治党工作会议部署，回顾关区 2021 年全面从严治党、党风廉政建设和反腐败工作，部署 2022 年任务。

一、深入学习领会习近平总书记在中央纪委六次全会上的重要讲话精神

1 月 18 日，中国共产党第十九届中央纪律检查委员会第六次全体会议召开，习近平总书记发表重要讲话。

习近平总书记指出，2021 年是中国共产党成立一百周年。党中央坚定不移推进全面从严治党，为全面建设社会主义现代化国家开好局、起好步提供了有力政治保障。2022 年是党的十八大以来第十个年头，十年磨一剑，党中央把全面从严治党纳入“四个全面”战略布局，以前所未有的勇气和定力推进党风廉政建设和反腐败斗争，刹住了一些多年未刹住的歪风邪气，解决了许多长期没有解决的顽瘴痼疾，清除了党、国家、军队内部存在的严重隐患，管党治党宽松软状况得到根本扭转，探索出依靠党的自我革命跳出历史周期率的成功路径。党的十八大以来，全面从严治党取得了历史性、开创性成就，产生了全方位、深层次影响，必须长期坚持、不断前进。

习近平总书记指出，一百年来，党外靠发展人民民主、接受人民监督，内靠全面从严治党、推进自我革命，勇于坚持真理、修正错误，勇于刀刃向内、刮骨疗毒，保证了党长盛不衰、不断发展壮大。全面从严治党是新时代党的自我革命的伟大实践，开辟了百年大党自我革命的新境界。必须坚持以党的政治建设为统领，坚守自我革命根本政治方向；必须坚持把思想建设作为党的基础性建设，淬炼自我革命锐利思想武器；必须坚决落实中央八项规定精神、以严明纪律整饬作风，丰富自我革命有效途径；必须坚持以雷霆之势反腐惩恶，打好自我革命攻坚战、持久战；必须坚持增强党组织政治功能和组织力凝聚力，锻造敢于善于斗争、勇于自我革命的干部队伍；必须坚持构建自我净化、自我完善、自我革新、自我提高的制度规范体系，为推进伟大自我革命提供制度保障。

习近平总书记强调，党的十八大以来，我们继承和发展马克思主义建党学说，总结运用党的百年奋斗历史经验，深入推进管党治党实践创新、理论创新、制度创新，对建设什么样的长期执政的马克思主义政党、怎样建设长期执政的马克思主义政党的规律性认识达到新的高度。这就是坚持党中央集中统一领导，坚持党要管党、全面从严治党，坚持以党的政治建设为统领，坚持严的主基调不动摇，坚持发扬钉钉子精神加强作风建设，坚持以零容忍态度惩治腐败，坚持纠正一切损害群众利益的腐败和不正之风，坚持抓住“关键少数”以上率下，坚持完善党和国家监督制度，形成全面覆盖、常态长效的监督合力。

习近平总书记指出，要巩固拓展党史学习教育成果，更加坚定自觉地牢记初心使命、开创发展新局。要深入学习贯彻党的十九届六中全会精神，持之以恒推进党史学习、教育、宣传，引导全党坚定历史自信，让初心使命在内心深处真正扎根，把忠诚于党和人民落到行动上，继承弘扬党的光荣传统和优良作风，为党和人民事业赤诚奉献，在新的赶考之路上考出好成绩。

习近平总书记强调，要强化政治监督，确保完整、准确、全面贯彻新发展理念。要把握新发展阶段、贯彻新发展理念、构建新发展格局、推动高质量发展，引导督促党员、干部真正悟透党中央大政方针，时时处处向党中央看齐，扎扎实实贯彻党中央决策部署，不打折扣、不做表面文章，纠正自由主义、本位主义、保护主义，不因一时一地利益而打小算盘、耍小聪明，确保执行不偏向、不变通、不走样。

习近平总书记指出，要保持反腐败政治定力，不断实现不敢腐、不能腐、不想腐一体推进的战略目标。我们必须清醒认识到，腐败和反腐败较量还在激烈进行，并呈现出一些新的阶段性特征，防范形形色色的利益集团成伙作势、“围猎”腐蚀还任重道远，有效应对腐败手段隐形变异、翻新升级还任重道远，彻底铲除腐败滋生土壤、实现海晏河清还任重道远，清理系统性腐败、化解风险隐患还任重道远。我们要保持清醒头脑，永远吹冲锋号，牢记反腐败永远在路上。只要存在腐败问题产生的土壤和条件，腐败现象就不会根除，我们的反腐败斗争也就不可能停歇。领导干部特别是高级干部要带头落实关于加强新时代廉洁文化建设的意见，从思想上固本培元，提高党性觉悟，增强拒腐防变能力。领导干部要增强政治敏锐性和政治鉴别力。领导干部特别是高级干部一定要重视家教家风，以身作则管好配偶、子女，本分做人、干净做事。

习近平总书记强调，要加固中央八项规定的堤坝，锲而不舍纠“四风”树新风。形式主义、官僚主义是党和国家事业发展的大敌。要从领导干部特别是主要领导干部抓起，树立正确政绩观，尊重客观实际和群众需求，强化系统思维和科学谋划，多做为民造福的实事好事，杜绝装样子、搞花架子、盲目铺摊子。要落实干部考核、工作检查相关制度，科学评价干部政绩，促进干部更好担当作为。要加强对党中央惠民利民、安民富民各项政策落实情况的监督，集中纠治教育医疗、养老社保、生态环保、安全生产、食品药品安全等领域群众反映强烈的突出问题，巩固深化扫黑除恶专项斗争、政法队伍教育整顿成果，让群众从一个个具体问题的解决中切实感受到公平正义。

习近平总书记指出，要加强年轻干部教育管理监督，教育引导年轻干部成为党和人民忠诚可靠的干部。要从严从实加强教育管理监督，引导年轻干部对党忠诚老实，坚定理想信念，牢记初心使命，正确对待权力，时刻自重自省，严守纪法规矩，扣好廉洁从政的“第一粒扣子”。年轻干部一定要有清醒的认识，经常对照党的理论和路线方针政策、对照党章党规党纪、对照初心使命，看清一些事情该不该做、能不能干，守住拒腐防变的防线。

习近平总书记强调，要完善权力监督制度和执纪执法体系，使各项监督更加规范、更加有力、更加有效。各级党委（党组）要履行党内监督的主体责任，突出加强对“关键少数”特别是“一把手”和领导班子的监督。纪检监察机关要发挥监督专责机关作用，协助党委全面从严治党，推动党内监督和其他各类监督贯通协同，探索深化贯通协同的有效路径。要加强对换届纪律风气的监督，坚持党管干部原则，强化党组织领导和把关作用，特别是要严把政治关、廉洁关。

习近平总书记指出，纪检监察机关和纪检监察干部要始终忠诚于党、忠诚于人民、忠诚于纪检监察事业，准确把握在党的自我革命中的职责任务，弘扬党百年奋斗形成的宝贵经验和优良作风，围绕党和国家工作大局发挥监督保障执行作用，更加有力有效推动党和国家战略部署目标任务落实。纪检监察队伍必须以更高的标准、更严的纪律要求自己，锤炼过硬的思想作风、能力素质，以党性立身做事，刚正不阿、秉公执纪、谨慎用权，不断提高自身免疫力，主动接受党内和社会各方面的监督，始终做党和人民的忠诚卫士。

习近平总书记的重要讲话，深刻总结新时代党的自我革命的成功实践，深刻阐述全面从严治党取得的历史性开创性成就、产生的全方位深层次影响，对把全面从严治党向纵深推进、迎接党的二十大胜利召开作出战略部署。讲话立意高远、思想深邃、内涵丰富，具有很强的政治性、指导性、针对性，是推进新时代党的建设新的伟大工程的基本遵循，是做好全面从严治党、党风廉政建设和反腐败工作的行动指南。

各部门、单位要深入学习贯彻习近平总书记重要讲话精神，切实增强政治自觉、思想自觉、行动自觉，坚持不懈把全面从严治党向纵深推进。

二、2021年工作回顾

2021年是党和国家历史上具有里程碑意义的一年。以李全同志为班长的关党委，扛起管党治党政治责任，坚持问题导向、系统观念、底线思维，建设清廉海关，全面从严治党取得新成效。

（一）“两个维护”坚定坚决

抓实“第一议题”制度，深入学习贯彻习近平总书记重要指示批示精神，做到第一时间学习研究、贯彻落实、督查问效。持之以恒筑牢口岸检疫防线，坚持“人、物、环境”同防。推进模范机关创建，细化目标任务13项，经验做法被总署政治部推介。落实“过紧日子”要求，出台27条具体措施，“三公”经费支出下降7.3%。扎实推进总署巡视整改，取得阶段性成效，得到分署检查组的肯定。选派精干力量驻村帮扶，出台促进农产品出口18项措施，推进乡村振兴与服务农产品出口有效衔接。

（二）廉政教育走深走实

坚持融入日常，编印《纪律挺在前 条规记心间》口袋书，供干部职工随身携带、随手翻阅、随地学习、随时警示。坚持以考促学，开展全员党内法规应知应会知识竞赛，激励人人学习。贯通法纪教育，开展学法考法，实现参学率、参考率、通过率三个100%，4人进入湖南省学习竞赛前1000名并获得优胜奖。坚持“以案说法”，召开2次警示教育大会，2名主要负责人作现场反思，以“活教材”敲响“警示钟”，以“案中人”点醒“梦中人”。坚持以文化人，组织开展“五个一”活动，深化家庭家教家风建设，培树廉政勤政先进典型，正面引导不断加强。

（三）党建基础进一步夯实

严格党内管理，严把党员入口关，取消1名预备党员的资格，及时追回不符合使用规定的党费。严密组织体系，顺利完成直属机关党委和机关纪委换届选举，配齐支部纪检委员，实现执法一线科室“支部建在科上”，党支部由97个增加到120个。严肃组织生活，每月组织主题党日观摩，评选年度“十佳党课”“十佳主题党日”，全覆盖督导民主（组织）生活会，批评与自我批评基本形成常态。坚持党建带群建，获得“全国工会职工书屋示范点”“省直单位工会工作先进单位”、省直“五型”示范团组织等荣誉。

（四）队伍管理更加严实

关党委以身作则，制定加强自身建设、主动接受监督16项措施，制定加强对隶属海关党委“一把手”和领导班子监督21项措施，从严管理的制度体系更加完善。推行派驻纪检组“5个三分之一”工作法，建立“双通报”机制，推动整改问题37个，日常监督成效初显。每周开展内务督察，点名道姓通报问题，日常纪律作风持续向好。运用“第一种形态”抓早抓小，逐步形成习惯，谈话提醒321人次，增长49%。全覆盖聘请特约监督员187名，运用“好差评”系统办理评价事项232件，外部监督不断加强。综合运用监督执纪、巡视巡察、督察审计等结果，组织开展责任追究，约谈3个隶属海关党委班子，对2个党组织、9名领导干部严肃问责。

（五）清廉海关建设稳步推进

进一步加大执纪审查力度，立案8件、给予纪律处分10人，立案数量、纪律处分人数创十八大以来新高。驰而不息纠治“四风”，开展6轮明察暗访，查处违反中央八项规定精神问题3起。扎实推进“现场监管与外勤执法权力寻租”专项整治，坚决亮剑开刀，深入治理“顽瘴痼疾”。实行巡察、审计和纪律监督“三查合一”，开展3轮次22个单位。发挥平行移交问题线索首家试点示范单位作用，形成“组地关”协同优势。深化“制度＋科技”运用，“立改废”制度51项，推动法定检测由“断链式”向“全链条”发展，权力运行监督更加完善。

在肯定成绩的同时，也要清醒地看到问题和不足：有的领导干部对“没有离开政治的业务，也没有离开业务的政治”认识不深、把握不准、敏感性不强，重业务、轻政治。有的领导干部落实主体责任存在“落差”“温差”“偏差”，不担当、不作为，缺乏斗争精神，一团和气，日常教育监督管理宽松软。有的领导干部对海关执法风险、管理风险、廉政风险相互交织的复杂性、长期性认识不足，防范风险意识不强，对问题视而不见、久拖不决。个别党员干部信仰缺失、信念动摇、信心丧失，自律不严、心存侥幸，不收敛、不收手，等等。这些问题必须高度重视，切实加以解决。

三、2022年主要任务

站在新的历史起点，踏上新的赶考路，我们要以史为鉴、开创未来，以伟大自我革命引领伟大社会革命。2022年长沙海关全面从严治党工作的总体要求是，以习近平新时代中国特色社会主义思想为指导，坚决贯彻党的十九大和十九届历次全会精神，认真落实十九届中央纪委六次全会部署，增强“四个意识”、坚定“四个自信”、做到“两个维护”，弘扬伟大建党精神，永葆自我革命精神，坚持以党的政治建设为统领，坚持严的主基调不动摇，深入推进“五关”建设，持续深化清廉海关建设，坚持不懈把全面从严治党向纵深推进，为长沙海关高质量发展提供坚强保证，以优异成绩迎接党的二十大胜利召开。

（一）高站位推进政治机关建设，坚定坚决走好“两个维护”第一方阵

始终把学习领会、贯彻落实习近平总书记重要指示批示精神作为首要政治任务。抓好抓实“第一议题”制度，扣紧学习、传达、督促、落实的闭环链条，持续跟踪问效，形成上下贯通、执行有力的抓落实工作机制。扎实开展捍卫“两个确立”、做到“两个维护”、强化政治机关建设专项教育活动，从严从实抓好理论学习、问题查摆、整改落实等各环节工作，切实把问题和风险查准、查全、查细、查实，切实把讲政治的要求始终体现到忠诚履职、把好国门的具体实践中。组织开展忠诚教育，引导党员干部做对党绝对忠诚的国门卫士，杜绝对党不忠诚、不老实。严格把好选人用人“政治关”，加强政治审查，突出政治标准。严肃党内政治生活，严格贯彻《党委会的工作方法》，严格落实民主集中制，严格执行请示汇报制度，严明政治纪律和政治规矩，进一步形成清清爽爽的同志关系、规规矩矩的上下级关系。年内，开展一次政治生态分析研判，主动发现问题、解决问题，营造风清气正的政治生态。深化模范机关建设，对标“讲政治、守纪律、负责任、有效率”要求，评选8个关级先进（标兵）单位，争创更高级别模范机关。深化巡视巡察上下联动，强化整改评估和成果运用，每季度通报巡视整改情况，持续做好“后半篇文章”。上半年完成巡察全覆盖，下半年制定新一轮五年巡察规划。

（二）高起点强化思想引领，坚持用党的创新理论最新成果武装头脑指导实践

始终把学习贯彻习近平新时代中国特色社会主义思想作为长期重大政治任务，抓好“关键少数”和年轻优秀干部两个重点，通过党委理论学习中心组学习、青年理论学习等方式，淬炼自我革命锐利思想武器。上半年完成党的十九届六中全会精神处级以上领导干部全员轮训和党员干部系统培训。认真落实党中央部署要求，深入学习宣传贯彻党的二十大精神。持之以恒推进党史学习、教育、宣传，把湖南丰富的革命传统资源作为宝贵教材，加强长沙海关史研究，进一步筑牢信仰之基、砥砺奋斗之志、夯实行动之源。每月举办湘关大讲堂，形成“比、学、赶、帮、超”的良好氛围，推动党员干部学思用贯通。认真落实意识形态责任制，做好宣传思想工作，深化精神文明建设，建立荣誉机制，全面推进文明单位、青年文明号创建工作。

（三）高水平深化“强基提质工程”，扎实推进“毛主席家乡海关党建走在前列”

不断增强党支部政治功能和组织力凝聚力，持续开展合格党支部建设，推进执法一线支部“建在科上”向“强在科上”转变，加强事业单位党建工作。深化党建品牌建设，持续擦亮“湖南省基层党建工作示范点”品牌，坚持“一支部一品牌一特色”，精选打造不少于10个具有湘关特色的党建品牌。深入开展“四强”党支部创建，提炼推广更多行之有效的“支部工作法”，申报总署“书记项目”。严格落实党委委员基层联系点制度，实施机关党委委员指导管理网格化机制，建立机关联基层、海关联企业结对联建机制，形成互学互促的良好局面。深化“党员示范岗”创建，引导党员立足岗位担当作为。开展2期党务干部专题培训班，培养会做党务工作、会组织党建活动、会推动党建业务融合、会解决问题的行家里手。

（四）高要求抓实队伍管理，锻造作风过硬的干部队伍

深化内涵学军，强化日常纪律作风养成，严格落实内务规范强化月制度，组织准军事化集训，开展队列会操，统筹运用视频检查、现场随机抽查和暗访等开展内务督察，每月评比内务规范流动红旗。严格规范领导干部配偶、子女及其配偶从业行为，加强领导干部出国（境）管理，杜绝酒驾醉驾，保持个人事项申报“零差错”。开展窗口作风提升活动，落实关企交往正负面清单，推广运用12360海关热线、“好差评”系统，做到窗口服务文明、规范、高效、廉洁。强化外部监督，发挥特约监督员作用，定期召开座谈会，经常征求意见建议。常态化、无遗漏用好“第一种形态”，勇于当“黑脸包公”，敢于下“苦口良药”，及时咬耳扯袖、治病救人。坚持“三个区分开来”，真容错、敢纠错，旗帜鲜明为坚持原则、敢抓敢管、不谋私利的干部撑腰鼓劲。建立健全拴心留人的制度机制，做好日常思想政治工作，用心用情排忧解难，传递组织温暖、体现组织关怀，做到严管有力度、厚爱有温度，凝聚起攻坚克难、团结奋进的强大力量。

（五）高标准建设清廉海关，不断实现不敢腐、不能腐、不想腐一体推进的战略目标

严厉反腐、一战到底，严厉惩治利用影响力或职权谋私贪腐问题，紧盯一线执法领域和重点岗位，深挖彻查群众身边腐败问题，巩固“现场监管与外勤执法权力寻租”专项整治成果，扎实开展“海关重点项目和财物管理以权谋私”专项整治，完善打私反腐“一案双查”工作机制。严肃作风、常抓不懈，从严从重处理顶风违纪行为，锲而不舍纠“四风”树新风，持续加固中央八项规定堤坝。集中整治形式主义、官僚主义，落实基层减负常态化机制，深化“业务问题收集反馈”和“机关直接服务基层”工作机制。严密监督、全面覆盖，建成智慧监督平台，整合监督信息，形成常态长效的监督合力。推动纪检工作规范化、法治化、正规化建设，深入贯彻《中国共产党纪律检查委员会工作条例》，严格落实垂直管理单位纪检监察体制改革要求。发挥纪检部门监督保障执行、促进完善发展作用，聚焦“国之大者”强化政治监督，紧盯“一把手”和领导班子等“关键少数”做实日常监督。加强制度廉洁性、合法性审核，将反腐措施和改革举措同谋划、同部署、同落实，形成靠制度管权、管事、管人、管风险的长效机制。深化“制度＋科技”反腐，用好廉政风险预警、综合业务管理平台等系统，推进执法和管理行为进系统、留痕迹、可追溯，一体提升工作效能和风险防控能力。深入开展警示教育月活动，坚持一案一总结，加强对受处理处分人员的教育管理，做实以案促改、以案促建、以案促治。深化廉洁文化建设，深入推进家庭助廉活动，营造崇德向善、崇俭尚廉的良好风尚。

（六）高质量抓好执行，推动形成上下联动的生动局面

各级党组织和党员领导干部要强化责任意识，学习借鉴“枫桥经验”，敢于直面问题、善于化解矛盾、勇于承担责任，一级抓一级、一级对一级负责，杜绝推诿扯皮、矛盾上交。要强化忧患意识，学会用大概率思维应对小概率事件，增强警觉性、提高预见性，狠查风险隐患，找准症结原因，确保事不过夜，杜绝小问题拖大、大问题拖炸。要强化效率意识，树牢“今天再晚也是早、明天再早也是晚”的思想，不停、不等、不靠，雷厉风行，迅速抓好落实，杜绝慢慢吞吞、拖拖拉拉。要强化实干意识，坚持踏石留印、抓铁有痕，摒弃形式主义作风，不能“把说了当做了、把做了当做成了”，杜绝搞虚假工程、做表面文章。要强化规矩意识，坚持纪律面前人人平等，始终把纪律挺在前面，切实维护纪律权威，杜绝有令不行、有禁不止，对违法违纪行为严肃追责问责，绝不纵容姑息。

同志们，习近平总书记强调，全面从严治党是新时代党的自我革命的伟大实践。让我们更加紧密地团结在以习近平同志为核心的党中央周围，在总署党委和倪岳峰署长的坚强领导下，以永远吹冲锋号的精神，奋力开创长沙海关全面从严治党新局面，以优异成绩迎接党的二十大胜利召开！

第二篇

专记

长沙海关开展口岸疫情防控工作

2022年，长沙海关认真贯彻落实习近平总书记关于统筹疫情防控和经济社会发展的重要指示批示精神，做到3个“坚定不移”，牢记“口岸疫情防控海关必坚守”，不动摇、不走样，不折不扣、科学精准落实二十条优化调整疫情防控措施。第一时间研究落实海关总署4次专题会议，分别制定51条、12个方面、37条和32条细化措施。国庆节前后、党的二十大会议召开期间，组织专项检查，排查口岸疫情防控薄弱环节。

一、组织领导

长沙海关党委班子召开指挥部会议、疫情防控专题会议35次，及时研判形势，准确部署措施。在海关总署召开落实习近平总书记重要批示、国庆前后部署和优化调整防控措施等4次专题会议后，第一时间研究落实，分别细化制定长沙海关51条、12个方面、37条和32条措施。党委委员参加“关长走进封管区”，党委书记全程参加首期“14+7+7”封闭管理，6位党委委员研究解决人员轮岗等问题76项，组织16个隶属海关制定并落实整改措施119项。署管干部带队每季度赴8个重点隶属海关、直属单位开展专项督查。常态化参加湖南省疫情防控指挥部集中办公及防控会商，参与全省常态化疫情防控综合督导，牵头赴郴州、永州2市开展实地检查。

二、研判部署

专人收集疫情动态和全球传染病信息，编报《新冠疫情信息速报》325期。针对撤侨包机、分流航班、新开航线及奥密克戎变异株等开展早期监测预警，发布泰国、马来西亚等新增客运航线及奥密克戎变异株、猴痘等疫情风险研判报告10篇。更新口岸防控技术方案3版次、个人防护操作指引2版次，制订修订其他有关的工作方案、预案、指引等指导性文件41份。

三、防控举措

做好涉及北京冬奥会、冬残奥会备降航班保障，参加湖南省备降航班保障工作小组，参与制订湖南省保障方案，组建支援梯队，开展值班值守，做到无缝衔接。抓严重要节点疫情防控，“一机一方案”保障包机、上海分流航班等重点任务，妥善开展入境直航船舶应急检疫处置，对58架次入境重点航班检疫全流程开展实时监控指挥、应急处置指导。坚持“一航班一复盘”（每次客运航班检疫监管工作完成后，组织当班科室和相关人员进行总结，盘点流程、物资、保障、沟通协调等方面的经验和不足，形成总结报告，以便持续完善提高）120期，得到海关总署通报表扬。首次实现红外测温数据自动写入、异常申报自动拦截等功能，做到自动自助智能审核。

做好“人、物、环境”同防，落实进口非冷链物品口岸环节防控措施，组织长沙黄花机场、长沙邮局、星沙、张家界4个隶属海关在监管作业现场及封闭管理场所开展新冠病毒环境监测。强化终末消毒监督工作，实施入境客运航空器终末消毒监督72架次，研究制定3个监控检查清单，开展“物防”（防止新冠病毒通过货物、物品、集装箱及交通工具等传播）视频监督检查285次，发现问题28个，第一时间通报现场并跟踪整改。做好“多病共防”，6次发布鼠疫、黄热病等传染病防控风险提示和工作要求，对785名重点旅客落实猴痘、埃博拉等监测要求。

2022年，长沙海关组织监管一线人员参加19轮次封闭管理1142人次，检疫入境交通工具683架（艘）次、人员1.16万人次，采样检测7449人份。监管进口冷链食品118批、2881.4吨，实施进口非冷链物品预防性消毒监督115批次、监测采样370批。实现“疫情零输入、关员零感染、操作零失误、通关零延误”。

四、督导检查

建立完善日常、条线、综合3个方面的常态化疫情防控自查督查机制，专项督查组每季度赴8个重点隶属海关、直属单位开展疫情防控督导检查，查发各类问题47项，落实立行立改。2次接受国务院督查组现场检查，长沙海关口岸疫情防控工作得到肯定。成立工作专班全力配合海关总署派驻“双百”督查和国庆节前后实地督查，督促协调部门、单位落实问题整改89项、接受优化建议16项。举一反三组织3轮“回头看”，确保真改实改、改出实效。长沙海关组织有力、科技赋能、高位督导等特色亮点得到海关总署督导组肯定并向海关总署推介。定期会商研判封闭管理工作风险，持续完善管理机制和“三区两通道”（封闭管理区域、工作准备区、缓冲区、工作人员通道、封闭管理人员通道）建设。

五、支撑保障

加大科技赋能力度，提高科学精准防控水平，运用智能申报审核机、无感自助测温通道、旅客行李六面消毒机、终末洗消音视频远程实时监督提醒等。保健中心实验室顺利通过中国合格评定国家认可委员会（CNAS）复评审，新增新冠病毒核酸检测结果等国际互认检测项目6项，保障口岸移动P2+实验室运行。优化健康申报核验、样品采集运送等流程，简化登临检疫、终末消毒监督等工作流程，提升口岸保障能力，支持国际航班有序恢复，辖区内的国际客货运航线增加至肯尼亚、泰国、马来西亚、菲律宾、孟加拉国、埃塞俄比亚、俄罗斯、英国、美国9条，单月客运航班量同比增长71.4%。出台关心关爱封闭管理人员14条措施，配备健康监测手环、定制体检等，160名一线人员接种流感疫苗。

撰稿人

邓思芸

长沙海关开展“跨境电商寄递‘异宠’综合治理”专项行动

2022 年，长沙海关贯彻落实习近平生态文明思想和习近平总书记重要指示批示精神，将防范重大动植物疫情传入传出和防止外来物种入侵列入年度重点工作内容，将生物安全有关内容列入党委会“每会一法”、形势分析会、业务研讨会等内容，宣讲《中华人民共和国生物安全法》（以下简称《生物安全法》），举办专题讲座“国门生物安全与外来生物入侵”“《生物安全法》与长沙海关寄递渠道‘异宠’非法入境风险监管”。

一、机制建设与组织领导

长沙海关建立分管关领导为“第一责任人”、牵头部门主抓、相关部门协同配合的工作机制，制订专项工作方案，召开专题宣传贯彻会议、专题推进会，通过集中工作和专项业务督查，推进专项行动走深走实，保障防控工作的有效性。向海关总署报送非贸渠道“异宠”走私进境风险态势分析报告，检疫监管动态 12 条信息被海关总署采纳刊登。

二、风险分析和处置

强化风险信息收集与研判，收集国内外动植物疫情文章 26 篇，建立高风险来源国（地区）、品名“黑名单”、“影子商品”等风险信息库，组织专题风险研判 3 次。通过“云擎”“海风”等数据分析平台建立涉“异宠”高风险影子商品统计排查模型、外来物种及种子历史查获情况统计分析及风险甄别模型、邮递渠道涉濒危动植物收发件人近期收件情况监控模型 3 个分析模型。在邮递渠道专门建立“国门绿盾”规则树，下设朱顶红等苗木入境风险防控、涉铁甲锹虫风险防控、国门生物安全高风险收件人等 13 个子规则。

三、口岸防控

严格按规定流程开展检疫审批，将检疫审批流程向社会公开，明确岗位人员要求、职责、工作程序、审核要点等有关内容，办理进境动植物检疫审批 179 单。严格落实特许审批申请单位外来物种引入防范和无害化处理措施，防止引入物种逃逸、扩散。加强智能审图，对进境邮快件 100% 过机检查，实施同屏比对，提高对邮快件中种子、种苗等动植物及其产品识别的准确性。加强精准查缉，重点查验高风险邮件类别和重点人群，将境外生物实验室和境内科研院所及研究人员信息纳入布控范围，按照布控指令要求人工开箱彻查。组织开展“国门绿盾 2022”行动，20 人次赴口岸开展专项集中工作。

2022 年，长沙海关非贸渠道截获外来入侵物种 159 种，同比增长 8%。截获植物种子 150 批，占截获总量的 94.3%，来源地主要为德国、南非、美国；线虫和真菌类生物材料 4 批，占总批次的 2.5%，主要用作科研；其他类 5 批，占总批次的 3.1%。长沙邮局海关从邮件渠道截获 154 批，占 96.9%；长沙黄花机场海关从旅客携带物渠道截获 4 批，占 2.5%；快件截获 1 批，占 0.6%。

四、联合行动

以开展“跨境电商寄递‘异宠’综合治理”专项行动为契机，联动相关 5 个处室开展“异宠”查验经验交流和风险分析，精准下达布控指令 6 条，组织专家去业务一线开展专项集中工作 4 次。开展 6 次专题研讨，就打击非法携带、邮寄外来物种行政处罚的法规依据及程序，梳理非法引进外来物种适用的法律法规和执法流程。对一单邮寄入境、重达 2.65 千克的苦乐果种子收件人做出行政处罚，系长沙海关首起非法夹带、藏匿、走私外来入侵物种的行政处罚案件。

五、能力建设

2022 年，开展动植检岗位练兵、技能比武，16 个隶属海关 301 名关员参加，张家界海关陈佳、宋丹丹，邵阳海关徐玉，长沙黄花机场海关邹苗，永州海关彭小宝，邵阳海关吴倩 6 人获得“长沙海关 2022 年度动植检业务能手”称号。加强口岸查验设施设备、检疫处理设备和动植物检疫实验室配置，利用动植物检疫能力提升工程，加快现场查验装备和检测鉴定设备的更新，在张家界荷花机场、长沙黄花机场、岳阳水运口岸等口岸配备动植物检疫查验设备。建设星沙海关、岳阳海关口岸初筛鉴定室。夯实“异宠”鉴定技术储备，对“异宠”截获信息进行收集整理，组织实验室鉴定人员开展相关要求的培训学习 6 人次，强化人员意识；查询技术资料，开展“异宠”形态学和分子生物学鉴定技术储备；对历年截获的“异宠”标本，如工匠收获蚁、彗星飞蛾（又名马达加斯加月亮蛾）等进行整理，为鉴定工作提供技术参考。

六、宣传教育

开展长沙邮局海关关长在线访谈，面向网友科普外来入侵物种危害，回答网友关于“异宠”、禁止进境物等提问 60 余条。召开“跨境电商寄递‘异宠’综合治理”政策宣讲会，向辖区 2 家跨境电商平台和 4 家寄递运营企业负责人宣传政策法规，进一步压实企业生物安全和生态安全主体责任。在长沙邮局海关、长沙黄花机场海关张贴宣传画册，播放宣传视频，发放宣传册 5000 余份。制作“‘异宠’风险知多少”“外来物种国门现形记”“从鳄雀鳝看外来入侵物种”等微信推送 5 期。在全民国家安全教育日期间，对高校、科研院所 1000 余名师生开展“‘4·15’国门生物安全”宣讲，受邀赴湖南师范大学、湖南农业大学、南华大学开展专题讲座。在长沙橘子洲海关公廨举办守护美丽家园——国门生物安全普法展，展示近三年长沙海关在进出境及邮寄递环节查获的动植物及动植物产品、有害生物标本 36 件，展示海关关员及子女防范外来物种入侵普法绘画和书法作品 16 件，与公众打卡互动 100 余人次。

撰稿人

孙小洁

长沙海关开展“口岸危险品综合治理”百日专项行动

2022年，长沙海关按照海关总署统一部署，结合关区进出口危险品业务实际，认真开展“口岸危险品综合治理”百日专项行动，构建科学、安全、高效的进出口危险品监管机制，守护国门安全，关区口岸进出口危险品持续清零，危险品安全监管风险得到有效防范。

一、着力三个“突出”，两级党委靠前指挥

（一）突出政治引领，强化组织领导

成立以两级党委书记为组长、分管负责人为副组长的专项行动工作组，在长沙海关、隶属海关两个层面分别制订专项行动工作方案，以“时时放心不下”的责任感和紧迫感，坚持“以严治乱、以快防患、依规履职、综合治理”的原则，牵头部署、统筹推进、一抓到底。

（二）突出行动重点，加强督促整改

强化“快、准”的目标导向，突出关区出口烟花爆竹、打火机等重点产品，突出岳阳城陵矶、长沙霞凝港、黄花机场空港3个重点口岸，突出风险隐患集中的重点行业、重点企业，扎实开展全流程排查，推进督促整改工作落实落细。

（三）突出统筹协调，务求攻坚实效

对于排查发现的问题，建立问题清单予以公示，每月动态更新。设立“口岸危险品综合治理”百日专项行动专栏，每周公示危险品口岸滞留情况，实时更新海关总署、长沙海关专项工作简报，要求各业务现场组织学习，举一反三；发布日清零、周报告、月调度相关工作成果。各部门、单位打好化解“滞、瞒”的组合拳，及时报送经验做法和典型案例65条，获海关总署采用28条。10月海关总署督导组现场检查组对长沙海关工作进展给予高度评价，并向全国海关推介。

二、抓好两个“全排查”，全力防范隐患

（一）按照业务环节，开展“全流程”隐患排查

全面梳理企业注册登记资质、报检单证风险、检验与检测、人员资质与安全防护、签证及档案、报关单证、通关查验7个业务环节中的风险隐患，对3个方面12个问题隐患进行逐一“过筛、销号”。

（二）按照业务职能，开展“全领域”隐患排查

对涉案财物仓库的账实进行全面筛查，摸清在库货物底数，经实地排查未发现在库危险品。严格按照保税监管场所管理规定开展相关

审批工作，规范工作程序，严禁无资质、超期、超范围存放危险品，强化主体责任，督促地方政府、经营企业落实安全生产责任。严格做好烟花爆竹、打火机2个国家重点实验室安全隐患排查。督促地方政府对1个实验室室外场地进行整改，对2起特殊监管区域无资质存放情况进行妥善处置，相关情况被海关总署简报采用。

三、做好三个动作，化解危险品“滞”的风险

（一）加强职能业务指导

建立“7+7”进出口危险品业务指导专家工作组，指导隶属海关加强“口岸—属地”联动监管，协助指导阿拉山口口岸处置1起烟花爆竹查验滞留情事，协助指导珲春口岸处置2起烟花爆竹口岸查验不合格情事，相关案例获海关总署简报采用。

（二）优化口岸通关模式，实施口岸“动态清零”

督促岳阳城陵矶港、长沙霞凝港2个水运口岸建立危险品集装箱台账，实行“日报告”“日清零”。指导企业提前申报，优化“直装直提”，引导督促地方政府在海关监管区外建设危险品集装箱堆场，海关对危险品货物实施区外查验，有效防范化解港口危险品仓储风险。设立危险品业务专门窗口，提高单证审核、通关放行效率，指定专人负责跟踪进出口危险品集装箱口岸监管通关情况，加强监管通关督办，优先安排危险品检测。目前关区口岸进出口危险品持续动态清零。

（三）加快异常处置

对运抵岳阳城陵矶和长沙霞凝港超期未报关的危险品货物，根据实际情况提前提取依法变卖；对不具有变卖价值或者难以变卖的，及时通报地方政府及相关主管部门妥善处置，对检查异常情况根据海关总署要求进行快速处置。对长沙霞凝港32个国际标准集装箱（以下简称标箱）疑似泄漏第九类出口危险品，联合长沙市交通、港务部门及时妥善处置、提离口岸，相关案例获海关总署简报采用。

四、总结五个长效经验，全力防范危险品“瞒”的行为

（一）建设两个“实训基地”

立足出口烟花爆竹、打火机业务量全国第一的优势，建设出口烟花爆竹检验监管实训基地、出口打火机检验监管实训基地。突出问题导向，紧盯“是否超安全生产许可资质申报，是否存在超周期安全性能检验报告有效期，是否高危低报（运输危险性级别申报不符），是否存在未经检验或检验不合格烟花夹藏出口”等重点安全风险，加强实操培训，解决“能力不足、机械式执法”的问题。820人取得危险品检验监管岗位资质，资质覆盖率居全国海关前列，3人入选海关总署业务专家组，初步建成“专家+熟练工+后备队”的梯队完备、能力过硬的队伍，形成长效经验，得到海关总署简报推介。

（二）提升现场关员查发能力

通过设立“口岸危险品综合治理”百日专项行动专栏，及时发布工作动态、专项简报、政策法规、风险提示等内容，及时组织学习典型案例，提升现场关员的敏感性，关员在对普通货物实施查验时，发现疑似危险品的扩大查验范围，并加大取样送检力度，针对性地开展自主查发。对出口烟花爆竹、打火机实施检验

监管时，发现疑似伪瞒报类别、级别的，现场即决抽样送检，切实防范瞒报、错报、伪报。

（三）自主研发出口烟花爆竹智慧辅助监管系统

获批海关总署“三智（智慧海关、智能边境、智享联通）合作”“自贸创新”项目，系统录入258家企业、916个产品周期检测报告信息，从企业登记、单据审核到检验出证等7个环节，实现全链条数据“进系统、留痕迹、可追溯”。对超安全许可范围、不合格品重复申报闯关等4类主要风险，设置申报、施检、核销3个智能审核节点，实现风险信息智能筛查、申报数据精准识别，强化伪报风险监管。强化产地检验无纸化科技支撑，实行电子校对，压缩审核时间，人工纸质单据审核由15项削减至3项，提高通关效率20%。完成4315票出口烟花爆竹检验监管，查发伪报情事81批，查办伪报骗取单证案件1起。

（四）加大机检设备应用和智能审图力度

加大先期机检力度，开展培训提高“集中审像中心”判图能力，对发现疑似危险品夹藏夹带、伪瞒报的，一律转人工查验。参与研发并试点烟花爆竹智能审图算法模型。做好机检查验设备标图制图工作，协助海关总署新增智能审图有效识别商品；申请参与海关总署智能审图夹藏识别算法工作，提高关员通过智能审图对危险品夹藏走私的查发能力。

（五）深化关地协作、关区协作，形成监管“合力”

百日专项行动开展以来，长沙海关主要负责人带队与浏阳、邵阳、株洲等地方主要负责人会商5次，前往业务现场调研督导危险品安全监管工作13次。与湖南省工信厅、市场监管局、应急厅召开会商会议，根据海关总署百日专项行动工作部署，开展联合检查、联合应急演练、联合印发会议纪要等方式加强关地协作。加强与上海、宁波、长春海关的联系，掌握口岸查发不合格典型案例、“市场采购”烟花爆竹伪瞒报出口等情事相关信息，开展危险品进出口伪瞒报源头治理；与南昌海关签订合作协议，共同加强跨关区出口烟花爆竹安全监管。

撰稿人

曹 蔷

长沙海关服务湖南自由贸易试验区发展工作

2022年，长沙海关坚持“大胆试、大胆闯、自主改”，持续深化自主改革创新，助推湖南自由贸易试验区高质量发展，实现进出口2135.9亿元，同比增长27.8%，总量占湖南省外贸总额30.3%，增速高出湖南省外贸平均增速7.6个百分点，有外贸实绩企业1285家，同比增长43.3%。

一、力促改革发展新作为

以“123”工作法为支撑，加强横线配合、上下联动、内外联动，打好自贸创新组合拳，增强自贸改革创新工作合力。成立工作领导小组，由关长任组长；明确任务清单、责任清单，并动态调整更新；建立关内协同、定期评估、关地协作工作机制，确保自贸工作推进有力、任务落实有效。自主探索推出综合保税区优化进出区管理、优化生物医药全球协同研发试验用特殊物品出境检疫查验流程、食品领域送收样环节智能化监管、出口烟花爆竹辅助监管系统等自贸创新举措，获海关总署备案通过，数量居全国海关第1位。《中国（湖南）自由贸易试验区总体方案》中，海关牵头的7项改革任务和18条落实举措已全部实施，任务完成率实现双100%，10项海关自贸创新举措入选湖南自由贸易试验区第一批制度创新成果，其中3项纳入第一批复制推广范畴，1项被评为最佳实践案例。国务院6批次58项海关可复制推广的改革试点经验，已复制推广56项，实施率96.6%；海关总署3批次27项自由贸易试验区可复制推广监管创新制度，已复制推广26项，实施率96.3%。

二、创造便捷通关新速度

聚焦企业反映强烈的通关堵点、难点问题，以管、简、减、便为原则，深化通关领域自主改革。首创综合保税区优化进出区管理新模式，通过精简申报要素、优化通关流程、应用智能化设备等手段，推动进出区车辆通行效率提升98%，申报时间由30～80分钟缩短至5分钟内，率先在岳阳城陵矶综合保税区、湘潭综合保税区试点，2022年年底已向全省5家综合保税区复制推广。首创出口烟花爆竹信息化辅助监管新模式，推动海关监管作业进系统、留痕迹、可追溯，保障烟花爆竹安全稳定出口，通关效率提升20%，服务全省烟花爆竹出口47.1亿元，同比增长59.9%，出口量和增幅均居全国海关第1位。首创食品领域送收样智能化监管新模式，促进蔬菜等农食产品稳定供港，助推蔬菜出口87亿元，同比增长27.1%。首创优化生物医药研发试验用特殊物品出境检疫查验流程新模式，实现特殊物品出口一次申报、一次检查、一次放行。争取海关总署支持，开展“跨境一锁[①]”快速通关改革，成为广东省外唯一推行的省份，成功构建与香港地区进出口货物的快速通道。实施真空包装等高新技术货物布控查验新模式试点，监管作业时间压缩至1小时以内。

三、壮大开放平台新优势

突出湖南“一带一部”（东部沿海地区和中西部地区过渡带、长江开放经济带和沿海开放经济带结合部）的区位优势，立足长沙临空经济、岳阳临港经济、郴州承接粤港澳的功能布局，畅通物流大通道，支持开放平台建设，构建对外开放新格局。深化跨关区合作，与昆明、满洲里、宁波等8个海关开展跨省联动协作，服务湖南融入“一带一路”、粤港澳大湾区、西部陆海新通道等建设，助力建设长沙国际航空货运、中欧班列、岳阳江海联运等国际物流通道建设。长沙黄花机场口岸国际客、货运航线增至10条，执飞1523架次、货值16.1亿元；保障中欧班列发运1107列，同比增长3.4%；建立湘鄂赣三地海关协同机制，探索开通“组合港”通关模式，助推岳阳城陵矶港集装箱上量增效，迈入百万标箱行列。召开综合保税区高质量发展专题工作推进会，邀请海关总署自贸区和特殊区域发展司来湘开展现场调研和分类指导，落实国务院21条政策，长沙黄花、岳阳城陵矶、郴州综合保税区进出口总额在全国148个综合保税区中分别排名第26、31、72位，岳阳城陵矶综合保税区发展绩效排名首次跃居中西部地区及东北三省A类序列。

四、培育外贸发展新动能

聚焦新型业态发展需求，加强监管制度和政策创新探索，为外贸发展积势蓄能。制定实施促进跨境电商高质量发展10条措施，推动中欧班列运邮，指导跨境电商、市场采购融合发展，实施邮、快、跨业务集约发展新模式和跨境电商B2B出口试点，建立市场采购白名单制度，在内陆省份率先开展市场采购出口预包装食品试点，市场采购贸易出口额首次突破100亿元大关，同比增长27.2%。实施平行进口汽车保税仓储和第三方检验结果采信，助推湖南省汽车进口口岸做大做强，保税仓储整车1854台、同比增长65.8%，货值6.29亿元、同比增长40.7%。指导企业开展保税维修业务进出口9.76亿元、同比增长27.1%。推动综合保税区保税研发业务“破零”。在岳阳实施进口转关货物内河运费不计入完税价格审价模式创新，帮助企业压缩物流成本，助推内陆口岸发展提速，已有114家企业参与试点，帮助企业扣除内河运费5443.9万元，节约税款687.5万元。推广企业集团加工贸易监管模式，推进保税料件跨省域自由流转，有效增强轨道交通、工程机械等优势产业创新发展动能，助推企业走专精特新国际化道路，5家企业集团、10多家企业参与该模式，帮助企业免除全工序外发风险担保金7000多万元，为企业节省仓储、物流、人工等各项费用150多万元。

---

① 指从事跨境公路货物运输业务的承运人或其代理人在车辆进境前或出口启运前向海关传输舱单电子数据，海关应用具备卫星定位功能的安全智能锁实施途中监控，实现对车辆及其所载货物在公路口岸自动快速核放的一种通关方式。该业务于2007年8月启动试点，主要应用于香港和广东地区之间的公路运输。

五、拓展中非贸易新空间

打造中非经贸合作新平台，获海关总署批准建成技术性贸易措施调查研究中心（非洲）、中非技术性贸易措施研究评议基地、植物提取物技术性贸易措施研究评议基地3个国家级平台，均属全国唯一，为湘非贸易筑篱破壁、保驾护航。打造中非国际合作新窗口，获得海关总署批准，在2023年第三届中国—非洲经贸博览会上承办中国—非洲国家卫生与植物卫生（SPS）合作论坛，编制“中国—非洲贸易指数①”，建设中非SPS信息合作网站。推动非洲国家“经认证的经营者”（AEO）国际互认磋商，与乌干达成功签署首个AEO互认协议，协助海关总署与布隆迪海关成功换签AEO互认行动计划。获批开展非洲食品农产品准入评估工作，推动肯尼亚野生水产品获得准入实现首次输华，完成坦桑尼亚水产品输华风险评估、肉类产品输华可行性评估，参与马达加斯加输华肉类产品、毛里求斯输华水产品2个议定书起草，开展乌干达干辣椒准入评估。支持湘粤非铁海联运多式联运业务常态化运行，提升对非物流通道便利化水平。针对非洲国家外汇短缺、我国企业收汇难问题，探索开展对非易货贸易试点，完成13票货物实单测试。

六、打造优化服务新平台

聚焦打造市场化、法治化、国际化营商环境，创新打造公共服务平台。联合科技、公安等部门打造三窗合一外国人来华工作一站式服务中心，实现国际旅行健康检查证明书、工作许可证、居留许可证一个窗口办理，审批环节缩减约50%，审批时限压缩近70%。推行入境旅客监管单证电子化、健康申报预核验信息化，卫生检疫时间压缩60%。办理入境A类高端人才签证378人次，接受咨询近2000人次。国务院参事室、湖南省委省政府领导多次到现场调研，10多家主流新闻媒体宣传报道，被评选为湖南自由贸易试验区第一批重大制度创新成果。组织开展优化口岸营商环境百日攻坚行动，工作成果及经验做法被国务院《全国优化营商环境简报》推介。

撰稿人

向剑雄

① “中国—非洲贸易指数”于2023年6月29日在第三届中国—非洲经贸博览会开幕式上正式发布。这是本次博览会首次权威发布“中国—非洲贸易指数”，旨在以数字化、科学的评价体系，为企业开展对非经贸合作提供“晴雨表”，客观反映中国对非洲国家贸易发展状况，进一步促进中国与非洲国家间经贸往来。

长沙海关高水平推进对外合作

2022年，长沙海关按照总署党委决策部署和俞建华署长指示要求，结合湖南对外开放发展实际，全力推进国际合作、关地合作、关际合作，服务国家发展大局，服务湖南高水平开放高质量发展，对外合作呈现新局面。

一、高水平推进对外合作

2022年，长沙海关党委高度重视对外合作工作，年初就“如何开展海关对外执法合作，高站位服务国家改革开放大局”，在全关推动大思考大讨论大调研，突破内陆意识壁垒，各部门、单位国际视野、合作意识发生新变化。成立由关长任组长的外事工作领导小组，组织召开关区外事工作领导小组会议，召开6次关长办公会专题研究推进关区国际合作。明确长沙海关国际合作工作重点任务19项，制定落实海关总署外事工作领导小组会议精神8项具体措施。争取海关总署支持，主动加强与湖南省外事办、商务厅等部门的沟通协调，建立跨部门协同合作机制，推动6项重点国际合作事项。

2022年，围绕中国—非洲经贸博览会永久落户湖南这一优势，服务国家重大主场外交活动，贡献海关方案，助力湖南打造对非合作新亮点。在海关总署国际合作司支持下，获准在2023年第三届中国—非洲经贸博览会期间发布“中国—非洲贸易指数”、承办中国—非洲卫生与植物卫生（SPS）合作论坛。成立专项领导小组及6个工作组，制发推进实施方案，倒排工期、明确分工、责任到人。将该事项纳入与湖南省商务厅月度联席会议机制，实行按月调度。协调将论坛列入《第三届中国—非洲经贸博览会总体方案》。“中国—非洲贸易指数”编制加快推进，形成指数初稿上报总署审核。推进中非SPS合作信息网站申建，制订网站建设方案、编制项目建议书，上报海关总署国际合作司申请署级信息化项目立项并获通过审核。

2022年，成立技术性贸易措施调查研究中心（非洲），成为继东盟之后全国海关第二个区域性调查研究中心。建立覆盖湖南省14个市州的重点企业库，帮助企业有效应对国外技术性贸易壁垒。对乌干达、坦桑尼亚、埃塞俄比亚3个非洲国家的技术性贸易措施开展影响调查，形成专项报告3篇，向海关总署国际合作司报送特别贸易关注议题2个，非洲国家TBT/SPS通报分析成果在《技术性贸易措施导刊》发布。联合济南海关完成WTO/SPS第83次会议中方表述材料收集翻译，联合湖南省质量和标准化研究院申报重点课题2项。指导长沙市芙蓉区、雨花区分别建设中非、植物提取物技术性贸易措施研究评议基地通过海关总署国际检验检疫标准与技术法规研究中心评审。其中，中非技术性贸易措施研究评议基地在第五届中国国际进口博览会非关税贸易措施高质量发展论坛上举行签约仪式。针对辖区企业鱼子酱出口欧盟受阻情况，参与总署技术性贸易措施交涉应对，成功促使欧盟修改法规，恢复我国相关水产品进口。

2022 年，长沙海关组建具备动植物检疫、食品安全等专业背景的 21 人业务骨干队伍。争取海关总署进出口食品安全局的支持，承担准入评估任务，完成坦桑尼亚水产品输华风险评估、坦桑尼亚肉类产品输华可行性评估 2 篇报告，参与马达加斯加输华肉类产品、毛里求斯输华水产品 2 个议定书起草。牵头与北京、满洲里、武汉海关签署协调联络机制框架协议，深化非洲国家食品安全管理体系研究及准入评估工作，服务对非农食产品贸易健康发展。受邀在非洲特色产品进口促进对接会上解读非洲产品准入政策，来自南非等 16 个非洲国家的 30 多位驻华使节出席会议。同时，参与海关总署境外生产企业注册评审和检查工作，参与审核评估 302 家、视频检查 2 家。2022 年，湖南省对非贸易进出口总值 557 亿元、同比增长 42.8%。

长沙海关用好湖南省商务厅对外联络渠道，与阿尔及利亚、布隆迪、毛里求斯、卢旺达 4 个非洲国家主管部门建立联系。按要求联系对接埃塞俄比亚有关部门，探索对非洲国家开展 AEO 制度能力援助。协助海关总署企业管理和稽查司与布隆迪税务局签订 AEO 互认合作行动计划，这是 2022 年第一个与海关总署企业管理和稽查司以官方文件方式明确互认合作行动进度的非洲国家。用好技术性贸易措施“一中心、两基地[①]”平台，开展国外技术性贸易措施影响调查，引导企业深度参与技术性贸易交涉应对工作，帮助破解国外技术壁垒。提出 4 个烟花爆竹新标准，通过国际标准化组织（ISO）相关成员投票并获立项，主持和完成 7 项 ISO 烟花爆竹国际标准，极大提升了我国的行业话语权。

二、稳步推进关地、关际合作

2022 年，长沙海关立足海关职能职责，围绕服务湖南“三高四新”美好蓝图，加强与直属兄弟海关、湖南省省直部门的交流协作。立足协同监管、科研合作，与 8 个直属海关（北京、满洲里、武汉、南昌、拱北、广州、昆明、宁波海关）、8 个省直部门（湖南省知识产权局、农业农村厅、应急管理厅、工商业联合会、中国国际贸易促进委员会湖南省分会、市场监督管理局、“扫黄打非”工作小组办公室、国家安全厅）、3 所院校（湖南大学、中南大学、湖南省社会科学院）推进合作事项 157 项。

部分合作事项具体如下：

5 月 12 日，与武汉、南昌海关以线上连线方式签署《推进长江中游地区高水平开放高质量发展　鄂、赣、湘三地海关协同工作机制框架协议》。三方就建立检验监管合作机制、风险预警和快速反应联动机制、检验检测技术交流机制、定期业务协调机制 4 个方面确立合作事项 10 项。

① 技术贸易措施调查研究中心（非洲）、中非技术贸易措施研究评议基地、植物提取物产品技术贸易措施研究评议基地。

5月30日，与湖南省签署《推进进出口环节知识产权保护协作机制备忘录》，就增强知识产权行政保护合力，强化知识产权全链条、全方位保护，加快推进知识产权强省建设，服务保障“三高四新”战略部署等方面确立合作事项8项。

6月25日，与南昌海关签订湘赣两地共同支持烟花爆竹出口加强安全监管合作协议，确定4个方面合作任务：检验监管模式区域协同、风险信息互通共享、风险预警快速反应以及检验检测技术交流。在建立智慧监管互通、检验结果互认、装箱监督互动机制上探索新路径，在风险信息监测分析、业务问题研判处置、安全监管能力提升上探索新模式，推动更多监管服务“跨关区通办”。

6月29日，与中南大学湘雅医院签署合作备忘录，双方就海关提供政策支持、服务保障、科研合作交流、教育培训等明确10个方面合作事项。

7月11日，与北京、满洲里、武汉海关签订非洲国家（地区）食品安全管理体系研究及准入评估工作协调联络机制框架协议，明确建立联席会议、日常沟通、联合攻击3个机制，联合开展非洲国家（地区）食品安全管理体系研究工作协作、非洲农食产品输华准入评估工作协作、中非食品安全与贸易理论研究等5项合作事项。

7月13日，与湖南省农业农村厅进行工作会谈，就共同推进进出口农产品基地建设、扶持出口型农产品企业、完善农产品出口物流体系和市场体系、进出口农产品监督管理、建立定期会商沟通机制5个方面达成共识。

7月22日，与湖南大学签署战略合作框架协议，明确开展科研攻关、共建特色智库、加强培训合作、建设平台基地、共享设备资源6个方面重点合作事项。

7月29日，与广州海关签署合作备忘录，围绕党建和文化交流、口岸疫情防控合作、口岸通关协作、监管执法互助、执法技术研究合作5个方面明确24项具体合作事项。

8月3日，与湖南省应急管理厅就安全生产领域方面开展座谈交流，明确开展执法合作等6个方面事项。

8月30日，与满洲里海关召开“保障中欧班列快速通关 全力服务外贸保稳提质”视频推进会，就持续稳步推进湖南中欧班列发展的具体事项达成一致意见。

9月2日，与湖南省社会科学院（湖南省人民政府发展研究中心）签署战略合作框架协议，达成5个方面合作事宜，明确建立2个合作机制。

9月29日，与湖南省工商业联合会在湖南省民营企业服务中心召开工作对接会议，双方就加强合作，共同服务湖南民营经济发展开展交流研讨，达成一致共识。

12月12日，与衡阳市委书记刘越高举行工作会谈，就共同促进衡阳市经济社会高质量发展进行深入交流，双方达成6个方面合作共识。

撰稿人

刘 源 张 露

长沙海关服务湖南外贸稳增长

2022年，长沙海关深入学习贯彻习近平新时代中国特色社会主义思想，高效统筹疫情防控和经济社会发展，高效统筹发展和安全，认真落实“六稳”“六保”工作部署，多举措促进湖南进出口贸易规模再上新台阶。

一、推动2022年湖南外贸突破7000亿元大关

湖南省进出口总值首次突破7000亿元大关，排名全国第14位。其中，出口值5154.6亿元、同比增长25.3%，进口值1903.6亿元、同比增长8.3%。进出口增速高出全国平均水平12.5个百分点，连续6年保持两位数快速增长。

外贸发展呈现4个方面特点。一是国际朋友圈往来更密切，与227个国家和地区建立经贸往来，湘字号企业走进109个国家和地区；其中，东盟、美国和欧盟为全省前三大贸易伙伴，进出口值分别为1497亿元、822.1亿元和624.2亿元，同比分别增长56.8%、3.4%和2.7%；与共建“一带一路”国家（地区）、《区域全国经济伙伴关系协定》（RCEP）其他成员进出口同比分别增长46.4%、27.6%。二是一般贸易方式比重提升，全省一般贸易方式进出口5802.1亿元、同比增长24.8%，占进出口总值的82.2%，同比提升3个百分点。加工贸易方式进出口670.2亿元、同比减少5.8%；保税物流方式进出口466.6亿元、同比增长12.6%。三是市场主体活力持续增强，全省外贸企业2.6万家，有进出口实绩的企业8480家、同比增长11.6%。其中，民营企业进出口5774.8亿元、同比增长27.2%，占全省进出口总值的81.8%，成为外贸发展主力军。国有企业进出口812.7亿元、同比增长2.2%。外商投资企业进出口467亿元、同比减少12.3%。四是主要进出口产品稳定增长。传统出口优势特色产品轨道交通、工程机械、烟花爆竹、陶瓷、蔬菜等继续保持高速增长。机电产品出口2123.7亿元、同比增长18.3%，占全省出口总值的41.2%；出口劳动密集型产品1287.7亿元、同比增长29%。进口机电产品601.5亿元、同比增长5.5%，占进口总值的31.6%；进口农产品303亿元、同比增长6%。

二、全面部署，精准服务促进外贸稳增长

（一）加大政策供给力度

长沙海关抓好海关总署、湖南省政府会谈纪要的落地实施，先后出台服务外贸保稳提质、促进民营企业发展等系列措施，持续释放政策红利。聚焦建设制造强省，研究提出的减免税

政策建议，海关总署采纳25项，推广企业集团加工贸易监管改革跨省试点，增强轨道交通、工程机械等优势产业创新发展动能，促进企业走“专精特新”国际化道路，全省高新技术产品出口559.2亿元、同比增长12.2%。聚焦建设农业强省，加快农产品企业注册和检疫审批，建立出口鲜活易腐产品绿色通道，全省农产品出口179.6亿元、同比增长19.1%，其中蔬菜出口87亿元、同比增长27.1%；茶叶出口9.3亿元、同比增长16.3%。

（二）做强做优开放平台

深耕自由贸易试验区创新“试验田”，4项自贸创新举措获海关总署批准，居全国海关第1位，10项改革举措入选湖南省内首批自贸创新成果，湖南省自由贸易试验区实现进出口2135.9亿元、同比增长27.8%，占进出口总值的30.3%。推进综合保税区建设发展，岳阳城陵矶综合保税区晋升中西部地区绩效A类。湖南省5家综合保税区进出口1659亿元、同比增长25.6%，占进出口总值的23.5%。激发新业态发展，启动跨境电商进口零售新模式，推动市场采购出口预包装食品试点落地，湖南省市场采购出口额首次突破100亿元大关、同比增长27.2%。打造对非合作平台，在2023年第三届中国—非洲经贸博览会上承办中国—非洲国家卫生与植物卫生（SPS）合作论坛，编制“中国—非洲贸易指数”，建设中非SPS信息合作网站，获海关总署批准；建成技术性贸易措施研究评议“一中心两基地”平台；协助海关总署与布隆迪海关成功换签AEO互认行动计划。

（三）优化惠民便企措施

开展优化营商环境百日攻坚行动，与湖南省商务厅建立月度外贸联席会议制度，解决难题72个。深入14个市州开展“通道进市州、RCEP进园区”宣讲，走访122个县区开展县域外贸调研，16个隶属海关关长全覆盖进市州党校授课，举办8期隶属海关关长在线访谈，切实为企业送政策、解难题、办实事。精心指导企业应享尽享、应惠尽惠、应减尽减、应免尽免，为1424家企业办理RCEP等自贸协定证书4.4万份，享受税款减让9.4亿元。精准落实税收优惠政策，促进关键技术、设备及零部件进口，为全省企业、高校等减免进口环节税2亿元；办理鼓励类产业条目认定，涉及投资总额55亿元，服务全省扩大有效投资。坚持拓企扩量，大力推进企业信用培育，服务市场主体壮大，新增外贸企业4956家、同比增长21.4%。新增AEO高级认证企业10家，总数达62家，更多企业享受诚信经营的便利化措施。

（四）立足物流大通关

服务湖南融入“一带一路”、粤港澳大湾区和西部陆海新通道等，建设长沙国际航空货运、中欧班列（长沙）、岳阳江海联运、株洲湘粤非铁海联运、怀化东盟货运5大国际物流通道。成功试点“跨境一锁”改革，湖南成为广东省外唯一推行的省份。服务国际客货运航线增至10条。保障中欧、中老、中越、湘粤非班列发运1522列。助力岳阳城陵矶建成“三区一港五口岸”，迈入百万标箱枢纽大港。

（五）深化对外合作

立足对非合作，获批承办“一论坛一指数一网站”，2个项目首次入选海关总署国际合作“三智”项目，推动肯尼亚野生水产品首次入湘，推动湘非贸易前行，全年进出口总值557亿元、同比增长42.8%。立足融入长江经济带，签署湘鄂赣三地海关合作协议，开通“组合港”

通关模式。立足协同监管、科研合作，与8个直属海关、8个省直部门、3所高校推进合作事项157项。

三、综合发力，支持促进外贸保稳提质

（一）统筹疫情防控和促进外贸保稳提质

坚持“一机一方案”“一航线一评估”，做好早期监测预警，两级监控指挥中心实时监督联动做好中期应急处置，“一航班一复盘”特色做法得到海关总署通报表扬。扎实做好“人、物、环境”同防，准确落实进口非冷链物品防控措施，组织4个隶属海关开展环境监测。发布“多病共防”风险提示6次，从严落实猴痘、埃博拉等监测要求。检疫入境交通工具762架（艘）次、人员1.46万人次；实施进口非冷链物品预防性消毒115批次，监测采样379批。优化健康申报核验及样品采集运送等流程，简化登临检疫、终末消毒监督等操作，提升口岸保障能力，客运航班量同比增长71.4%。出台促进湖南外贸保稳提质支持措施35条，经验做法被海关总署信息载体采用。扎实开展“放管服”优化口岸营商环境工作，出台5个方面26项促进跨境贸易便利化工作举措，百日攻坚专项行动工作成果获国务院口岸办公室推介，被国务院《全国优化营商环境简报》刊用，被湖南省人民政府评为2022年全省深化“放管服”改革工作成效突出单位。

（二）开展技术贸易措施研究

在海关总署支持下，建成技术贸易措施调查研究中心（非洲）、中非技术贸易措施研究评议基地和植物提取物产品技术贸易措施研究评议基地，均属全国唯一。建立关企合作机制，为首批信息报送点5家企业授牌。报送特别贸易关注4个，实现零的突破；1期工作专报被海关总署刊发。加强交涉应对，成功促使欧盟修改法规，恢复我国鱼子酱出口资质。出台中非SPS合作信息网站建设业务需求方案。牵头开展立德粉、烟花爆竹国际标准修订，联合湖南省标准院申报重点研究课题2项。

（三）强化知识产权保护

组织开展“龙腾”“蓝网”专项行动，扣留侵权嫌疑货物批次、数量分别列全国海关第13、17位，查获数量创长沙海关历史新高。与湖南省市场监督管理局签署知识产权保护合作备忘录，与武汉、南昌等5个海关联合举办品牌鉴别培训班，开展培训4期。做好优势企业培塑，新增海关备案208项，同比增长53%。

（四）做好改革问题清零工作

5项改革问题建议被海关总署采用，1项获评全国海关典型案例。完成“海关涉检行政案件处置系统”移交，持续推进“双随机、一公开”，协调推动22项海关行政执法责任事项落实，牵头组建11个业务研判专家小组，推动16个隶属海关建立关、科两级业务自控清单。

（五）发挥关税技术优势助企纾困

应用归类技术，多方协调解决关区综合保税区区内玉米加工成品归类疑难，推动主管部委个案解决重大技术装备企业产品调整后免税进口关键零部件的使用问题，涉及货值5.8亿元；协调明确中联重科应急装备有限公司、三一港口设备有限公司重大技术装备享惠资质，继续享惠1366万元。指导企业通过税款担保享受RCEP协定税率，解决企业受外方签证周期影响导致无法享惠问题；协调解决关区原产地证书签证企业在外方享惠受阻问题13起。举办两

次税政调研专项座谈会，上报降低碳钢车轮进口暂定税率等支持先进制造业、战略性新兴产业发展的税政调研建议 26 条；将优化黑茶列目纳入《商品名称及编码协调制度》第七审议循环议题；25 条鼓励外商投资产业目录建议被海关总署采用后报国家发展和改革委员会，占全国海关采用量的 31.5%；由长沙海关提出、海关系统首次在重大技术装备政策中新增领域分类的建议产生实效，推动医药装备行业纳入免税政策支持范围，为企业减免税款 278 万元。

（六）支持湖南农业发展

调研种子、活猪、蔬菜和粮食进出口情况，支持出口活猪 5.73 万头、同比增长 61.2%；出口蔬菜 80.2 亿元，居全国第 2 位，占供港蔬菜总量的 54.8%。支持种业振兴，出口杂交稻种 3841 吨，货值 2.2 亿元，居全国第 2 位；指导隆平发展长沙科研站全球种质资源进境隔离圃顺利完成备案，顺利引进巴西玉米种质资源 350 份并开展隔离实验。支持粮食等资源性农产品进口，全年进口玉米、大豆等粮油作物 308 万吨，同比增长 30%。优化审批提速提效，注册登记审批时限由 20 个工作日压缩至 7.9 个工作日，进境检疫审批时限由 20 个工作日压缩至 10 个工作日。成功获得动植物检疫审批全口径终审权，成为全国 15 个能开展全部 11 类产品检疫审批终审的直属海关之一，全年办理检疫审批 179 单。

撰稿人

宋　镍

长沙海关组建湘关青年理论研究小组，推动构建研究型海关

2022年，长沙海关党委高度重视政策理论研究工作，关心青年干部人才培养，将政策理论研究工作作为党委书记抓党建的重点项目，组建湘关青年理论研究小组，出台《进一步加强青年理论研究工作的指导意见》，定期组织青年理论研究小组开展学习研究等活动，引导全关干部在研究状态下开展工作，推动构建研究型海关。

一、加强组织推动，保证高质量学研效果

（一）强化组织领导，确保青年干部全覆盖

关党委高度重视，统计处广泛发动、上下联动、长效推动，召开青年理论研究工作座谈会8次，组建由77名青年骨干组成的青年理论研究小组，覆盖关区各部门、单位，并推动各隶属海关同步建立了16个青年理论研究小分组，覆盖关区40岁以下青年干部。党委书记、关长朱光耀不定期主持召开理论研究工作推进会，多次强调青年理论研究小组成员是关区理论研究的生力军，做好理论研究是增强“四个意识”、坚定“四个自信”、做到“两个维护”，全力服务党中央决策、全力服务改革开放大局的重要体现。党委委员、副关长徐晓捷要求入选青年理论研究小组的年轻关员既要珍惜荣誉，又要扛起责任，认真开展学习研究，不断提升能力水平，取得更多更好的成绩。

（二）强化制度保障，实现全年学研不间断

出台《进一步加强青年理论研究工作的指导意见》，定期开展理论知识学习、现场业务观摩、跨课题研学交流、现场调研等活动，每季度举办青年“悦读会”，参与海关总署统计分析司举办的全贸中心、宏观理论研究等培训班5期，提升学习研究实效。发挥研学作用，坚持紧盯重点学、带着问题学、结合工作学，把需要重点掌握的理论、亟须解决的问题、难以突破的工作难点学深吃透。鼓励青年理论研究小组开展实地调研，听取企业诉求，形成调研报告，每半年做一次总结汇报。组织各隶属海关青年理论研究小组开展专题分析研究工作，4位同志获得海关总署统计分析司来函表扬。

（三）强化激励推动，确保青年学研无顾虑

针对青年理论研究工作开展情况，征集奖励办法修订意见，使奖励办法更加贴合青年理论研究工作实际，更能准确体现青年理论研究工作成效，进一步激发青年关员开展理论研究的热情。各部门、单位支持青年理论研究小组成员工作，为其更好地开展理论研究创造条件，为青年理论研究小组每年提供专项经费保障，用于购置必要的图书。根据理论研究工作奖励办法，对各部门、单位报送的理论研究、理论

学习、精品课程、研究成果进行年度积分，12人获得三等功、4人获得个人嘉奖。

二、围绕中心、服务大局，找准高标准研究方向

（一）坚决贯彻落实习近平总书记对青年工作的重要指示精神

旗帜鲜明讲政治，心怀“国之大者”，时刻关注党中央关心什么、强调什么，把忠诚捍卫“两个确立”、做到“两个维护”贯穿关区理论研究工作全过程。深刻领会习近平总书记重要指示精神，以青年理论研究工作为切入口，引导青年担当时代责任、练就过硬本领。深入贯彻习近平总书记关于“三智”建设的重要指示精神，按照海关总署要求开展政策研究，形成相关成果上报海关总署，并在关区推动落实。落实国家粮食进口来源多元化战略，支持扩大优质农产品准入，夯实政策研究基础，按照海关总署要求完成非洲农产品等的检疫准入工作。加强重点国家及地区、重点行业领域技术性贸易措施跟踪研究，与地方政府共建技术性贸易措施研究评议基地，进一步发挥技术性贸易措施促进外贸发展的作用。

（二）贯彻落实海关总署党委对政策研究的工作要求

认真学习贯彻海关总署党委对政策研究工作专门提出的“首报、首发、首用”“加强、加密、加深”要求，深入贯彻落实俞建华署长“提升两级想问题、下沉一级抓落实”指示精神，紧跟海关总署领导关注的重点中心工作，发挥署级、关级课题引领推动作用，开展精准选题，深入分析研究，为海关事业的发展、“稳外资、稳外贸、保稳提质”提出高质量政策建议。根据海关总署安排，牵头完成“《经修订的京都公约》与海关制度研究”1个课题研究，参与“RCEP视角下中国—东盟自贸区3.0版建设路径与战略研究”等3个课题研究。围绕湖南融入“一带一路”建设、“中国—非洲贸易指数”编制等，确定50个年度研究课题，已全部结题。7月中旬，对照俞建华署长提出的6个思考题，研究提出了14个重点研究子课题，其中8个课题已经结题。10月底，围绕俞建华署长提出的12个思考题，研究提出12项课题研究项目，并全部形成研究成果。围绕外贸依存度等深入开展调研，已经参与完成研究报告3篇，提出有针对性、可操作性的政策建议，被海关总署载体采用。

（三）贯彻落实长沙海关党委“走前列、提质量、创一流、出精品、争先进”的工作目标

青年理论研究工作不仅聚焦国家大势、海关总署大事，也关注湘关关键小事，解决湖南外贸难事，发挥海关“人无我有”的数据优势，在创先争优中走在前列。围绕汽车整车进口、中欧班列、中老铁路、长江经济带、“一带一路”、市场采购、跨境电商创新发展等专题开展调研分析并形成研究报告，提出有针对性、可操作性的政策建议，全年刊发各部门、单位各类研究报告200余篇。

三、突出学以致用，推出高水平学研成果

（一）找准定位、深入研讨，形成浓厚的研究氛围

通过以“建一支青年政研队伍、做一些接地气实地调研、出一批湘关特色政研成果”为目标定位，引导青年干部从小微入手、谋未来篇章，志向存于高远、着眼基本工作，行万里、积跬步。鼓励青年干部用内心感应环境形势，用耳朵倾听发展诉求，用眼睛发现趋势问题，用步伐采集民意实情，用双手书写高质文章。开展互动交流，

每月至少组织一次线下或线上交流会，围绕青年理论研究议思想、议业务、议队伍，深入开展研讨培训，促进青年理论研究小组成员互学互鉴、结对交流。注重讨论分析，提升青年骨干研究深度，每季度确定主题，深入分析研讨，撰写研究报告，择优推荐至海关总署或关内载体。

（二）搭建平台、展示风采，加强青年交流互鉴

开辟“湘关青研通讯”专栏，展示研究成果。组织青年理论研究小组成员走上湘关大讲堂和“每会一法”，张家界、邵阳海关每月开展“张关青年说”“青年上讲台”等活动，株洲、湘西、衡阳海关等围绕促进地方开放型经济发展开展专题研究，获得各方好评。深入推动政治学习，将学习宣传贯彻党的二十大精神作为首要政治任务，每季度至少组织开展一次专题学习研讨，并结合海关本职岗位工作职责，做到知行合一。围绕“学习二十大、奋进新征程”主题，组织统计研究条线青年通过开展学报告原文、“我与二十大”青年谈感悟、“二十大知识我知道”知识抢答赛等活动，掀起学习热潮。

（三）争取海关总署支持、加强地方协作，加速青年理论研究成果有效转化

争取海关总署统计分析司、研究中心支持，开展重点课题研究，形成各类研究成果37项。10篇研究成果被海关总署相关载体和省级刊物刊发。

四、注重结果运用，培养高素质青研人才队伍

（一）青年学研有要求，全面提高青年干部综合素质

组织小组成员参与海关大数据分析等，提升分析研究能力，引导各小组创新学习研究方式方法，推动关区政策理论学习研究工作形成较为浓厚的氛围，9篇关员的学习体会被关内刊物采用，8篇学习体会被“金钥匙”“中国海关传媒”微信公众号刊发。

（二）青年学研有方法，建立研究任务快速响应机制

对于重大课题研究任务，由关领导牵头指挥，从青年理论研究组中抽调相关骨干人员，开展集中攻关。加强与知名高校、研究机构等单位的联系，签订数据共享与研究合作协议，实现资源共享、优势互补。与湖南省社会科学院（湖南省人民政府发展研究中心）联合开展的粮食安全影响相关研究被立项为省级课题。

（三）青年学研有考核，加速青年干部成长进步

考核实行动态进出机制，引导小组成员在各自部门、单位主动承担更多的理论研究任务，报送研究成果。依照《长沙海关理论研究工作考核计分规则（试行）》，对报送的研究成果开展积分管理，年终根据积分情况并结合日常承担的理论研究任务量情况进行考核。考核优秀的给予通报表扬、嘉奖、立功等奖励，考核不合格的予以通报批评并调整出小组。注重从理论研究工作中发现人才、识别人才、提拔使用人才、奖励人才，对理论研究成绩突出的部门、单位和个人，在干部考核、选拔任用、评优评先、表彰奖励等方面予以优先考虑。全年，30名小组成员中，4位同志提拔为科长，2位同志提拔为副科长，1人晋升为四级调研员。

撰稿人

杨章辉

长沙海关开展捍卫“两个确立”、做到“两个维护”、强化政治机关建设专项教育活动

2022年，长沙海关深入学习贯彻习近平新时代中国特色社会主义思想，持续强化政治机关意识，从2022年1月开始，全国海关组织开展为期9个月的捍卫“两个确立”、做到“两个维护”、强化政治机关建设专项教育活动。同时，按照中央和国家机关工作委员会部署要求，海关总署同步组织开展“学习研讨、查摆问题、改进提高”专项工作（以下统称“两个专项”工作）。长沙海关扎实推进“两个专项”工作取得成效。

一、主要工作做法

（一）加强组织领导，压实工作责任

长沙海关党委高度重视，把开展专项教育工作作为践行“两个维护”的具体行动，第一时间召开党委会传达学习、研究制订方案，明确两级党委和职能部门主要负责人要作为重要政治任务，抓准抓实抓出成效。推动19个职能部门查实找准问题、精准落实整改，出台阶段性细化方案6个，经验做法被海关总署推介20项。

（二）深入学习，筑牢思想基础

坚持以上率下，关党委组织党委理论学习中心组学习2次，以“关键少数”领学，带动“绝大多数”细学。坚持常学常新，依托“三会一课”、主题党日等形式集中学习研讨80余次，形成政治要求清单，明确737个岗位政治要求。坚持以讲促学，发挥湘关大讲堂等特色活动作用，组织“从政治看业务、从业务看政治”等专题辅导讲座7次，组织开展“百名党员谈体会”活动，开展青年“悦读会”等活动80余次。丰富学习载体，发放《习近平谈治国理政》第四卷、《习近平经济思想学习纲要》等必读书籍，开设专栏发布电子学习资料汇编13册。

（三）认真排查，全面清理风险

严格对照“六对照六看六查①”要求，全员全领域自查政治、执法、管理、廉政、安全等方面隐患，长沙海关机关排查问题36个、制定整改措施105项，隶属海关和职能部门查找问题319个，落实整改措施616项。延长专项教育活动期限后，结合审计自查再次排查问题20个，制定整改措施20项。项目化推进、销号式管理，形成问题清单、责任清单、措施清单，做到边查边改、立行立改。100%完成741项整改措施。

（四）强化督导，扎实推进整改

把问题整改作为一项严肃政治任务，以求实、扎实、朴实作风推动习近平总书记重要指示批示和党中央经济工作决策部署在长沙海关落地见效。派驻纪检组将整改措施列入政治监督清单，事事检查、月月通报。专项教育活动列为年度巡察重点，常规巡察5个机关处室，查发问题13个。成立8个督导组实地督导工作落实。建立定期报告工作机制，每月工作例会选取1～2个单位进行交流汇报，政工办每季度通报整体推进情况。部门间交叉检查，每月开展自我评估自我监督，清单式报告整改完成情况。

二、主要工作成效

（一）政治机关建设更加强化

严格落实“第一议题”制度，迅速落实习近平总书记对海关工作、对湖南工作重要指示批示精神，召开党委会26次，党委理论学习中心组集中学习8次，集中轮训2期。建立“每会一法”党委学法制度，两级党委开展宣讲118次，提升依法决策水平。规范议事决策，出台《加强隶属海关党委班子建设指导意见》，提出15个方面48项要求，明晰党委会议事清单31项，推动形成一级抓一级、层层抓落实局面。扎实开展“双提升”行动，举办“喜迎二十大　奋进新征程”庆祝中国共产党成立101周年和中国共产主义青年团成立100周年系列活动，评选表彰“四强”党支部、党建示范（培育）品牌、“十佳”基层一线党支部书记和岗位能手等先进典型124个。新增全国海关基层党建示范品牌、培育品牌各1个，新增3个省级文明窗口单位、3个省级青年文明号和1个省直机关示范党支部。

（二）疫情防控更加精准

坚持“外防输入、内防反弹”总策略，组

---

① 根据中共海关总署委员会关于印发《关于在总署和直属海关两级机关开展以机关党建推动落实习近平总书记重要指示和党中央经济工作决策部署专项工作的方案》的通知，“六对照六看六查”是：对照坚持党中央集中统一领导要求，看是否做到“两个维护”，心怀“国之大者”，查是否存在自由主义、本位主义、保护主义，缺乏大局意识、全局观念；对照政治过硬、本领高强要求，看是否学懂弄通做实习近平新时代中国特色社会主义思想特别是习近平经济思想，查是否存在理论联系实际不够、专业能力不强、学用脱节；对照党的初心使命和性质宗旨，看是否树牢以人民为中心的发展思想，坚持正确政绩观，查是否漠视侵害群众利益，加重基层负担，干自以为领导满意却让群众失望的事；对照把握新发展阶段、贯彻新发展理念、构建新发展格局、推动高质量发展要求，看是否做到稳字当头、稳中求进，尊重规律、尊重客观实际和群众需求，统筹发展和安全，查是否存在不按经济规律办事，一刀切、理想化、乱作为；对照加强调查研究和“三严三实”要求，看是否坚持走党的群众路线，先调研后决策，以钉钉子精神坚韧不拔抓落实，查是否存在形式主义、官僚主义，关起门决策、拍脑袋决策，不担当、不作为；对照党的各项纪律规定，看是否自觉遵规守纪，做到令行禁止，查是否妄议党中央大政方针，擅自对应当由党中央决定的重大经济政策问题作出决定、对外发表主张，泄漏、扩散尚未公开事项或应当保密的内容，违反有关规定干预和插手市场经济活动。

织召开17次指挥部会议，实施“一机一方案”“一航班一复盘”，深入研判疫情形势，优化防控措施，实现“工作零差错、疫情零外溢、人员零感染”。两级党委委员全员参加一线封闭管理，督导制定封闭管理“八每工作法①”，科学规划旅检现场“八大功能区②”、梳理规范办事执法“五大流程③”，把关心关爱措施落到实处。做到“人、物、环境”同防、多病同防、水陆空同防，严防埃博拉、黄热病、猴痘、不明儿童肝炎等传染病传入；科学、规范实施进口冷链食品口岸环节新冠病毒核酸监测和预防性消毒监督工作，监管进口冷链食品118批、2881.4吨。妥善应对属地疫情反弹，完善21条内防措施，利用科技手段强化人员精准管控，得到海关总署“双百”督查组肯定。

（三）服务外贸更加有力

落实海关总署促进外贸保稳提质10条措施、助企纾困降成本7项措施，研究制定服务“一带一路”高质量发展33项措施、促进湖南外贸保稳提质35项措施、促进民营企业高质量发展25项措施，服务湖南外贸突破7000亿元。深化自由贸易试验区改革创新，研究提出3项创新举措，获海关总署批准，居全国海关第1位。全面推进“船边直提”“抵港直装”“离港确认”等通关便利化改革，湖南口岸查验收发货人免到场比例超过90%。主动对接“一带一路”、西部陆海新通道等建设，服务畅通湖南省国际物流通道，中欧班列开行558列、同比增长43.8%，怀化中老铁路班列和东盟铁海联运班列发运60列。加强税政调研，上报税政建议26条、产业目录建议25条。聚焦建设农业强省，加快农产品企业注册和检疫审批，建立属地查检“绿色通道”，服务湖南蔬菜、杂交稻种、茶叶出口居全国前三，湖南黑茶成功开拓欧盟市场。开展“送政策、解难题、优服务”联企助企惠企行动，关领导带队走访50家重点民营企业，每月与省商务厅召开联席会议，联合开展稳外贸百日行动、“RCEP进园区”政策宣讲、AEO企业培育。

（四）安全监管更加有效

强化风险意识，聚焦海关总署梳理的“7+21”项重大、系统性风险，研究制定93项防控措施。深入开展安全生产专项整治，全面排查整改安全生产风险问题70个。聚焦出口烟花爆竹安全监管，打造“护‘花’使者”特色品牌，开发应用智慧监管辅助系统，采取有力措施，查发出口不合格货物202批次，服务烟花爆竹出口量和增幅均居全国第1位。严格国门生物安全风险管控，安全监管“染疫”乌克兰玉米6.4万吨，非贸渠道截获外来入侵物种125种，在进境粮食等高风险动植物及其产品中截获有害生

---

① 每年对四分之一的人员进行轮岗交流、每半年组织一次健康体检、每半年开展一次体能集中训练考核、每月开展一次工作讲评、每科每周制订学习工作计划、每科每日开展一次交流分享、每人每月制订学习计划、每人熟练运用一门外语，促进一线人员共同学习、共同提高、共同进步。

② 合理规划旅检现场办公区域，设置学习区、办公区、检疫查验区、监控区、判图区、办案区、生活区、仓储区。

③ 采取“线上+线下”“理论+实践”“演示+纠错”等方式规范岗前培训流程。坚持“远程视频监督”，实时喊话提醒，“科室自查+视频回放+随机抽查”机制规范洗消环节流程。制定任务清单，做好登记备案，规范工作交接流程。统一标准目录、统一版式设计、统一发布流程，规范公示公告流程。总结执法依据，细化操作流程，编制业务手册，要求登临检疫做到“亮证执法”，规范执法操作流程。

物35种类155种次。快速核查中央电视台“3·15”晚会曝光“土坑酸菜”事件，妥善处置1例供港活猪中转仓非洲猪瘟监测疑似阳性事件。强化综合治税，全年税收入库127亿元、同比增长26%，创历史新高。加强风险分析和后续监管，邮件、快件和跨境电商进口布控查获率分列全国第1、6、7位；核查有效率92.2%，跃升全国前三，稽查查发率、不实贸易管控成效均居全国第1位。行政立案259起、刑事立案50起，湖南反走私综合治理考核居内陆省份第1位。连续13年获评湖南省平安建设先进单位、连续11年保持“平安单位”称号、连续5年获评湖南省绩效考核优秀、连续2年获评湖南省国家安全人民防线建设先进单位、连续3年获评湖南省核安全机制年度考核优秀。

撰稿人

黎中意

长沙海关定点帮扶助力乡村振兴

2022年，长沙海关党委贯彻落实习近平总书记关于乡村振兴重要指示批示精神，派驻精干力量进驻定点帮扶村——湖南省永州市江永县潇浦镇和兴村助力乡村振兴，取得成效。

一、高位推动，强化组织领导

长沙海关党委把助力乡村振兴纳入重要议事日程，多次听取乡村振兴工作汇报，多次深入和兴村调研，提出优化指导意见，解决实际问题，慰问帮扶干部。2022年4月23日，关党委书记、关长朱光耀到和兴村调研，明确要求驻村工作队要履行好帮扶职能，切实巩固脱贫攻坚成果，做好脱贫与振兴有效衔接，着力推进产业发展，提高村民收入。关党委委员、政治部主任刘志明多次听取政工办、驻村工作队汇报，要求驻村工作队与当地百姓建立血肉联系，感受社会经济发展脉搏，立足和兴村实际，因地制宜谋划产业，通过苦干兴村，让村庄焕发新颜新貌，增强百姓幸福感、获得感、安全感。11月24日，关党委委员、纪检组组长张相梅实地走访江永县纪委、乡村振兴局、驻村办、农业农村局，以及潇浦镇党委、镇政府、乡纪委、和兴村“两委”，全面了解驻村帮扶工作队落实乡村振兴政策、帮扶资金使用与纪律作风等情况，对定点帮扶工作开展专项监督，确保乡村振兴各项政策落到实处。长沙海关23名党员干部与和兴村107户脱贫户开展结对帮扶，多次入户了解实情，帮助解决实际困难。法规处组织法律专家深入和兴村开展法律宣传，提供法律咨询服务。

二、立足职能，打造优势产业

长沙海关党委多次研究部署助推“三农”工作具体措施，推动湖南水果、蔬菜、茶叶、活猪、水生动物等特色农产品出口，扶持农产品企业参与粤港澳大湾区“菜篮子”平台，促进“湖湘优品”出口。驻村工作队联系引进出口蔬菜龙头企业，抓住供粤港澳大湾区“菜篮子”建设机遇，实施“公司运营+集体入股+农户务工”模式，提供80多个就业岗位，人均年增收3万多元。大力倡导发展农村电商，成立和兴村大地美农村专业合作社和万亩笑脸天猫店，筹资建成农村带货直播间，2022年销售额180万元，和兴村成为电商村。鼓励和兴村外出务工能人回村创业，创办文辉元器件加工小作坊，带动40多名村民足不出村即可实现增收。规划千亩高标准烤烟种植区域，修复洪水冲毁的机耕道和排水渠，补贴肥料和打虫药物，支持村民勤劳致富。助推驻点村千亩果园建设，对抗洪抗旱基础设施进行全面维护整修，有效降低极端天气灾害影响。全村人均纯收入从2021年的12254元增长至2022年的14787元，增幅超过20%。修建硬化道路超过1.5千米，村集体年收入超过7万元。

三、巩固成果，严防脱贫反弹

驻村工作队对全村540户村民先后进行3轮走访，对监测户、五保户、低保户、脱贫户等特殊群体进行重点帮扶，对村民自建房、外出务工、收入水平、人口增减、医疗救助等基础性信息进行全面梳理和排查，建立起和兴村村民信息库和工作台账。针对湖南省、永州市督导组提出的江永县乡村振兴25项整改问题，结合实情逐一对照检查，列出具体问题清单，举一反三归纳出10项问题，明确责任人和整改时限，对账销号开展整改，巩固拓展脱贫攻坚成果与乡村振兴有效衔接，农户改厕不彻底、重病报销难等历史遗留问题得到有效解决。针对“三留守”问题，筹资建成村长者驿站暨老年活动中心，对儿童活动室和农家书屋进行翻新，开展周末讲学班活动，有效提升公共服务水平。为大病户申报“水滴筹”救助，筹资13000多元。为新铺、石角山抗旱工程建设联系对口单位，募集资金20000多元，工作队捐款3000元，解决了村民旱季用水难题。

四、整治环境，美化村容村貌

实施人居环境整治工程，拆除空心房、危房、旱厕，面积超过8000平方米，没有出现不良反馈、居民上访、网络舆情。探索村民合理付费制度，推行理事会自治、村民自筹、卫生费自用的“三自”模式，营造自己家园自己爱护自己建设的浓厚氛围。开展陈规陋习整治，发挥村级红白理事会、道德评议会、禁毒禁赌协会以及五老人员威望作用，重点整治农村大操大办、攀比成风、封建迷信、门前屋后脏乱差等。开展“五好文明家庭”、好媳妇、好公婆、好妯娌、好邻居等各类先进典型评选，设立“乡风文明红黄榜”，提升村民文明素养。组织开展和兴村广场舞大赛，邀请湖南省市县三级摄影协会进村采风，联系本地“网红”进村直播，录制4集和兴村宣传视频，短视频平台观看量超过2万人次。争取专项资金400余万元，科学规划并建成“小菜园”“小果园”“小花园”“小公园”，获得湖南省永州市委市政府领导肯定。

五、广泛动员，汇聚振兴合力

2022年7月12日，海关总署驻河南省民权县工作队受邀来和兴村开展党建共建和指导调研，双方工作队签订资源共享、信息互通、项目互学的合作协议。组织长沙海关党员干部为和兴村捐赠抗洪救灾款10万元，用于修复洪水冲毁机耕道和排水渠。工作队筹资在新铺自然村挖掘水井2口，建成近5千米输水管道，缓解旱情。组建和兴村第一支党员志愿服务队，常态化开展环境卫生整治、交通秩序维护、森林防火灭火、防疫消杀维序、关爱孤寡老人、志愿出工建设等集中服务活动，开展志愿活动2次、服务时长超过80小时，组织社会志愿者募捐，捐资捐物总值超过3万元。

长沙海关定点帮扶工作做法得到地方党委政府肯定，多篇经验做法和帮扶成效被“海关发布”、“金钥匙”、《湖南日报》、“新湖南”、湖南机关党建网等宣传报道。定点帮扶和兴村电商助力脱贫攻坚和乡村振兴事迹被湖南省乡村振兴局、中共湖南省委外事工作委员会联合出品的脱贫攻坚外宣双语纪录片《精准扶贫的力量》采编。经湖南省委组织部考核，长沙海关驻村工作队3名队员均为“优秀”，1人被评为“湖南省优秀共青团干部”，1人得到提拔。

撰稿人

黎中意

第三篇

大事记

2022 年长沙海关大事记

1 月

1 日　长沙海关所属湘西海关签发湖南省首份 RCEP 原产地证书，标志着 RCEP 在湖南落地生效。

4 日　长沙海关后勤管理中心被湖南省总工会评为 2021 年度湖南省厂务公开民主管理工作先进单位。

7 日　湖南省副省长何报翔对长沙海关报送的《15 项税政调研建议获国务院关税税则委员会采纳创历史新高》作出批示："长沙海关主动作为，加强税政调研，提出调整建议，为我省开放型经济作出了重要贡献。"

海关总署副署长、政治部主任胡伟出席长沙海关党委班子见面会，宣布长沙海关主要负责同志调整决定，朱光耀同志牵头负责长沙海关工作。

长沙海关召开捍卫"两个确立"、做到"两个维护"、强化政治机关建设专项教育活动动员部署会。

10 日　湖南省副省长何报翔在《长沙海关关于湖南与广西等 6 省份外贸对比分析及对策研究的报告》作出批示："请商务厅及长沙、岳阳、郴州、衡阳、湘潭市政府分管同志阅研。"

11 日　长沙海关办公室潘虎同志获评"全省信访工作先进个人"。

12 日　长沙海关所属衡阳海关缉私分局侦办的"12·23"涉嫌走私普通货物案由郴州市人民检察院提起公诉。案值7.9 亿元，涉嫌偷逃税款 9468 万元。

14 日　长沙海关主要负责人朱光耀陪同湖南省委常委、常务副省长李殿勋到长沙黄花机场督导检查口岸疫情防控工作。

17 日　长沙海关主要负责人朱光耀到浏阳开展出口烟花爆竹检验监管全流程跟班调研。

海关总署党委研究决定，朱光耀任长沙海关关长、党委书记。

长沙海关所属长沙邮局海关截获水稻致病菌培养物 2 包，经鉴定为稻瘟病的病原真菌灰梨孢菌（*Pyricularia oryzae*）菌株 2 株。稻瘟病被列入我国《一类农作物病虫害名录》，是水稻的一种重要病害，可引起水稻大幅减产。

19 日　湖南省政府新闻办举行长沙海关专场新闻发布会，副关长韦泳亮发布 2021 年度湖南省外贸进出口情况、2022 年关税政策调整情况和长沙海关服务湖南开放型经济发展等情况。

长沙海关刘星星获评"湖南省 2021 年度社会信用体系建设优秀个人"。

26 日　长沙海关以视频会议形式召开 2022 年长沙海关工作会议、长沙海关全面从严治党工作会议。

27 日 长沙海关举办 2022 年第一期湘关大讲堂，长沙海关所属娄底海关关长罗志光，巡察办主任、机关团委书记汤纪文分别以《百年风华——用贯通思维学习党的三个历史决议》《毛泽东为什么能提出实事求是》为题进行宣讲。

长沙海关风险防控分局杨凯荣获 2021 年度湖南省“扫黄打非”优秀个人。

28 日 湖南省副省长何报翔听取长沙海关党委班子工作情况汇报，主要负责人朱光耀同志代表党委班子汇报 2022 年全国海关工作会议精神、贯彻落实全省“一带一路”建设座谈会精神初步意见、长沙海关今年工作重点，转达海关总署党委和倪岳峰署长对湖南省委省政府关心支持海关工作的感谢。何报翔副省长充分肯定新一届关党委成立以来所做的工作，认为抓得紧、抓得实、抓得好，代表省委省政府衷心感谢长沙海关为湖南开放发展所做出的重要贡献。

长沙海关口岸监管处会同岳阳海关推动危险品货物仓储业务全面退出城陵矶港海关监管作业场所，岳阳城陵矶港监管作业场所危险品货物仓储业务清零。

长沙海关机关党委（政工办）卫芳同志获评 2021 年度“湖南省职工最可信赖娘家人”称号。

29 日 湖南省省长毛伟明在《长沙海关工作情况汇报》上批示：“感谢长沙海关对湖南经济社会发展，特别是开放型经济的支持和帮助。”

2 月

7 日 长沙海关主要负责人朱光耀主持召开徐晓捷副关长任职见面会。

10 日 长沙海关获评 2021 年度全省政府系统政务信息工作目标管理考核优秀单位，办公室李昕怡、统计处王鹤洋同志获评优秀个人。

长沙海关所属星沙海关拍摄的《我的工作日志——烟花监管人的坚守》获评 2021 年度“金钥匙”微信公众号“十佳新媒体作品”，列“金钥匙”微信公众号 2021 年度人气总榜第 3 位。

14 日 长沙海关获评 2021 年湖南省食品安全工作 A 级（先进）单位。

16 日 长沙海关“优化生物医药全球协同研发试验用特殊物品出境检疫查验流程”创新举措获海关总署自贸区和特殊区域发展司备案，系长沙海关第 2 项获批备案的自贸改革创新举措。

17 日 湖南省副省长何报翔到长沙邮局海关监管现场调研“邮快跨”业务监管集约化改革运行情况，副关长韦泳亮陪同调研。

长沙海关按海关总署要求宣布关长、党委书记朱光耀任职决定。

18 日 长沙海关在 2021 年湖南省行政执法案卷评查中获评优秀，系长沙海关连续第 3 年获评优秀。

长沙海关获评 2021 年度湖南省“推进‘放管服’改革工作突出单位”。

23 日 长沙海关所属长沙黄花机场海关郭岱同志百名优秀执法一线科长先进事迹被“金钥匙”微信公众号采用宣传，系全国海关首篇。

23—24 日 海关总署副署长邹志武来长沙海关调研。其间，到长沙海关所属长沙邮局海关、株洲海关调研，看望慰问一线关员；深入湖南自贸区高桥片区、中非经贸合作促进创新示范园、蓝思科技、三一重工、中车株机调研了解情况；会见湖南省省长毛伟明、副省长何报翔和陈飞。

25日　长沙海关召开2022年缉私工作会议。

长沙海关党建课题“充分运用我省红色资源开展海关党史学习教育研究——以长沙海关为例”获评2021年湖南省机关党建和思想政治工作优秀研究成果三等奖。

3月

10日　长沙海关党建工作经验做法在全省机关党务领导干部专题读书班获推介交流，直属机关党委常务副书记卫芳代表长沙海关作典型发言，系全省4个推介单位之一。

13日　湖南省委书记张庆伟对《长沙海关关于贯彻落实庆伟书记调研怀化国际陆港指示要求的报告》作出批示：“殿勋、省发改委、商务厅会同海关、广铁等部门，可以部门名义对怀化内陆港建设给予支持。请伟明省长批示。”3月16日，省长毛伟明对该报告作出批示：“很有必要支持好，以不断完善怀化对外开放功能和载体。”

16日　湖南省省长毛伟明对《长沙海关关于2022年前2个月湖南外贸发展情况对比分析的报告》作出批示：“请报翔同志并省商务厅阅，亦请省发改委阅。”

17日　关长朱光耀陪同湖南省委书记张庆伟、省长毛伟明开展专题调研，先后到中非经贸合作先行示范区、邮局海关邮快跨监管现场实地调研，并在长沙市会议中心参加张庆伟书记主持召开的专题调研座谈会。

25日　韶山海关、衡阳海关、张家界海关旅检（监管）科获评2021年“湖南省文明窗口单位”。

28日　长沙海关获评湖南省2021年度绩效评估优秀单位，系2018年以来连续第4年获评优秀。

29日　长沙海关保障首批以市场采购贸易方式申报出口的预包装食品通关。长沙海关成为继杭州、厦门之后全国第3个、内陆首个开展市场采购贸易方式出口预包装食品业务的直属海关。

30日　湖南省委副书记朱国贤在《长沙海关工作情况》上作出批示：“请祥清、祖烜同志阅。长沙海关积极为湖南经济社会发展做贡献，主动服务三高四新战略定位和使命任务，助推湖南商品走出国门，积极促进对外开放平台建设。向长沙海关表示感谢，请湖南日报、湖南卫视加强宣传。”

31日　湖南省委书记张庆伟对《长沙海关关于湖南省出口腌渍蔬菜及蔬菜类罐头产品情况的报告》作出批示：“关口前移，既发挥监管把关的作用，又引导企业提高水平，落实标准。海关的做法应予肯定。”4月1日，副省长何报翔对该报告作出批示：“长沙海关主动作为，从严监管，确保出口食品安全的举措值得肯定。请省商务厅、省市场监管局、长沙海关加强协调，切实守住进出口食品安全底线。”

4月

8日　长沙海关获评湖南省自贸试验区建设工作优秀单位，岳阳海关黎浩琳、李俊毅2位同志获评优秀个人，长沙海关首创进口转关货物内河运费不计入完善价格、实施的“邮快跨”集约式发展和外国人来湘工作管理服务“一站一次”办理入选经典案例。

长沙海关机关团委获评五星级省直“五型”团（青）组织，系连续第5年获评此项殊荣。同时获评2021年度省直共青团信息工作优秀集体，机关党委（政工办）黎中意同志获评优秀通讯员。

15日 韶山海关何古璇同志获评湖南省“打击虚开骗税违法犯罪两年专项行动”成绩突出个人。

16日 长沙海关所属黄花机场海关对湖南省首趟上海分流入境客运航班（曼谷—长沙）进行检疫监管，该航班搭载旅客212人，机组16人，行李223件。

18日 长沙海关直属机关党委获评省直机关示范党支部选树工作先进单位。

20日 湖南省省长毛伟明对《长沙海关关于2022年一季度湖南外贸进出口情况分析的报告》作出批示：“分析清晰明了，工作建议也很有针对性。共同努力，形成合力，迅速扭转被动局面，实现工作主动。亦请省商务厅阅。”

21日 长沙海关跨省域“企业集团加工贸易监管改革”落地，为富士康科技集团旗下的衡阳富泰宏精密工业有限公司办理企业集团加工贸易账册备案，批准该企业适用企业集团加工贸易监管模式，与富士康科技集团在深圳海关关区的9家子公司之间将实现保税货物自由流转。

23日 中央电视台《新闻联播》播出对长沙海关服务中老班列发展的采访，监管处涂红伟出镜介绍有关情况，系《新闻联播》首次播出长沙海关采访同期声。

24日 湖南省委书记张庆伟对长沙海关报送的《长沙海关关于服务湘非贸易高质量发展的报告》作出批示。

25日 关长朱光耀签署长沙海关与省“扫黄打非”办工作备忘录。

28日 湖南省召开2022年打击走私综合治理电视电话会议，湖南省副省长、省打击走私综合治理领导小组组长何报翔出席会议并讲话。

29日 长沙海关与湖南省商务厅召开2022年4月份外贸形势分析联席会议，研究贯彻落实省委书记张庆伟指示要求，建立月度联席会议制度，加强协作配合，共同促进全省外贸稳定增长。

5月

9日 湖南省委常委、副省长张迎春，副省长何报翔对《长沙海关关于落实省委省政府领导批示要求服务我省供港蔬菜产业发展的报告》作出批示。省委常委、副省长张迎春批示内容为：“长沙海关行动快、措施实、机制好！感谢海关的支持和努力，并请持续关心、发力。争取免于开箱查验事宜。”副省长何报翔批示内容为：“请省交通运输厅阅研。”

10日 海关总署署长俞建华视频听取长沙海关工作情况汇报，对长沙海关工作给予充分肯定，认为各项工作抓得很实、很有力，并对下一步工作提出要求。关长朱光耀作工作汇报。

长沙海关组织集中收看庆祝中国共产主义青年团成立100周年大会直播。

12日 关长朱光耀以及武汉、南昌海关关长以视频连线的方式签署《推进长江中游地区高水平开放高质量发展 鄂、赣、湘三地海关协同工作机制框架协议》。

长沙海关举办“青年跟党走、建功新时代”庆祝中国共产主义青年团成立100周年主题活动。

13—26 日 关长朱光耀在长沙黄花机场海关参加长沙海关首期两级党委委员“14＋7＋7”集中工作封闭管理。

16 日 长沙海关 H986 集中审像中心正式在所属星沙海关建成投入使用。

17 日 长沙海关办公室获评 2021 年度全省党委信息工作成绩优异单位，王新宇获评先进个人，系长沙海关连续 11 年获评省委信息工作优异单位。

25 日 长沙海关所属常德海关缉私分局法制科在全国公安系统英雄模范立功集体表彰大会上被评为“全国公安机关爱民模范集体”。

26 日 长沙海关第一期“隶属海关关长在线访谈”在常德海关举办，访谈主题为“服务乡村振兴 助力农产品出口”，常德海关关长叶国忠作为嘉宾参加。

27 日 长沙海关副关长韦泳亮、一级巡视员姜奎为技术性贸易措施调查研究中心（非洲）揭牌，并组织召开关区技术性贸易措施研究工作领导小组第一次会议。

31 日 海关总署副署长王令浚在长沙海关报送的外事工作专题报告上作出批示：“长沙海关高度重视国际合作工作，值得肯定。国际司要支持好长沙海关提出的 8 项工作举措。”

6 月

2 日 长沙海关“食品安全领域送收样环节智能化监管”创新举措获海关总署自贸区和特殊区域发展司备案，系长沙海关第 3 项获批备案的自贸改革创新举措。

6 日 长沙海关“出口烟花爆竹辅助监管系统”创新举措获海关总署自贸区和特殊区域发展司备案，系长沙海关第 4 项获批备案的自贸改革创新举措。

10 日 湖南省副省长、省公安厅厅长王一鸥到缉私局调研，充分肯定海关在服务全省经济发展、履行打私职能上所做的贡献。关长朱光耀报告长沙海关 2022 年以来主要工作情况，缉私局局长焦德高报告缉私局基本情况和打击走私工作有关情况。

长沙海关数据分中心完成中国电子口岸数据中心布置的国产密码算法应用试点工作，成为全国首个正式推广应用该项目的数据分中心。

13—15 日 海关总署副署长王令浚到衡阳海关、永州海关和郴州海关调研，了解有关情况，看望慰问一线关警员。其间，视频连线慰问长沙黄花机场海关疫情防控一线人员；实地调研特变电工衡阳变压器有限公司；到汝城沙洲“半条被子”故事发生地参观学习。

13 日 海关总署国际合作司批复长沙海关出口烟花爆竹智慧辅助监管系统项目、法定检测送收样品智能化监管项目纳入“三智”国际合作“先行先试”项目，系长沙海关首次。

14 日 “三窗合一”顺利办理第一批外籍入湘人员业务。长沙海关保健中心与长沙市科技局和公安局通力配合，一站式为外籍入湘人员办理国际旅行健康证明书、外国人就业许可证、外国人居留许可证，办理时间由原来的 28 个工作日压缩至 15 个工作日。

湖南省副省长何报翔对关长朱光耀报送的《关长走进口岸封管区情况报告》作出批示：“长沙海关关长和班子成员‘走进口岸封管区’的活动，是落实‘三高四新’战略定位和使命任务，转变作风、深入一线、深度体验的新形式，希望认真总结，坚持抓、抓坚持，抓出实效。”

17 日 “九江—岳阳”首批进口集装箱货

物转运监管模式落地实施。

20日 湖南省副省长何报翔对长沙海关报送的《2022年1—5月湖南省对非进出口情况报告》作出批示："请商务厅阅研，要会同长沙海关等开展专班研究，久久为功。"

25日 长沙海关联合南昌海关开展出口烟花爆竹调研并签署《湘赣两地海关共同支持烟花爆竹出口加强安全监管合作协议》。

27日 广东分署检查组进驻长沙海关开展巡视整改谈话和实地检查，组长吕文龙与关长朱光耀、党委纪检组组长张相梅分别谈话。

长沙海关首次开展水运进口转关"离港确认"模式。

28日 湖南省省长毛伟明对长沙海关上半年工作情况专报作出批示："今年以来，长沙海关为全省经济社会发展，特别是开放型经济主动服务、积极作为，取得了明显的成效，尤其是围绕上半年进出口扩总量、提质量、培增量作出了重要贡献，值得充分肯定。望继续发力，更好地服务和支持湖南'三高四新'和现代化建设。代向俞建华署长问好，并邀请来湖南指导工作。"

29日 湖南省副省长何报翔对《长沙海关关于海关总署王令浚副署长来湘调研海关工作情况的报告》作出批示："请省开放型经济领导小组会同长沙海关等单位按王令浚副署长所提要求抓好落实。"

29日 长沙海关与中南大学湘雅医院签署合作备忘录。

30日 长沙海关举办"喜迎二十大　奋进新征程"庆祝中国共产党成立101周年活动。

长沙海关举行宪法宣誓仪式。关长朱光耀监誓，17名新任职的处级领导干部面向国旗和国徽庄严宣誓，6名新任职的正处级领导干部作表态发言。

长沙海关缉私局举行"喜迎二十大　忠诚保平安"庆"七一"主题活动暨先进典型事迹宣讲会。

7月

2日 湖南省委常委、长沙市委书记吴桂英对《长沙海关关于强省会战略推进湖南省外贸高质量发展分析的报告》作出批示："海关所作的分析和建议很好。请继兴、镇麟同志认真研究采纳，完善工作措施，推动长沙外贸高质量发展。"

7日 长沙海关监察室党支部"纪先锋"获评2022年度全国海关党建示范品牌，星沙海关驻浏阳办事处监管科党支部"护'花'使者"获评培育品牌，其他2个示范品牌、1个培育品牌通过复核。

8日 长沙海关机关党委（政工办）成玮获评海关系统"党务之星"，此次全国海关共有35人获评"党务之星"。

15日 海关总署副署长孙玉宁在署会见副省长何报翔一行。双方就落实署省合作备忘录、湖南对外开放发展等有关工作进行沟通交流。海关总署总工程师李文健及有关司局负责人、关长朱光耀参加会见。

18日 湖南省委书记张庆伟、副省长何报翔对《长沙海关关于2022年上半年湖南省外贸情况分析的报告》作出批示。副省长何报翔批示内容为："请商务厅阅研，并会同长沙海关等单位，立足当前，着眼长远，加强分析调度。"

长沙海关保健中心孙菲同志获评"全国消除疟疾工作先进个人"。

19 日 关长朱光耀主持召开长沙海关 2022 年第一次外贸形势分析会议。

长沙海关首次以“组合港”模式开展出口业务。

20 日 财政部批复同意长沙海关上报的张家界教育培训基地资产及债务无偿划转方案，长沙海关系海关系统首家获批的培训机构改革试点单位。

21 日 长沙海关召开“口岸危险品综合治理”百日专项行动视频动员部署会议。

22 日 长沙海关与湖南大学签署战略合作协议。

党委书记、关长朱光耀主持召开长沙海关党委 2022 年第 23 次会议，研究并通过党委委员工作分工以及一级巡视员（总监）任务分工。

25 日 海关总署署长俞建华在署会见湖南省省长毛伟明一行。双方就落实署省合作备忘录、中非经贸合作、湖南开放平台建设等工作进行沟通交流。湖南省副省长何报翔，海关总署党委委员、办公厅主任黄冠胜和有关司局负责人、关长朱光耀参加会见。

长沙海关所属株洲海关报送的“普及保密法律法规 筑牢国家安全防线”课件获评湖南省保密委保密教育培训优秀课件二等奖，常德海关报送的“机关单位保密常识培训”课件获评三等奖。

26 日 长沙海关印发《长沙海关关于印发促进怀化国际陆港建设 18 项措施的通知》（湘关监发〔2022〕142 号）。

8 月

15 日 长沙海关驻黄花机场办事处缉私分局一级警长肖湘同志被评为“全国缉私部门优秀共产党员”，缉私局法制处处长杨志刚同志被评为“全国缉私部门优秀党务工作者”，缉私局政治处党支部被评为“全国缉私部门先进基层党组织”。

16 日 海关总署审计组进驻长沙海关，对长沙海关原主要负责同志开展经济责任审计。

22 日 长沙海关印发《长沙海关关于印发服务民营企业高质量发展若干措施的通知》（湘关稽发〔2022〕165 号）。

9 月

2 日 长沙海关与湖南省社会科学院（省政府发展研究中心）签署战略合作框架协议。

5 日 海关总署党委研究决定，姜奎任重庆海关副关长、党委委员、一级巡视员，免去其长沙海关一级巡视员职务。

6 日 湖南省老干部大学海关分校举行揭牌仪式，政治部主任刘志明、省委老干部局副局长皮巨飞、省老干部大学校长郭文参加。

15 日 长沙海关举办 2022 年湖南省进出口食品安全主题日活动，观看海关总署在厦门市举办的“共担安全责任 共享美好生活”主题日活动视频直播，组织省食安办、区县政府、隶属海关、协会代表和企业代表就落实进出口食品安全责任发言，8 家企业代表签署并递交《进出口食品安全主体责任承诺书》。

16 日 湖南省委副书记朱国贤对《长沙海关关于湖南供港冰鲜猪肉出口情况的报告》作出批示：“请延文、光耀同志阅。继续抢抓机遇，争取更多冰鲜猪肉供港和出口，加大政策扶持，培育龙头企业，提升竞争力。”

19 日 长沙海关提出的《烟花—特定化学物质测试方法 开爆药类型鉴定规程》等 4 个

新国际标准项目通过 ISO 相关成员投票并获得立项。

20 日 湖南省副省长何报翔来长沙海关走访。

21 日 长沙海关与昆明海关线上签署《长沙海关 昆明海关合作备忘录》。

26 日 长沙海关与湖南省市场监督管理局签署合作备忘录。

29 日 海关总署发布 2021 年度综合保税区发展绩效评估结果，岳阳城陵矶综合保税区绩效评估结果在中西部地区和东北三省首次进入 A 类，是湖南省参与评估的 5 个综合保税区中唯一进入 A 类的综合保税区。

30 日 长沙海关技术中心焦艳娜入选国家市场监管总局公布的 2022 年国家级检验检测机构资质认定评审员考录名单。

10 月

15 日 《人民日报》要闻版刊发通讯“湖南阔步迈向开放高地”重点报道长沙海关工作，系长沙海关工作首次被《人民日报》以长篇通讯方式进行专题报道。

16 日 长沙海关集中组织收听收看中国共产党第二十次全国代表大会开幕会。

19 日 长沙海关所属星沙海关陈泳因主持制修订立德粉、铝颜料国际标准所做出的成绩，在 ISO/TC256“颜料、染料、体质颜料”国际标准技术委员会 2022 年年会上获评 2022 年度特别贡献奖。

26 日 长沙海关选送的 5 个作品在全国海关“清风国门”廉洁文化创意作品征集活动中获奖。其中，二等奖 2 个（邵阳海关龙庚哲《文学作品——河蚌》、技术中心袁小雅《艺术设计作品——把廉政刻入 DNA》）、三等奖 3 个（星沙海关许杰《书画作品——青莲》、衡阳海关汪郭凰《传统手作——廉洁》、张家界海关乔伯林《艺术设计作品——清廉》）。

湖南省委书记张庆伟对长沙海关报送的《关于报送 2021 年度湖南省综合保税区发展绩效评估分析情况的报告》作出批示：“商务厅认真分析原因，加强对外合作，提升综保区质量。”

11 月

2 日 长沙海关本级及 14 个财务独立核算的隶属海关被国家机关事务管理局、中共中央直属机关事务管理局、国家发展和改革委员会、财政部 4 部门联合授予“节约型机关”。

3 日 公安部副部长陈思源对“长沙海关缉私局侦办的一起走私普通货物案大幅扩案（十四局信息 198 期）”作出批示：“海关缉私局这一阶段组织开展集中统一行动，成效显著，请总结专报。”

8 日 第五届中国国际进口博览会“非关税贸易措施高质量发展论坛”召开，海关总署标法中心、长沙市人民政府、长沙海关三方签署（长沙）中非技术贸易措施研究评议基地合作协议，海关总署副署长孙玉宁现场见证签约仪式。副关长韦泳亮作为全国海关唯一代表在“企业 + 产品走向世界”专题上以“创新海关监管与服务 携手构建中非命运共同体”为题进行主旨演讲。

9 日 长沙海关独立报送的新闻“中非经贸深度合作先行区进出口同比增长 50.5%”在中央电视台《新闻联播》播出。

由长沙海关独立开发的“RCEP 原产地应用

场景式服务”在海关总署门户网站上线，并作为海关总署2022年数字政府服务能力评估暨第二十一届政府网站绩效评估优秀创新案例向国务院申报。

15日 长沙海关准军训练室正式启用。

16日 党委书记朱光耀的党建“书记项目”获评全国海关优秀“书记项目”，题为《聚力“学思用”贯通，推动解决青年干部动力能力愿力不强》，系全国海关系统7个直属海关党委书记优秀项目之一。

17日 由毛泽东主席亲自创建的农村党支部——中共韶山特别支部的现任书记、党的二十大代表毛春山同志来长沙海关宣讲党的二十大精神。

18日 湖南省委常委、长沙市委书记吴桂英对星沙海关报送的《长沙市2022年1—10月外贸形势分析报告》作出批示：“海关支持长沙外贸发展措施有力有效，表示感谢和慰问。分析的问题及提出的建议很有针对性，请继兴、镇麟同志阅研。”

湖南省委常委、常务副省长李殿勋对《长沙海关关于贯彻落实省署工作会谈纪要情况的报告》作出批示：“请商务厅参阅。对中央部委驻湘机构的经费补助请求，请省财政厅把握兄弟省市做法，依法稳妥处理。”

21日 湖南省委书记张庆伟对《长沙海关关于湖南省鲜鸡蛋供港情况的报告》作出批示。

22日 长沙海关推选的机场海关张凯欣宣讲作品《强国有我守国门 海关青年铸忠魂》在省直机关“喜迎二十大、永远跟党走、奋进新征程”红色微宣讲竞赛中获得一等奖。

23日 第二十届中央候补委员、中国工程院院士刘仲华来长沙海关宣讲党的二十大精神，围绕党的二十大主题主线，结合自身科研方向和学习思考，以《强化农业科技教育 加快实现农业现代化》为题作宣讲。

24日 驻署纪检监察组组长、海关总署党委委员王林对党委纪检组组长张相梅报送的《长沙海关“关长走进口岸封管区”工作开展情况报告》作出批示，并送驻署纪检监察组其他组领导阅。

26日 党委书记、关长朱光耀到花垣县十八洞村调研，开展“重走红色道路，感悟思想伟力”见学活动，听第二十届中央候补委员、党的二十大代表、十八洞村党支部书记、村主任施金通分享参加党的二十大的体会，在十八洞村精准扶贫广场以“院坝讲堂”的方式，为湘西海关全体党员干部作宣讲。

27日 关长朱光耀与湘西州委常委、常务副州长共同为保靖县海关服务站揭牌，并见证湘西海关、保靖县人民政府签署《关于沟通推进保靖县开放型经济高质量发展的合作备忘录》。

28日 海关总署副署长孙玉宁对《长沙海关关于促进中非贸易高质量发展的调研报告》作出批示：“请监管司阅研。”副署长吕伟红作出批示：“请食安局、动植司阅研。”

29日 长沙市举行湖南自贸试验区长沙片区高水平开放高质量发展成果展示暨重大项目签约活动，并为两个国家级技术贸易措施研究评议基地授牌，关长朱光耀出席活动。

国家口岸办公室刊物以“长沙海关开展优化口岸营商环境百日攻坚行动，有效助力湖南外贸高质量发展”为题，刊发长沙海关开展优化口岸营商环境百日攻坚行动经验做法、落实措施和取得成效。

12 月

2 日 长沙海关缉私局侦办的“7·28”杨某某等人涉嫌走私普通货物案经扩案，当前案值为 5.4 亿元，涉嫌偷逃税款约为 1.93 亿元。

6 日 长沙海关全程独立牵头完成准入评估的坦桑尼亚野生水产品获得输华准入，系长沙海关首次独立牵头完成输华食品准入评估全程工作。

8 日 长沙海关“综合保税区优化进出区管理新模式”创新举措获海关总署自贸区和特殊区域发展司备案，系长沙海关第 5 项获批备案的自贸改革创新举措。2022 年长沙海关自贸创新举措通过备案数量居全国海关第 1 位。

长沙海关关史室正式揭牌投入使用。

9 日 中共湖南省离退休干部工作委员会授予长沙海关离退休干部第三党支部“全省示范离退休干部党支部”称号。

驻署纪检监察组组长、海关总署党委委员王林同志对党委纪检组组长张相梅撰写的政研文章《强化“七大思维”推进政治监督具体化精准化常态化》作出批示：“请吴戈、志学、万顺同志阅，四室阅研。”

15 日 湖南省委常委、常务副省长李殿勋对《关于圆满解决城陵矶综合保税区粮食加工企业关税补缴问题的报告》作出批示：“工作卓有成效，应予表扬感谢!”

16 日 长沙海关离退办《加强新时代离退休干部党建工作调研报告》获 2022 年全省老干部工作调研成果三等奖。

17 日 湖南省省长毛伟明对长沙海关《关于圆满解决城陵矶综合保税区粮食加工企业关税补缴问题的报告》作出批示：“向长沙海关高度负责的态度和实事求是的作风表示敬意!”

20 日 关长朱光耀、副关长蒋莉、政治部主任刘志明出席机场海关朴实楼启用暨封闭管理人员入驻活动。

29 日 海关总署发布《海关总署关于扩大公路跨境快速通关改革适用范围的公告》（2022 年第 133 号），决定将跨境快速通关适用范围扩大至长沙海关，标志着湖南省成为广东省外唯一一个推行跨境通关改革的省份。

湖南省水利厅、湖南省机关事务管理局、湖南省节约用水办公室授予长沙海关“湖南省公共机构节水型单位”称号。

30 日 湖南省省长毛伟明对《长沙海关推动跨境快速通关改革工作情况的报告》作出批示：“长沙海关工作积极主动，富于开拓创新精神，服务经济有思路、有举措并成效显著，赞成下一步工作考虑。继续推动跨境快速通关改革，并代向总署俞建华署长问好!”

2022 年长沙海关税收入库 127.91 亿元，同比增加 26.90 亿元，同比增长 26.63%；监管货运量 2416.5 万吨，同比下降 9%；监管检疫出入境交通工具（航空器、船舶）762 架次（艘次），进出境人员 2.7 万人次；监管行邮物品（邮、快递总数）191.5 万件，同比下降 11.4%；新增注册进出口企业 4978 家，达 25848 家；截获有害生物 43 种类 178 种次；检出不合格进出口工业品 465 批次；查扣侵权嫌疑商品扣留 1407 批次，数量 26.13 万件，同比增长 211%；行政立案 302 起，同比下降 5.33%，案值 20.1 亿元；刑事立案 50 起，同比增长 51.5%，案值 16.23 亿元。

第四篇

党的建设

党建工作

【概况】2022年，长沙海关坚持“第一议题”制度，党委组织学习、研究落实习近平总书记重要讲话和重要指示批示精神88次。全面贯彻党的二十大精神，坚持全覆盖，党委带头学、支部集中学、党员自觉学，开展学习活动398次。邀请中共中央候补委员、党代表上门辅导，开展主题征文、演讲比赛，与海关总署司局、企业社区结对联学，深刻领悟“两个确立”的决定性意义，做到“两个维护”。开展“十百千”宣讲行动，党委书记带头沿着习近平总书记考察湖南足迹，深入十八洞村、韶山村等地宣讲交流，党委委员宣讲25场，支部书记宣讲138场，党员干部宣讲1052场。聚焦海关总署党委“12个必”要求，制定50项落实措施，开展28项课题调研，谋划目标思路，推动实干热潮。出台48条加强隶属海关党委班子建设指导意见，开展“6+6”示范处室、示范单位创建，建强长沙海关党委和隶属海关党委班子。挖掘湖南丰富红色资源，开展基层党建“双提升”行动，建强一线执法科室党支部，1个书记项目获评全国海关优秀，新增全国海关党建示范（培育）品牌2个、湖南省和省直机关示范党支部各1个，毛泽东主席家乡海关党建品牌持续擦亮。突出红色文化熏陶，与19个红色教育基地联学共建，创新讲授情景党课。深化精神文明建设，赋能乡村振兴驻村帮扶，共建郴州汝城文明实践中心，建成关史室、准军训练室等文明实践阵地，新增省级文明单位7个、全国和省级青年文明号4个。

【基层党组织建设】2022年，长沙海关以基层党建“双提升”行动为抓手，着力加强基层党组织建设。推进“强基提质工程”，验收合格党支部36个，动态评定“四强”党支部40个，打造“护花使者”等特色党建品牌34个。组织开展机关联基层、海关联企业支部共建活动，51对联建支部开展“五个一①”工作，推动形成上下联动的良好局面。开展党务问题专项清查整治工作，规范党员档案管理，夯实基层基础。组织党务干部全员大练兵，评选10名关区党务之星，完成基层一线党支部书记培训

① 召开至少一次联席会议，进行活动研究和工作安排；开展至少一次实地调研，深入基层和企业了解情况、推动工作；办好至少一件好事实事，在调研的基础上，围绕服务基层、服务企业、服务发展；举办至少一次共建活动，结合支部共建单位特点，共同设计活动主题，促进党建与业务相融合、相促进；进行至少一次成果展示，要在研究中思考和开展工作，及时总结好的经验做法，通过课题报告、工作简报、新媒体宣传等方式，展示工作成效。

全覆盖，择优确定关区书记项目37个。党委书记的书记项目获评全国海关优秀书记项目，“纪先锋”获评全国海关基层党建示范品牌，1人获评全国海关党务之星，星沙海关驻浏阳办事处监管科党支部获评湖南省直示范党支部，“护‘花’使者”党建品牌创建经验被湖南省直工委刊载推介，党建工作经验2次在湖南省机关党务领导干部会上获推介交流。

【党风廉政建设】2022年，长沙海关深化制度建设，出台“禁酒令”，制定防范化解腐败风险具体措施194条、进一步强化纪律作风建设12条措施。加强纪律作风建设，重新选聘特约监督员20名，常态化征集、整改反馈意见建议；深化“好差评”系统运用，窗口作风好评率100%；每月开展内务督察，点名通报问题22个。严格队伍从业管理，开展处科级干部配偶、子女及其配偶从业行为自查，未发现违规行为。深入开展“海关重点项目和财物管理以权谋私”专项学习教育，梳理下发政治教育、纪法教育、警示教育学习资料近500份，全覆盖审核剖析材料416份，经验做法被海关总署信息载体推介2次。开展警示教育月活动，组织新任党委书记、纪检组组长谈责任落实，青年干部谈廉洁，编发视频访谈5个、订阅号2期。加强新时代海关廉洁文化建设，挖掘“爱莲说”等湖南优秀传统文化，形成廉洁品牌8个，5个廉洁文化作品在海关总署获奖，并在海关博物馆展出。

【精神文明建设】2022年，长沙海关成立精神文明建设工作领导小组，制订关区精神文明建设工作方案。深入培育和践行社会主义核心价值观。开展诚信主题实践活动，组织认证AEO信用企业58家；深化爱国卫生运动和无烟机关建设，长沙海关机关被湖南省卫健委命名为“无烟党政机关”。结合“12·4”国家宪法日、“8·8”海关法治宣传日开展普法宣传教育。制定新时代全民阅读措施10条，编印《湘关记忆6》，打造“书香机关”。创新应用话剧、小品、歌舞等形式，自编自导自演情景党课9堂，歌舞剧《绣红旗》获海关总署推介。深化文明创建，召开关区文明创建推进会，成立工作专班，统筹推进109项重点任务。组织开展“祝福祖国、喜迎佳节”迎春主题活动、“青年跟党走、建功新时代”五四演讲活动，建成关史室、文化活动中心和党员活动室。助力汝城县文明实践中心建设，筹集捐赠健身器材、办公设备、书籍、衣物、鞋袜等爱心物资5批、55万元；助力乡村振兴，为长沙海关驻点村江永县和兴村捐赠救灾款10万元。长沙海关机关和所属益阳海关通过湖南省文明标兵单位现场验收，邵阳、张家界、郴州、娄底、湘西海关通过湖南省文明单位现场验收，各层级文明单位达到13个。

【群团工作】2022年，长沙海关制定学习宣传贯彻党的二十大精神措施，组织21个团支部通过主题团日、青年理论学习小组等推进落实。制订“学雷锋活动月”系列活动方案，联合沈阳海关共同开展“弘扬雷锋精神，钉牢国门防线”两地雷锋纪念馆“云”参观活动，与五一社区签订“团建联盟”协议，组织爱心义诊、爱心捐赠、废旧衣物回收等志愿活动39次。组织“青年跟党走、建功新时代”中国共产主义青年团主义100周年系列主题活动，评选表彰长沙海关青年文明号15个，长沙海关青年岗位能手20名。

开展团员推优入党工作，5名入党申请人成为入党积极分子，6 名入党积极分子成为发展对象。完成长沙海关机关团委换届选举。

长沙海关机关工会深化“我为群众办实事”活动，组织开展 6 轮次“送清凉”“送温暖”和节前慰问活动，完成咖啡吧、淋浴间等民生项目 18 个，走访慰问因病住院和困难群众 60 余人次。开展“捐一包口罩”志愿服务关爱行动，为疫情防控筹集爱心款 3 万余元。参加湖南省直工会互助互济医疗和湖南省总工会职工大病关爱行动，办理互助互济医疗保险 63 人次，补助 2.6 万余元。开展满意食堂创建，获评湖南省直工会优秀食堂。调整充实文体协会工作力量，组织关区篮球赛，常态化开展文体活动；组织篮球、足球等 6 个项目参加湖南省直机关全民运动会，获评体育道德风尚奖。开展“我为群众办实事”活动，18 项民生项目全部落地见效。

长沙海关坚持以“巾帼心向党　奋进新征程”为主题，引导妇女同志学习宣传贯彻党的二十大精神，1 人在湖南省直机关红色微宣讲竞赛中获一等奖。开展“潇湘巾帼逐梦 强国复兴有我”为主题的妇女节活动，组织机关妇女同志参观

▲2022 年 6 月 30 日，长沙海关举行“喜迎二十大　奋进新征程”庆祝中国共产党成立 101 周年活动　（黄勇华　摄）

▲2022 年 5 月 12 日，长沙海关举办“青年跟党走　建功新时代”庆祝中国共产主义青年团成立 100 周年主题活动　（黄勇华　摄）

妇女运动先驱缪伯英故居，激发爱国爱岗情感。当好“娘家人”，设立“花开国门　半壁生辉公益项目箱”，为全体女职工购买安康险，向参与抗击新冠疫情女职工发放心理咨询爱心服务卡。1 个隶属海关单位获评“湖南省巾帼文明岗”称号，1 人获评“全国海关党务之星”，1 人获评“湖南省五四青年奖章”，150 人获得长沙海关个人嘉奖以上荣誉。

撰稿人

黎中意

巡视巡察

【概况】2022年，长沙海关完成关区5年巡察全覆盖。深化巡察成果运用，举一反三建立制度机制8项；编发基层党组织问题清单2期，为基层党组织建设与“四强”党支部评定提供参考。落实巡察干部选拔管理考核办法，从巡视巡察干部队伍中选拔任用干部19名，其中处科级领导干部14人。将中央巡视整改、海关总署巡视整改和长沙海关巡察整改一体推进，提升巡视巡察综合效能。

【巡视整改工作】2022年，长沙海关开展中央巡视整改落实情况自查评估，42项长期坚持事项取得实质性进展。持续做好海关总署党委巡视整改，开展巡视整改集中清查，121项立行立改和中期整改任务100%整改到位，6项长期整改措施取得实质性成果，巡视整改群众满意度达100%，“开门搞整改”经验做法被海关总署巡视办推介。落实海关总署巡视办集中清查审核反馈意见、广东分署实地检查反馈意见的问题整改，完成整改事项28项。开展巡视共性问题自查自改，完成整改措施16项。巡视巡察上下联动党费使用专项巡察案例，入选全国海关15个巡察案例，被中央巡视办相关载体采用。

撰稿人

韦　平　黎中意

【巡察工作】2022年，长沙海关对机关5个综合部门开展常规巡察，提前完成关区巡察全覆盖。向职能处室分类移交巡察发现共性问题和意见建议，反馈率和有效处置率均为100%。开展巡察整改集中清查，533项限期整改事项全部按期清零，41项长期整改措施取得实质性进展。深化巡察成果运用，将巡察“负面清单”纳入监督执纪检查内容，举一反三建立完善制度机制8项。加强巡察队伍建设，举办巡察干部培训班，培训40余人次。

纪检监察

【概况】2022年，长沙海关落实党中央全面从严治党战略部署，围绕清廉海关建设目标，提出“政治建设走前列”，把全面从严治党、党风廉政建设和反腐败斗争引向深入。扎实开展“海关重点项目和财物管理以权谋私”专项整治，及时排查化解非执法领域廉政风险。发挥“组地关”协作配合机制[①]，严肃查处一批违纪违法典型案例。运用监督执纪“四种形态”，对履责不力的党员领导干部严肃问责，促使党员领导干部遵规守纪、履职尽责。长沙海关党委纪检组绩效考核在全国海关第2类17个直属海关单位中排名第2。

【政治监督】2022年，长沙海关细化105项监督内容。对全面禁止“洋垃圾”进境、打击象牙等濒危动植物及其制品走私等工作落实情况开展政治监督，查发问题20个并督促整改到位。修订加强“一把手”和领导班子监督措施，开展廉政约谈83人次，对重点关注领导干部廉政档案、有关事项报告、说情打招呼登记信息、近亲属从业情况实行“四必查”。认真开展巡视整改监督，紧盯34项中长期整改任务以及6个专项治理推进情况开展监督检查，发现并推动问题整改6个，全部完成整改。

【疫情防控和安全生产监督】2022年，长沙海关开展疫情防控和安全生产监督。两级纪检组长走进封闭管理区4人次，深入抗疫一线发现并解决问题22个。创新运用远程视频监督等方式，每个工作日至少开展一次视频巡查，按时报送周报表51期，制发监督意见书6份，形成专项监督报告8份，监督北京冬奥会、冬残奥会备降航班、上海分流航班等检疫专项任务落实。每月对办公区内部疫情防控、集中封闭管理场所、防疫物资使用管理等重点环节开展明察暗访、实地督查，提醒纠正问题30个。长沙海关制发进一步强化安全生产领域监督执纪工作的通知，组织监察室、派驻纪检组对长沙海关本级机关2个办公区、16个隶属海关和4个事业单位开展安全生产专项监督，督促落实主体责任，推动整治关区宿舍电梯、内部场所等安全隐患突出问题6个。紧盯烟花爆竹监管、海关作业场所等重点，常态化做好督促提醒，确保一方平安。

【日常监督】2022年，长沙海关出台政治生态分析研判办法，设立6个方面19个分析研判指标，通过“精准画像”预警预防“三大风险”（执法

① 驻署纪检监察组、地方纪委监委及直属海关三方协作机制。

风险、管理风险、廉政风险）。总体评价38个处级领导班子、精准画像138名处级以上领导干部，督促落实全面从严治党主体责任。组织对干部职工配偶、子女及其配偶从业、违规投资企业等行为开展3轮次自查、抽查检查，开展综合分析研判，动态维护“一关一档”“一人一档”电子廉政档案，梳理873名党员干部基本情况。严格规范回复廉政意见363人次，协助长沙海关党委严把选人用人政治关、廉洁关。

【纠治“四风”】2022年，长沙海关出台贯彻落实中央八项规定及其实施细则精神具体措施、推进清廉海关建设的补充意见，深化作风建设。紧盯元旦、春节等重要节点，组织开展6轮次“四不两直”检查、交叉式随机暗访，严肃查处违反中央八项规定精神问题5起。紧盯文山会海、表格接龙等突出问题，督促职能部门每季度统筹安排调研、检查、督察等工作，纠正问题15个。发文同比减少37.5%，会议数量同比压缩4%，各类考核调研同比压缩8%。

【“海关重点项目和财物管理以权谋私”专项整治】2022年，长沙海关开展“海关重点项目和财物管理以权谋私”专项整治，梳理汇总2012年以来重点项目234个，5个项目转问题线索处置。梳理与海关发生往来企业500余家，调研企业185家次。开展“逐一谈话”605人次，掌握高风险岗位16个，掌握高风险人员63人。组织撰写个人剖析材料416份。推动制定修订制度43项，制定操作指引113个，有效规范非执法领域权力运行。落实总结宣传推介、夯实数据质量、综合研判风险等10项做法。受理和处置问题线索23件，其中自主查发问题线索10件，创历史新高。开展问题线索“大起底”，重新处置3件。开展自查从宽、被查从严政策宣讲教育21场次，促使2名干部主动投案、9名干部主动交代问题。办结问题线索9件，立案2件6人，移交地方纪委监委处置3件，诫勉谈话2人，谈话提醒1人。根据海关总署委派，督导检查天津海关专项整治工作及问题整改工作。

▲2022年7月8日，长沙海关召开2022年上半年全面从严治党暨警示教育工作会议（黄勇华 摄）

【监督执纪问责】2022年，长沙海关认真做好信访举报工作，精准规范处置问题线索，年内受理信访举报41件，处置问题线索31件，同比分别增长8%、48%。加大处置力度，办结问题线索23件，去存量取得重要进展。立案审查违纪违法案9件，办结8件，给予纪律处分5人，诫勉2人，责令检查4人，通报问责事业单位原主要负责人失职失责问题1人1件，督促主动追回重复付款，挽回经济损失

11.8 万元。开展执纪监督安全大排查，防范“走读式”谈话安全隐患。严格落实“三个区分开来”，通过容错纠错机制保护有想法、有闯劲、有担当的干部，为错告的干部澄清正名。

【以案促改】2022 年，长沙海关召开警示教育大会 3 次，通报关区违纪案例 7 起，深入 4 个部门单位开展纪法宣讲面对面，现场答疑解惑，推动 1 个单位召开党委以案促改专题民主生活会，深入查摆并切实整改存在的问题，组织对 5 名受处理处分党员进行回访，做好教育转化工作。

撰稿人

王宏鹏　朱小君　罗　集

干部队伍建设

【概况】2022 年，长沙海关践行新时代党的组织路线，优化结构，建设高素质干部队伍。聚焦干部工作素质培养，知事识人、选拔任用、从严管理、正向激励建设，在选人用人、考核奖惩、教育培训等方面持续树立正确导向。

【机构编制管理】2022 年，长沙海关现有正处级内设机构 18 个、隶属海关 16 个、正处级风险防控分局 1 个、党委派驻纪检组 8 个、事业单位 5 个（含待转企改制的评审中心）。

【人力资源调配】2022 年，长沙海关修订干部交流工作实施细则，岗位平级交流 57 人次，减少异地交流人数。招录公务员 11 名，接收军转干部 1 名，遴选 14 名基层优秀年轻干部到机关工作，跨直属海关商调 21 名干部到隶属海关工作。

【干部育选管用】2022 年，长沙海关选拔干部 8 批次，选拔处科级领导干部和隶属海关党委委员 144 人次、同比增长 6.5 倍。选拔任用年轻干部，选拔 45 岁左右正处级领导干部 4 名、40 岁左右副处级领导干部 20 名、35 岁左右科级领导干部 76 名，分别占选拔人数的 44.4%、74.1%、74.5%，平均年龄同比下降 0.1 岁、1.1 岁、2.8 岁。从公务员队伍中提拔 5 名优秀年轻干部到事业单位任班子成员，提任 23 名事业单位管理七级、八级职员。

【干部监督工作】2022 年，长沙海关制定加强隶属海关党委班子建设的指导意见，明确 15 方面 48 条规范管理要求。制定公务员平时考核办法，修订下发因私出国（境）管理办法，完善干部日常管理机制。开展 9 批 53 人次个人有关事项查核，如实报告率 100%。开展违规投资企业及在企业兼（任）职问题自查，提醒谈话 1 人、诫勉谈话 1 人。每季度收集汇总巡视、巡察、审计、督察、检查、执纪等问责追责结果，暂缓和不确定 5 名干部年度考核等次，终止 1 名干部选拔程序，取消 2 名符合口径干部的职级晋升。

【职务职级并行工作】2022 年，长沙海关完成 5 名专业技术类公务员任职资格评定工作。晋升二级巡视员及相当层次职级 2 人次、一至四级调研员及相当层次职级 75 人次、一至四级主任科员及相当层次职级 116 人次，累计 193 人次。

【奖励激励工作】2022 年，长沙海关提高隶属海关年度考核优秀比例至 25%，提升参加封闭管理人员优秀比例至 35%。完成关衔集中调整和职级公务员关衔评授专项工作，181 人被授予和晋升关衔。及时奖励表彰授予集体三等功 1 个，集体嘉奖 23 个，个人三等功（记功）21 人次，个人嘉奖 212 人次。出台理论研究、信息宣传工作奖励标准，组织参加海关总署授衔仪式 2 次，举办荣休仪式 26 人次。

【人才培养工作】2022 年，长沙海关推荐 9 名干部到各级院校和地方单位授课。新取得岗位资质 435 人次，其中 20 人获得高级签证官岗位资质。3 名业务骨干参加湖南省“三尖”（顶尖、拔尖、荷尖）创新人才工程项目申报，2 人获得正高级职称，8 人获得初级、中级职称。

【疫情防控专项工作】2022 年，长沙海关扩充预备、应急梯队人员 50 人，分 2 批次调配 22 人支援长沙黄花机场海关疫情防控一线。制定细化落实措施，核发专项临时补贴，购买人身意外保险，增开健康体检。组织个人防护操作培训，建立轮战机制和新进入梯队人员技能培训。

【教育培训工作】2022 年，长沙海关完成厅级、处级和科级干部学习贯彻党的十九届六中全会精神网上培训班。将集中轮训与党委理论学习中心组（扩大）学习相融合，邀请权威专家解读宣讲习近平新时代中国特色社会主义思想，组织处级干部集中轮训班 2 个。采取集中调训、“海关 e 课堂”、跟班学习、实操演练、网络视频、送教上门等多方式开展业务操作指导培训。举办 24 期湘关大讲堂，参加培训 13651 人次。建设完成出口烟花爆竹、打火机两个检验监管实训基地，经验做法被海关总署教培中心在全国海关首批进行推介，新聘 53 名兼职教师，组织编撰实训教材 5 本，制作湘关特色课程 6 门，首次在海关总署“海关 e 课堂”授课。采取“海关总署集中脱产培训 + 党校集中培训 + 关区特色培训”模式，初任培训 11 名新录用公务员。组织 31 名关员晋衔培训，其中 3 名关员参加海关总署举办的拟晋升三级关务监督人员培训班，26 名关员参加拟晋升三级关务督察人员培训班，2 名关员参加拟晋升三级关务督办培训班。

▲2022 年 6 月 30 日，长沙海关举行 2022 年宪法宣誓仪式 （黄勇华 摄）

撰稿人

庞 蓉

第五篇

业务建设

口岸开放与运行管理

【概况】2022年，长沙海关服务湖南省口岸开放与运行管理，助力湖南融入“一带一路”、粤港澳大湾区和西部陆海新通道等建设，打造中欧班列（长沙）、岳阳城陵矶口岸江海联运、湘粤非铁海联运、怀化国际陆港以及长沙黄花国际机场货运枢纽5大国际物流通道。

长沙海关深化“放管服”改革，推进口岸营商环境优化。组织开展优化口岸营商环境百日攻坚行动，提升通关模式改革成效明显，被湖南省授予“深化‘放管服’改革工作突出单位”。“单一窗口”功能系统持续优化，地方特色应用项目实施，方便企业业务办理。推进跨关区联动协作，推动实现“多关如一关”改革，打造跨关区通关改革“新模式”，从航空、铁路、公路、水运全方位促进湖南国际物流发展。

【口岸开放与发展】湖南省现有国家一类口岸3个，分别是长沙航空口岸、张家界航空口岸、岳阳城陵矶水运口岸。

湖南省海关特殊监管区域及保税物流中心“5+2”格局建设发展得到加强，其中综合保税区5个，为岳阳城陵矶综合保税区、长沙黄花综合保税区、郴州综合保税区、湘潭综合保税区、衡阳综合保税区；保税物流中心（B型）2个，为长沙金霞保税物流中心（B型）、株洲铜塘湾保税物流中心（B型）。岳阳城陵矶综合保税区在2021年度综合保税区发展绩效评估中进入中西部和东北地区绩效A类。

湖南省国际通道得到拓展，中欧班列作为湖南省深度参与共建“一带一路”的重要途径和开放型经济发展的重要通道，目前有长沙、怀化、株洲、衡阳、郴州5个地级市开行中欧班列，以长沙市为核心，始发地遍布湘东南、湘西南地区，开行国际线路20多条，物流辐射欧亚30个国家（地区）。全年监管中欧班列1107列、9.1万箱次、74.8万吨、货值189.5亿元，同比分别增长3.4%、持平、增长6.4%、增长5.9%。中欧班列（长沙）开行运量排名全国前3，其中星沙海关监管中欧班列1012列，占比91.4%，同比减少1.7%；怀化海关监管51列，占比4.6%，2021年同期无数据；衡阳海关监管44列，占比4%，同比增长46.7%。岳阳城陵矶水运口岸集装箱吞吐量101万标箱，成为长江中上游第3个百万标箱港口。湘粤非铁海联运开行274列，怀化东盟班列开行153列。长沙航空口岸国际客运、货运航线增至10条，执飞1523架次、货值16.1亿元。

【优化口岸营商环境】2022年，长沙海关深化“放管服”改革，持续优化营商环境，按照海关总署关于促进外贸保稳提质工作要求，推进外贸高质量发展。

推进口岸营商环境优化，组织开展“优化口岸营商环境百日攻坚行动”，经验做法被国务院和国家口岸管理办公室相关刊物刊发。持续深化“放管服”改革，被湖南省人民政府评为“深化‘放管服’改革工作突出单位”和“湖南省深化放管服改革持续优化营商政务环境”优秀单位。召开促进全省外贸保稳提质、综合保税区、跨境电商和监管作业场所高质量发展4个专题推进会，建立与湖南省商务厅“每月一商”工作机制，及时解决难题72个。

提升通关模式改革成效，进口“提前申报”应用率42.78%，同比增长7.02%；出口“提前申报”应用率77.86%，同比增长15.31%。“两步申报”应用率34.8%，同比增长6.78%，均高于全国海关平均应用率，有效促进关区进出口整体通关时间持续压缩。在全国通关一体化框架下，推行“7×24小时”预约通关、税费电子支付、免到场查验等便捷措施，优化跨关区查验异常报关单后续处置。在长沙黄花机场、长沙邮局、岳阳海关试点推广“区港联动”模式；在长沙国际铁路港复制推广“直提直装”试点，实现“监管协同、物流联动、便捷高效”。

打造通关改革“新模式”，在长沙霞凝港、岳阳城陵矶港实现进出口危险品“直装直提”，口岸作业时间由2~3天压缩至1小时。成功争取海关总署授予粮食、水生动物等11类产品检疫审批终审权。区港联动、离港确认等改革落地见效。助力岳阳城陵矶建成综合保税区、中国（湖南）自由贸易试验区岳阳片区、跨境电商综合试验区，启运退税港，汽车整车、肉类、粮食、水果、木材进口指定口岸，迈入百万标箱枢纽大港行列。

【国际贸易“单一窗口”建设】2022年，长沙海关持续优化“单一窗口”功能系统。协助湖南省商务厅统筹梳理现有湖南国际贸易“单一窗口”各地方应用系统，对长期未产生数据或未维护更新系统进行清理。联合湖南省口岸办推广“单一窗口”项目应用，实施“区港联动”等地方特色应用项目。推进国际航行船舶进出境通关全流程“一单多报”，实现相关信息通过“单一窗口”网上申报和电子核放。组建关区11个业务条线专家研判小组，作为“单一窗口”企业服务群后台专家，为外贸企业在线答疑。拓展完善功能应用，推广“湘鄂赣”“湘粤”电子口岸制卡一体化项目应用，实现企业跨省通办。联合建设银行推动湖南省“关银一KEY通”安全介质应用，设立制卡代理点23个，覆盖全省14个地市州。自上线以来，湖南“单一窗口”实施地方特色应用项目12个，服务企业3.7万家，同比减少随附单证比例超过50%。

【口岸国际合作和港澳台地区合作】2022年，长沙海关立足协同监管，与昆明、满洲里、宁波等8个海关开展跨省联动协作，推动实现“多关如一关”。服务湖南融入“一带一路”、粤港澳大湾区、西部陆海新通道等建设，助力建设长沙国际航空货运、中欧班列、岳阳江海联运、株洲湘粤非铁海联运、怀化东盟货运5大国际物流通道。在航空方面，克服新冠疫情影响，全力服务复开增开国际航线，长沙机场口岸国际客运、货运航线增至10条，执飞1523架次、货值16.1亿元。在铁路方面，叠加提前申报、铁路快速通关、免到场查验等便利化举措，铁路班列出口整体通关时间压缩至11分钟，保障全省发运中欧、中老、中越、湘粤非班列1522列。在水运方面，依托长江黄金水道联动优势，建立湘鄂赣三地海关协同机制，开通“组合港”通关模式，推动区港联动、离港确认等改革落地见效。在公路方面，打造通关改革“新模式”，成功获得海关总署批准“跨境一锁”改革，湖南省成为广东省外唯一推行的省份，成功构建与香港地区进出口货物的快速通道，对香港地区进出口实现561.1亿元。

▲2022年9月14日，岳阳海关关员监管“江海滚装联运”平行进口汽车顺利抵港 （张子亮 摄）

撰稿人

杨春勇

法治建设

【概况】2022 年，长沙海关深入宣传贯彻习近平法治思想，提出《中华人民共和国海关法》（简称《海关法》）修订草案意见建议 44 条，牵头修订《出口烟花爆竹检验管理办法》，参与制定《进出境生物材料检疫管理办法》，起草《海关进出境运输工具舱单管理办法》等 3 部规章立法后评估报告，对 43 部其他规章提出立法后评估意见 43 条，提出缉私、涉检案件行政裁量基准修改意见 4 条。办理行政复议案件 1 起，依法维持原行政处罚决定。连续 4 年获评湖南省行政执法案卷评查优秀单位，连续 2 年获评湖南省“谁执法谁普法”考评优胜单位。

【深化“放管服”改革】2022 年，长沙海关落实“放管服”改革要求，编制、公开行政许可事项清单 9 项，更新服务指南，受理行政许可 1829 件，群众满意率 100%。

【法制协调与服务】2022 年，长沙海关对 3 起重大案件开展法律论证。对 3 项重大行政执法决定开展法制审核，提出法律意见 17 条、执法风险提示 4 次。为 156 项服务外贸保稳提质、促进民营企业健康发展政策措施，4 项自贸区海关监管创新举措，154 件合同事务提供法律咨询服务。做好执法统计年报公开，参与湖南省执法案卷评查。通报行政执法案例 10 个，获海关总署采用 3 个。

【法治宣传】2022 年，长沙海关开展“嵌入式”普法 2000 余人次，送法进企业、进园区、进校园活动 100 余次，发布普法信息 10 篇。结合“4·15”全民国家安全教育日、“8·8”海关法治宣传日、“12·4”国家宪法日、“美好生活民法典相伴”等专题开展“与法相约 走进橘子洲”“送法进乡村”“通道进市州 RCEP 进园区”等

▲2022 年 5 月 19 日，长沙海关开展“‘典’亮和兴村 尊法致方圆”海关普法志愿服务活动 （王炜鉴 摄）

特色普法活动，受众超25000人次，受惠企业超1000家。发布“小珂普法”品牌微信订阅号16篇，被海关总署、湖南省内媒体采用7篇，微动漫《快速读懂综保区管理办法》宣传作品入选全国海关优秀普法作品。

【法治人才建设】2022年，长沙海关法治人才库67人，其中公职律师32人，专职兼职法制岗人员35人。完成署级课题1个、关级课题3个，被海关总署相关刊物采用论文3篇，在第十五届海关法论坛发表论文3篇。

【域外法治研究】2022年，长沙海关牵头联合深圳、南京、广州海关以及上海海关学院等单位开展“《经修订的京都公约》与海关制度研究”署级课题研究，完成课题报告17余万字，提出完善海关法律规范体系建议50余条，提出《经修订的京都公约》审议意见9条，有效填补我国研究《经修订的京都公约》空白，对完善以《海关法》为核心的中国海关制度起到建设性作用。

▲2022年8月17日，长沙海关开展普法基地评审预验收活动　（王倩　思宇　摄）

【海关公廨普法基地建设】2022年，长沙海关以橘子洲海关公廨为依托，创建长沙海关普法基地，突出习近平法治思想、海关法治文化、湖湘法治文化等元素，制作宣传片《百年沉浮 逐梦法治》、普法动漫视频、法治文创等产品，通过省级“红色法治文化基地”“法治宣传教育基地”验收。

撰稿人

谢正文

业务改革与发展

【概况】2022 年，长沙海关严格落实疫情防控和促进外贸保稳提质的工作要求，认真贯彻落实国家促进区域协调发展，服务湖南融入“一带一路”、粤港澳大湾区、西部陆海新通道等建设，推进全业务领域一体化改革，“两步申报”“提前申报”通关改革稳步推进，跨关区通关业务改革推动“多关如一关”工作实现。

长沙海关紧扣高质量发展标准，不断加强通关运行管理，进出口整体通关时间成效有效巩固。扎实做好禁限管控和技术性贸易措施工作。深入推进知识产权海关保护，加大执法力度，加强部门协同，保持打击进出口侵权行为的高压态势，为企业提供优质高效服务，提升知识产权保护成效。

【业务改革协调】2022 年，长沙海关推广“两步申报”“提前申报”通关改革，推动组合港、启运港退税专项工作，在衡阳、株洲、长沙黄花机场海关等 3 个现场试点检查异常处置系统，有序开展对非本币结算贸易试单，稳妥解决小茴香等药食同源货物通关问题，开展报关单取代入境检验检疫证明研究、危险品通关情况分析、关区联网管理许可证件监控评估。深化跨关区合作，与武汉、南昌、宁波等 8 个直属海关签署合作协议或会议纪要，推进 59 个合作事项。岳阳、武汉、九江“组合港”海关通关模式成效持续扩大，实现三地航线共享、抱团发展，验放水水联运集装箱超 45 万标箱，进一步拓展对外物流通道。“跨境一锁”模式在郴州海关开展试点，完成试点场所卡口改造并组织内部测试，联合深圳、拱北海关开展系统测试。

【通关运行管理】长沙海关连续 5 年进出口整体通关时间呈下降趋势，进出口时间分别基

▲2022 年 5 月 27 日，长沙海关技术性贸易措施调查研究中心（非洲）举行揭牌仪式（黄勇华　摄）

本稳定在40小时左右、0.4～0.5小时之间。2022年关区进、出口整体通关时间分别为30.94小时、0.39小时，优于全国海关平均值（进口40.18小时、出口1.26小时）。其中，关区12月进、出口整体通关时间分别为28.40小时、0.42小时，与2017年相比压缩比分别为84.57%、95.47%，符合海关总署“压缩50%”的考核要求，整体通关时间绝对值、压缩比均优于全国海关平均水平。对比业务量、运输方式、业务类型等相似的长江沿线武汉、成都等7个海关，长沙海关进口整体通关时间和压缩比均排名第1位。

【禁限管控和技术规范制修订】 2022年，长沙海关对通关环节禁限工作、未结关报关单、超过3天未处置报关单、漏输监管证件等内控节点坚持开展月度监控分析，下发专项监控单12条。举办“提升现场单证审核能力”专题培训班，对16个隶属海关开展检验检疫签证管理专项检查，开展打击伪造检验检疫证书专项行动，查获4份伪造入境植物检疫证书。强化煤炭等重点敏感商品管控，开展矿砂类大宗商品通关时间专题分析，服务重要产业链供应链安全畅通。牵头开展标准制修订，推进铝颜料国际标准化制修订工作。组织完成海关技术规范制修订计划申报工作，对中国大鲵物种鉴定技术规范、出口安化黑茶检验规程等6项技术规范进行申报。完成289项海关技术规范制修订申报项目评审。

【知识产权海关保护】 2022年，长沙海关组织开展知识产权海关保护专项行动（代号“龙腾行动2022”），加强知识产权海关保护工作。组织开展寄递渠道知识产权保护专项执法行动（代号“蓝网行动2022”），重点打击寄递渠道“化整为零”“蚂蚁搬家”式进出口侵权行为。启动保护措施1413批次，扣留1407批次，扣留侵权嫌疑商品数量26.13万件，价值65.66万元，涉嫌侵犯商标权272项，批次和数量较2021年分别增长1.5%、211%，位列全国海关第13、18位，圆满完成海关总署查扣侵权货物批次和数量正增长的考核要求。其中货运渠道启动保护措施12批次，扣留7批次，货物数量19.96万件；邮递渠道扣留421批次，数量60384件；跨境电商渠道扣留979批次，数量1253件。与湖南省市场监督管理局、湖南省知识产权局、中国国际贸易促进委员会湖南分会等单位签署知识产权保护备忘录8个；与武汉、南昌、广

▲2022年9月3日，株洲海关关员对援非大米实施出口前检验　（邓晶晶　摄）

州、昆明、满洲里5个直属海关签署合作备忘录，共同开展知识产权海关保护合作；与长沙市公安局、湖南省药品监督管理局开展“两法衔接”（行政执法与刑事司法衔接）合作，通报案件线索2起；与武汉、南昌、南京、兰州、乌鲁木齐等海关联合举办品牌鉴别培训班2期次。湖南省企业在海关总署新增知识产权备案208项，总数603项。组织开展业务培训和知识产权保护宣传，举办品牌鉴别、查验技能、案件办理、知识产权法律法规等培训12期次，参训人员763人次；引导企业申请知识产权海关备案，开展宣讲培训57期次，参加企业596家；在“4·26”知识产权宣传周期间开展集中宣传活动16场次。湖南卫视、“海关发布”等媒体报道长沙海关“龙腾行动2022”成效14条。

撰稿人

杨春勇

自贸区和特殊监管区域管理

【概况】 2022 年，长沙海关持续深化自主改革创新，全力服务自由贸易试验区提升战略，助推湖南自由贸易试验区实现进出口 2135.9 亿元，同比增长 27.8%，占全省外贸总值比重 30.3%，增速高出全省外贸平均增速 7.6 个百分点。

5 家综合保税区进出口值 1659 亿元，同比增长 25.6%，占全省进出口总值的 23.5%，增幅高于全省外贸平均增速 5.4 个百分点，高于全国综合保税区平均增速 14.2 个百分点。岳阳城陵矶、长沙黄花、郴州、湘潭、衡阳综合保税区在全国 148 家综合保税区中，进出口值分别排名第 31、26、72、76、65 位。

长沙金霞保税物流中心（B 型）、株洲铜塘湾保税物流中心（B 型）实现进出口值合计 26 亿元，同比增长 1.7 倍，2 个保税物流中心在全国 84 个保税物流中心（B 型）中分别排名第 17、64 位。

【自由贸易试验区】 2022 年，长沙海关推动国务院《中国（湖南）自由贸易试验区总体方案》和湖南省《中国（湖南）自由贸易试验区实施方案》中由海关牵头的任务完成率达 100%，10 项海关自贸创新举措入选湖南自由贸易试验区第一批自贸创新成果，其中 3 项纳入全省第一批复制推广范畴，1 项被评为最佳实践案例。自主探索推出 4 项全国首创性自主创新举措，通过海关总署备案，数量居全国海关第 1 位。对照国务院 6 批次 58 项海关可复制推广的改革试点经验、海关总署 3 批次 27 项海关监管创新经验，梳理海关复制推广责任清单，实时跟踪复制推广成效，定期调度推动在关区落实，实施率分别为 96.6%、96.3%，增值税一般纳税人资格试点、汽车保税仓储、“四自一简”、委托加工等 33 项复制推广经验成效显著。

【特殊监管区域管理】 2022 年，长沙海关加强统筹推进，强化分类指导，深化改革创新，支持综合保税区高质量发展。组织召开湖南省综合保税区高质量发展工作推进会，收集汇总各类问题诉求和建议 55 项，并逐项推进解决。保障《中华人民共和国海关综合保税区管理办法》顺利实施，联合湖南省商务厅召开专题推进会，在全省组织开展政策宣讲 40 余次。邀请海关总署自贸区和特殊监管区域管理司来湘调研，并举行专题辅导讲座。对海关总署发布的全国综合保税区发展绩效评估结果开展专题研究分析，梳理共性问题和个性问题，形成专题报告，上报湖南省委省政府。自主探索推出综合保税区优化进出区管理新模式，简化申报要素、完善申报管理、优化进区流程、实施智能化自动预警，车辆进出区通行效率同比提升98%，企业申报时间由原来的30～80分钟缩短至5分钟，已在全省5家综合保税区推广。指导郴州综合保税区顺利完成面积核减和二期验收，推动长沙黄花综合保税区规划面积核减工作。

对株洲铜塘湾保税物流中心（B型）经营单位进行约谈，推动实现“破零”发展，进出口值1.32亿元，全国排名提升20位。指导长沙金霞保税物流中心（B型）业务发展，实现进出口值24.6亿元，同比增长155%。对益阳、常德等地新设保税物流中心（B型）需求开展业务指导，召开关长办公会专题研究益阳保税物流中心申建工作，密切跟进海关总署保税物流中心行政审批制度改革动态，形成益阳申建保税物流中心过渡期问题解决方案。

撰稿人

向剑雄　陈　力　宋　锽

风险管理

【概况】2022年，长沙海关加强数据分析和风险预警，开展业务风险整体管控，重点防控固体废物、危险品、濒危动植物、知识产权、毒品等，稳步提升人工分析布控查获率。货运渠道人工分析布控查获率比同期全国平均水平高5.54%，邮递、快件、跨境电商进口渠道人工分析布控查获率分别高出同期全国水平28.73%、1.3%、20.12%，其中邮递渠道查获率列全国第1位。做好口岸疫情风险防控工作，实现高风险航班100%布控，旅检渠道布控命中新冠病毒阳性旅客占总检出人数的93.05%。

【风险预警与监测】2022年，长沙海关依托大数据平台，对关区整体进出口数据以及查验查获情况开展研判、排查、预警和分析布控，及时制发态势风险报告和风险预警联系单，对进出口业务风险进行预警和提示。梳理重点安全准入风险13类、涉税风险9类，贸易渠道新增、优化布控指令169条，非贸渠道清理、优化布控指令350条。

建立危险品进出口信息情报工作专班，全面梳理长沙关区企业、商品、物流线路和业务情况，对危险品进出口现状绘制“全景画像”。加强数据监控分析，应用风险监测指标模型，定期开展数据分析筛查，建立危险品伪瞒报风险“影子”商品清单等涉危风险参数。强化内外联动，风控、商检、监管、稽查、缉私和业务现场等长沙海关职能处室加强联合防控，与上海、宁波等海关加强联系配合，与驻地人民政府以及应急管理、市场监管等单位联系配合，针对烟花爆竹伪瞒报情况开展源头摸排和联合检查。查获禁止进出口危险品伪瞒报情事6起。

持续开展航线区域疫情态势信息收集，下达布控登临检查指令398条，实现高风险航班100%布控。加强非冷链货物布控命中监控，严密防范新冠病毒试剂和疫苗非法出境风险，布控查获新冠病毒抗原试剂非法进出境违法行为17起。

【重点商品重点领域风险防控】2022年，长沙海关制订《关区非贸渠道重点安全准入风险整体布控方案》，召开重点安全风险联合研判会议，组织开展专项查缉行动。组织月度业务部门联合研判会议、季度缉私部门联合研判会议，开展联合研判和联合行动7次。

开展打击海南离岛免税“套代购[①]”走私，排查分析

① 指以牟利为目的，利用个人购买离岛免税品的资格和额度为他人购买免税品或将所购免税品在国内市场再次销售，以及组织、利用他人购买海南离岛免税品的资格和额度购买免税品并进行倒卖的行为。

数据150多万条，立案2起。组织邮递渠道“清邮”行动，查获安全准入风险情事318起，查获数量列全国第2位。查获非法出版物案件137起。5个风险防控查获案件入选全国海关“邮快跨旅边”典型案例。

持续抓好固体废物、濒危物种、打击骗退税、出口化肥伪瞒报等重点领域风险防控工作，查发禁止进出口危险品伪瞒报违法行为6起、化肥伪瞒报违法行为1起，利用不合格品出口骗税违法行为1起。查发走私毒品案件1起，查获管制刀具6把。

打击骗取留抵退税违法犯罪，联合海关总署风险防控局（青岛）数据分析、企业排查，通过缉私部门向湖南省税务部门移交涉嫌骗取留抵退税违法犯罪企业名单，其中一部分已被国家税务机关稽查立案，刑事立案3起。

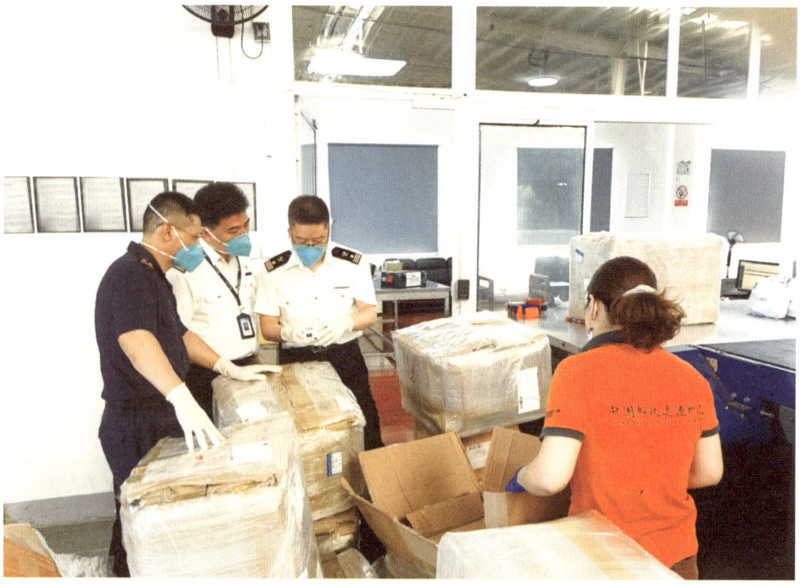

▲2022年8月19日，长沙海关赴业务一线组织开展“清邮”行动　（杨凯　摄）

【风险防控“一会两机制”】 2022年，长沙海关在全国率先建立两级风险管理委员会，建立健全联合研判和现场联动机制，以“一会两机制”（风险管理委员会、海关业务风险跨部门联合研判机制、风险部门与业务现场联动工作机制）大力推动长沙关区风险防控工作。强化风险防控“三应”（下对上响应、左和右呼应、上对下反应）体系建设。组建风险管理专家队伍，包括各业务条线骨干51人。组织全覆盖调研走访。召开“一会两机制”联合研判会议3次，研究议定危险化学品伪瞒报、涉枪爆、毒品、政治类有害信息载体、病媒生物、食品涉检风险、水产品、电子元器件低报价格等各类风险事项34个。完成风险分析报告14篇，上报海关总署载体1篇。

【参与海南自由贸易港海关监管体系建设】 2022年，长沙海关参与海关总署海南自由贸易港人员与物品防控工作课题研究专班工作，完成《海南自由贸易港人员与物品防控整体方案》起草修订、风险评估、数字化布控功能需求研究等任务。

【布控查验模式风险业务改革】 2022年，长沙海关推行真空包装等高新技术货物布控查验模式试点，真空包装试点实施“口岸外观查验+目的地综合处置”两段式布控处置流程，将口岸监管作业时间从7~10天压缩至1~2小时，备案试点企业6家，备案货物78项。

优化分类分级布控体系，推行业务现场即决式布控试点。星沙海关、长沙黄花机场海关业务现场即决式布控试点取得阶段性成效，通关时间进一步缩短，即决式布控查获率100%。

【风险大数据应用】2022 年，长沙海关研究制定贯彻落实海关总署《“十四五”大数据海关应用规划实施方案》具体措施。组织“云擎”系统培训 4 次，构建数据监控或分析模型 76 个，包括海关总署平台级分析模型 24 个，授权用户活跃度、数据查询、建模分析运用数增长，建模功能向风险预警、特征提取和布控实战转变。发挥大数据建模对重点风险防控任务行动的关键支撑作用，专项行动期间运用数据建模发现、挖掘多条缉私线索、稽核查线索。

▲2022 年 8 月 5 日，长沙海关赴业务一线指导“即决式布控”系统应用 （李东宇 摄）

撰稿人

余文亮 龚幼玲 彭熙熙

关税征管

【概况】2022 年，长沙海关围绕全国海关税收工作要点和长沙海关年初、年中工作会议精神，持续深化税收征管改革，促进外贸保稳提质，提升税收征管能力，落实 RCEP 享惠政策和重大技术装备关税减让。征税入库 127.91 亿元，同比增长 26.63%，其中关税 10.61 亿元、同比增长 16.61%，进口环节税 117.3 亿元、同比增长 27.62%；出具征免税通知书 2109 份，为企业减免进口环节税 1.94 亿元；签发出口原产地证书 4.38 万份、234.5 亿元，同比分别增长 5.25%、20.27%；受理进口享惠报关 3885 单，同比分别减少 3.5%，货值 51.8 亿元、减让税款 3.98 亿元，同比分别增长 9.3%、0.3%。

【税则税政】2022 年，长沙海关收集整理上报进出口企业关于关税政策调整意见建议 26 项，其中 20 项政策调整建议被国务院关税税则委员会采纳；优化黑茶列目纳入《商品名称及编码协调制度》第七审议循环议题。加强关税政策研究，参与署级课题 2 项、司级课题 8 项，其中牵头司级课题 1 项，立项关级课题 2 项。开展理论研究，引导企业享受政策红利。

【估价管理】2022 年，长沙海关组织对黄花综合保税区内销货物开展后续价格审核，锁定内销价格与当期国际市场行情存在差异的 64 批次、货值 1044.1 万美元的内销碳酸锂、镍粉等敏感商品实施重点风险评估，2 次深入企业调研摸底，对相关企业开展多轮政策宣讲，启动估价、磋商程序。

【税收征管】2022 年，长沙海关推进多元化税款担保，受理海关税款新型担保 41.6 亿元，

▲2022 年 1 月 6 日，长沙海关参加湖南经济电视台《经视观察》节目　（李璇　摄）

58家企业使用关税保证保险、集团公司担保，累计担保税款29.16亿元，为企业节约资金成本近3000万元。发挥属地纳税人管理效能，建立长沙海关两级重大税收风险监控机制，进一步落实直属海关和隶属海关两级属地征税管理责任，明确隶属海关承担本关税收风险的主体职责，及时有效对风险排查进行处置，提升税收征管工作管理水平。

▲2022年3月12日，长沙海关关税处以“推进RCEP关税减让实施，更好服务湖南‘三高四新’战略定位”为题在湘关大讲堂授课 （黄勇华 摄）

【原产地管理】2022年，长沙海关自主开发的“RCEP原产地应用场景式服务”平台在海关总署、长沙海关门户网站上线，发布《湖南省自由贸易协定享惠服务手册》，培育10家海关高级认证企业为经核准出口商，联合湖南省商务厅、中国国际贸易促进委员会湖南省分会开展RCEP专场培训17场次、6000余人次参加，帮助湖南省企业用好用准协定RCEP原产地规则和关税减让政策。全年8.99亿元进出口货物在RCEP中享惠，减让关税约1250万元。出口方面，签发RCEP原产地证书1635份、货值8.21亿元；经核准出口商企业自主开具原产地声明28份、687万元；进口方面，受理RCEP项下进口报关单115份、货值0.71亿元。

【减免税税收优惠政策执行】2022年，长沙海关支持先进技术、重要设备、关键零部件扩大进口，为湖南省企业减免进口环节税1.94亿元；办理限额以上适用鼓励类产业条目认定，涉及投资总额54.92亿元。深入装备制造企业行业，推动主管部委个案解决重大技术装备企业产品调整后免税进口关键零部件的使用问题，使免税货物物尽其用，涉及货值5.8亿元；协调明确中联重科应急装备有限公司、三一港口设备有限公司重大技术装备享惠资质，继续享惠1366万元。

【减免税政策建议】2022年，长沙海关提出25条鼓励外商投资产业目录建议，其中6条被新版产业结构指导目录采纳；由长沙海关提出、海关系统首次在重大技术装备政策中新增医药装备行业领域分类的建议产生实效，为企业减免税款278万元；参加海关总署减免税司级课题转化、《产业结构调整指导目录》修订、鼓励外商投资产业目录修订等多个专项工作，提出相应政策建议。

【减免税信息化建设】2022年，长沙海关通过信息化手段便利享惠，参加海关总署集成电路企业减免税“ERP联网申报+快速审核”系统开发，审核时间从10个工作日压缩到1分钟；参加“H2018新一代减免税管理”“减免税监控分析”等信息化系统开发、测试和应急处置专项工作。

【非贸税收管理】2022年，长沙海关加强非贸税收风险研判，非贸征税质量进一步提升，多项非贸征管指标首次进入全国前列，其中邮递个人物品、空港进境旅客、快件个人物品征税率分别列全国海关第1、4、9位。

【创新“内河运费扣减”审价模式】长沙海关在海关总署税收征管局（广州）指导下，加强关税技术研究，探索在内河口岸开展“进口转关货物内河运费不计入完税价格”审价创新模式，帮助企业压缩物流成本，助推内陆口岸发展提速，获得海关总署自由贸易试验区海关监管制度创新备案，于2021年9月30日成功试点。2022年，长沙海关推广应用“进口转关货物内河运费不计入完税价格”审价创新模式，帮助企业压缩物流成本，助推内陆口岸发展提速。适用报关单1759票，货运量43万吨，货值20.1亿元，累计扣减内河运费3905.3万元，为企业节约税费支出493.2万元，参加试点企业由2家扩大至103家。“内河运费扣减”审价创新试点消除了内河与沿海港口在征税基数方面的成本差距，带动内河港口进出口贸易规模稳步增长，同时也促进了仓储、加工和集散等配套需求的增长。该政策在岳阳港落地后，直接吸引了广东、广西、湖北、江西等省份的20余家进口企业将集装箱货物转关至岳阳港。2022年，岳阳港集装箱吞吐量同比增长67.9%，首次突破100万标箱，成为长江中上游第3个百万标箱港口，填补了湖南省无百万标箱级集装箱港口的空白，极大推动水运商贸新模式发展。

撰稿人

王 晖 李 璇 姜 蔚 曾群策

卫生检疫

【概况】2022年，长沙海关检疫出入境交通工具1525架（艘）次、同比减少34.5%，检疫口岸出入境人员26980人次、同比增长11%，检出传染病2种201例、同比增长31.3%。

开展出入境人员传染病监测体检12366人次、同比增长24%，检出传染病58例、同比增长16.3%；检出艾滋病阳性病例7例、同比增长133.3%。开展预防接种11861人次，同比增长58.2%。

截获输入性病媒生物12批38只，同比增长5.6倍，其中蝇33只、蜚蠊4只、蚊1只。开展口岸区域常态化病媒生物监测72次，捕获病媒生物183只，其中蚊179只、鼠4只。

对口岸180余家食品生产经营、饮用水供应、公共场所、储存场地经营单位实施卫生监督622次、同比减少18.8%，发现问题34个、同比减少33.3%。开展快速检测224次、同比减少7.8%，合格率100%。开展实验室采样检测26次、同比增长26.1%，发现不合格3批次，督促现场整改不合格情况，无法现场整改的责令限期整改。

【检疫管理】2022年，长沙海关多元化推进卫生检疫岗位练兵，通过湘关大讲堂宣讲国境卫生检疫、《生物安全法》等，开展网络培训5次、送教上门6次、政策解读会议2次，组织个人安全防护、采样能力提升实操培训、考核，举办2轮卫生检疫岗位技能比武，邀请中南大学专家授课、评分，1000余人次参加练兵比武，主要业务现场、实验室开展各类突发事件应急演练13次，提高一线人员业务操作水平和应急处置能力，及时、准确向海

▲2022年1月28日，长沙黄花机场海关关员开展食品安全抽检工作　（杨帆　摄）

关总署和湖南省联防联控机制推送数据和信息2000余份，保持零差错。

【生物安全管理】2022年，长沙海关成立生物安全工作领导小组，制定贯彻落实海关总署《海关生物安全体系建设方案》措施76条。开展特殊物品新系统上线宣传指导服务，提前2个月实现应用率100%，落实新冠检测试剂等预约快速办理渠道，落实24小时内办结承诺，全程帮助指导企业简化办理580余种新产品备案，审批特殊物品出入境卫生检疫1279批次。协调快速验放近550万人份供澳门新冠试剂、价值1000余万元援外免疫球蛋白等，查发并规范处置不合格特殊物品42批。

【疾病监测】2022年，长沙海关开展“全国疟疾日”和“世界艾滋病日”等宣传活动，组织赴口岸现场、社区、学校等场所宣讲传染病防控知识20余次。首次开展线上艾滋病日宣传，运用创意作品征集评选、在线咨询和有奖竞答等多种方式，扩大宣传覆盖面和影响力。会同地方科技、公安部门，优化外国专家来华工作“三窗合一”一站式服务创新机制，接待外籍专家、高管等332人次，得到国务院、湖南省调研组高度评价。赴劳务公司开展调研座谈6次，开展健康宣教，了解出国劳务人员的免疫接种、重点传染病预防等健康需求，解决预约体检、接种、签证等问题。全省首次上线新冠疫苗接种记录自助翻译功能，完成493单远程中英文转签。1人获评全国消除疟疾工作先进个人。

【卫生监督】2022年，长沙海关完成口岸食品安全抽检、病媒生物监测和卫生监督工作。

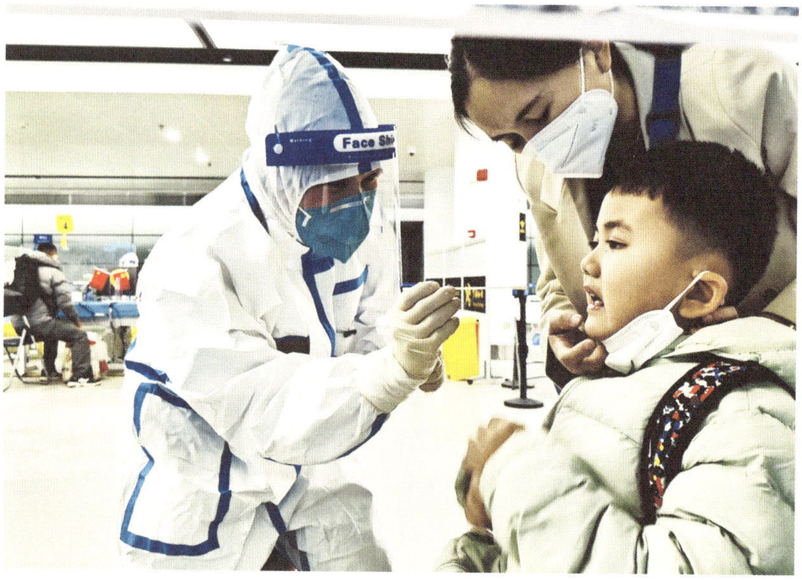

▲2022年12月31日，长沙黄花机场海关关员开展入境旅客咽拭子采集　（张超　摄）

▲2022年12月6日，岳阳海关关员冒雪开展储存场地卫生监督　（张子亮　摄）

联合驻地市场监管部门妥善处置2批次不合格食品。保障重要节点口岸食品安全，重点监督“网红”餐饮店、航空配餐企业，湖南卫视、红网宣传报道。组织卫生监督业务培训和国境口岸卫生监督员资质考核，42人获得资质。组织长沙黄花国际机场、张家界荷花国际机场和岳阳城陵矶水运口岸3个一类口岸，对照口岸核心能力252项标准逐项自查，成立专班开展线上考核，督促整改问题48项。办理口岸卫生监督行政案件2起，受理并办结国境口岸卫生许可申请86件次。督促口岸运营单位加强防治鼠类平均密度和诱蚊诱卵指数超过参考控制标准的问题。

撰稿人

邓思芸

动植物检疫

【概况】2022年，长沙海关落实新冠疫情防控措施，做好口岸非洲猪瘟、高致病性禽流感、沙漠蝗和红火蚁等重大动植物疫情疫病防控，强化源头管控，加强口岸查验，严格后续监管。检验检疫进出境动植物及产品9.2万批次、同比减少8.5%，货值68.8亿元、同比增长6.2%。其中出口动植物及产品9万批次、同比减少8.7%，货值49.4亿元、同比增长8.4%，包括供港澳活猪、蔬菜、水生动物、水果、植物提取物和杂交稻种等。进口动植物及产品0.2万批次、同比增长58.3%，货值19.4亿元、同比增长21.3%，包括进口水生动物、水果、生牛皮、动物源性生物材料等。

【动植物疫情疫病防控】2022年，长沙海关强化生物安全监管，有效防范非洲猪瘟、禽流感、松材线虫等重大动植物疫情传入。制订关区《国门生物安全监测实施方案》，有序推进包括检疫性实蝇、外来杂草等国门生物监测，其中检疫性实蝇监测点500个，对粮食进境港口、运输沿线、定点加工储备企业等重点区域定期开展有害生物监测和调查，开展监测调查7000次，监测到有害生物1.8万余只。制订部分进出口农产品安全风险监控计划实施方案和进出口食品、食用农产品、化妆品监督抽检和风险监测实施方案，完成食用农产品监测样品7746份，抽选开展非洲猪瘟、口蹄疫、转基因等监测。检出二类动物传染病——伪狂犬病毒阳性20次。从进境青蟹中检出8次白斑综合征病毒、黄鳝中检出4批次雌二醇，海关总署3次向出口地发出警示通报，首次扣检进口黄鳝。严格落实海关总署非洲猪瘟疫情防控要求，妥善处置4批次供港活猪清水河中转仓异常死亡事件。在新五丰衡东大浦育肥基地开展非洲猪瘟防控应急处置演练，全面提升应急处置能力。建立境外动植物疫情信息工作专班，每季度开展一次集中工作，持续收集国内外动植物疫情信息，被海关总署采纳26篇。

【外来物种入侵防控】2022年，长沙海关强化重大动植物疫情防控和防止外来物种入侵工作，开展“国门绿盾2022”行动。货运渠道截获有害生物43种类178种次，其中检疫性有害生物6种类41种次。非贸渠道截获外来入侵物种159种。开展主要入境口岸外来入侵物种普查，组建普查团队，组织开展2次现场普查实训，150余人次参加湖南省入境口岸普查工作，发现外来入侵物种52种，其中昆虫及软体动物16种、病害10种、杂草26种。

【服务农产品进出口】2022年，长沙海关推进优质农产品优进优出工作，制定服务湖南出口农产品高质量发展系列措施。指导隆平发展长沙科研站全球种质资源进境隔离圃顺利完成备案，隔离检验引进350份巴西玉米种质资源。指导湘研种业应对辣椒种子出口印度技术壁垒。岳阳城陵矶口岸获得进境原木指定监管场所资质。落实粮食安全责任制各项规定，切实维护国家粮食安全，严把口岸检疫关和后续监管关，检疫监管进境粮食303万吨，货值130.3亿元。进口大龙虾1878吨，货值3.62亿元，居全国海关前列。助力湖南省首批非洲芝麻进口（莫桑比克，货重195吨）。加快推进粤港澳大湾区“菜篮子”工程建设，成功培育“湘江源”“永州之野”“大通湖”等一系列出口农业区域公用品牌。大力支持种业振兴，出口杂交稻种2.2亿元，居全国海关第2位。西伯利亚鲟首次出口老挝；支持怀化西部陆海新通道建设，湖南水果通过“中老”国际冷链物流班列实现出口；新增活猪注册养殖场4家，出口活猪5.73万头、同比增长61.2%。

【动植物及其产品检验检疫审批】2022年，长沙海关优化营商环境提速提效，获得动植物检疫审批全口径终审权，审批进境动植物检疫179单。严格审批时限，进境检疫审批时限由20个工作日压缩至10个工作日。办理进境动植物检疫审批161单，注册登记审批时限由20个工作日压缩至7.9个工作日，办理企业注册登记118家。

【国门生物安全宣传】2022年，长沙海关联合湖南省教育

▲2022年5月25日，长沙海关举办进境粮食检疫、国门生物安全监测和外来入侵物种普查实训 （石巍巍 摄）

▲2022年12月28日，长沙海关关员赴永州开展出口食用菌跟班调研 （石巍巍 摄）

▲2022年5月26日，长沙海关开展外来入侵物种普查　（石巍巍　摄）

厅、农业农村厅等单位，在高校、科研院所进行国门生物安全宣讲。在3所高校举办专题讲座，向1000余名师生宣讲。在张家界武陵源森林公园开展“保护生物多样性、筑牢国门生物安全防线”生物安全宣传活动，向广大游客宣传生物安全防治知识。结合“8·8”海关法治宣传日，走进进境粮食加工企业等重点单位，开展国门生物安全知识宣传。

【动植物检验检疫能力建设】2022年，长沙海关加强检验检疫队伍建设。举办进境粮食检疫监管培训、出口活猪检疫监管、国门生物安全监测3期动植物检疫技术培训班。举办动植检岗位练兵、技能比武，16个隶属海关301名关员参加，6人获得“长沙海关2022年度动植检业务能手”称号，20人获得高级签证官资质，60人获得动植物检疫岗位资质。持续提升检出能力，在张家界荷花机场、长沙黄花机场、岳阳城陵矶水运口岸配备动植物检疫查验设备。在岳阳进境粮食指定监管场地，建设集培训、教学、实操于一体的进境粮食检疫监管实训基地。星沙海关完成与澳门市政署供澳活猪细菌抗生素耐药性调查研究二期项目合作，检测样本1348份；星沙海关初筛鉴定室和岳阳海关初筛鉴定室通过海关总署验收。

撰稿人

孙小洁

食品检验检疫

【概况】2022 年，长沙海关检验检疫监管进出口食品化妆品 31026 批、同比减少 3.13%，货值 104.31 亿元、同比减少 0.75%。其中，进口 6480 批、同比减少 11.63%，货值 46.55 亿元、同比减少 8.06%，主要包括进口乳制品、肉制品，进口自荷兰、西班牙、加拿大等。出口食品化妆品 24546 批、同比减少 1.25%，货值 57.76 亿元、同比增长 5.44%，出口食品主要包括茶叶、肉制品、蔬菜，出口到欧盟、俄罗斯、中国香港等地。

【进口食品检验检疫】2022 年，长沙海关深入实施进口食品“国门守护”行动，严格落实境外输华食品准入制度和生产加工企业注册制度，签发冷冻猪肉、猪脂肪、肠衣等进境动植物检疫许可证 86 单。实施进出口食品化妆品监督抽检，退运或销毁不合格进口食品，严防不合格食品进入国内消费市场。聚焦安全风险，对关区含金银箔粉食品贸易情况、日本十县核污染地区食品输华情况、美国含瘦肉精肉制品进口情况、特殊监管区内高糖食品生产加工情况等开展风险排查。完成 426 家 18 类以内和 11997 家 18 类以外的进口食品境外生产企业注册评审工作，落实进口食品源头严格监管。拓展中非经贸，支持非洲优质特色农食产品进入国内市场，协助完成坦桑尼亚野生水产品及肯尼亚野生水产品准入评估工作，推动首次进口肯尼亚野生水产品。

【出口食品检验检疫】2022 年，长沙海关实施出口食品监督抽检，不合格食品不予出境。核查新加坡、韩国、欧盟等地通报的 24 批不合格出口食品情况，通报岳阳市 1 家出口企业和 1 个县市区政府，推动企业落实主体责任、地方政府履行食品安全属地管理责

▲2022 年 4 月 26 日，长沙海关在益阳安化调研黑茶出口情况　（黄勇华　摄）

▲2022 年 3 月 29 日，长沙海关关员开展市场采购贸易方式出口预包装食品查验（黄勇华　摄）

任。妥善处置“土坑酸菜”舆情，指导企业应对韩国“进口检查指示”限制措施，有序恢复出口。严格落实输非茶叶监管，对 82 家企业、47 家备案基地排查 7 个方面风险隐患，抽查输非茶叶掺假使假情况。监管输非茶叶 193 批、8650.84 吨，无境外通报以及其他退运情况。做好输欧盟动物源性食品、输中国台湾地区蔬菜制品和食用植物油等检验检疫监管工作。推动优质食品出口，制定服务湖南供港冰鲜猪肉出口具体措施 12 条，支持供港冰鲜猪肉首次出口；规范供港鸡蛋监督管理，推动供港鲜鸡蛋出口量倍增；支持湖南省非物质文化遗产安化黑茶出口，出台 15 项具体措施，推动湖南省出口茶叶重量、货值逆势双增长，贸易量居全国第 3 位。支持湖南省首批以市场采购贸易方式出口预包装食品。

【进口冷链食品疫情防控】2022 年，长沙海关严格规范落实疫情防控措施和安全防范要求，监管进口冷链食品 118 批次、2881.4 吨，开展海关作业 38 批次，实时视频监控，监管人员落实封闭管理。作业前监督检查 12 次，全覆盖专项检查 4 个涉及冷链食品业务的隶属海关 12 次，确保“零差错”“零通报”，无异常涉疫信息。组织开展进口冷链食品疫情防控业务视频培训 1 次，开展进口冷链食品现场全流程演练、阳性检出应急处置演练 3 次，提升关区应急处置能力。选派 3 名业务专家骨干参与海关总署食安局组织的“严防新冠病毒通过进口冷链食品输入风险应对”专项工作。

【食品安全宣传周】2022 年，长沙海关组织开展食品安全宣传周活动，首次联合湖南省食安办举办“共担安全责任　共享美好生活”进出口食品安全主题日活动，组织各类现场宣

▲2022 年 9 月 15 日，长沙海关参加 2022 年“食品安全宣传周”湖南省进出口食品安全主题活动日相关活动　（王友华　摄）

传活动48场次、讲座11场次，发布微信公众号推送文章3期，发放宣传资料3982份，制作宣传展板71块，接受现场咨询1410人次，16家媒体给予报道，营造良好食品安全氛围。

【进出口食品安全国际合作与交流】2022年，长沙海关服务中非经贸合作，开展非洲国家（地区）食品安全管理体系研究和准入评估工作，开展17个非洲国家（地区）食品安全管理体系研究，形成报告10份。牵头组织南宁、青岛、乌鲁木齐海关完成坦桑尼亚野生水产品安全管理体系视频检查任务。修订毛里求斯输华野生海捕水产品议定书，起草马达加斯加输华肉类产品、毛里求斯输华水产品2个议定书，完成坦桑尼亚输华肉类产品安全管理体系书面评估和肯尼亚输华野生水产品安全管理体系评估。主动靠前服务，向16个非洲国家（地区）30多位驻华使节宣介输华食品准入政策，支持非洲特色食品进口。

撰稿人

江紫薇

商品检验

【概况】2022年，长沙海关坚持统筹发展和安全，压紧压实商品检验监管责任，加强风险预警和快速反应，加强商品检验业务政策研究和宣传，进出口商品检验模式进一步优化，烟花爆竹、打火机等特色商品检验监管品牌更加闪亮。全年检验进出口工业品69254批、货值250.57亿元，同比分别增长12.83%、1.32%；检验出口危险化学品3504批、货值31.32亿元，同比分别增长22.09%、68.82%；出口危险货物包装检验5.8万批，其中出口危险货物包装性能检验1.79万批，同比减少11%；出口危险货物包装使用鉴定3.97万批，同比增长9.2%；检验监管出口烟花爆竹、打火机数量居全国海关第1位。

【危险品检验监管】2022年，长沙海关制发进出口危险品检验监管业务工作指导组相关文件，建立“7+7”（7类业务领域+7组业务专家）进出口危险品业务专家组，每月开展单证质量专项检查，全年核查单证550票，通报7类整改事项，指导业务咨询300余次，协调新增2项涉危商品检验检疫代码，防止企业逃漏检，解决进口防污迹镀膜液、进口氟塑料溶液、进口不锈钢锻件等商品与布控指令不匹配问题。查发出口危险品货物不合格308批、货值1.88亿元，不合格查发同比分别增长21.74%、61.88%，其中查发烟花不合格199批、货值6366.52万元，重点查办涉嫌超安全许可范围、危险货物包装级别申报不符81批，查办骗取单证行政处罚案件1起。向海关总署商品检验司报送各类进出口危险品及其包装检验不合格案例51个，出口危险包装被污染且内容物撒漏、出口烟花爆竹超过最大允许重量2个案例被采用。在“口岸危险品综合治理”百日专项行动中，报送经验做法和典型案例65条，被口岸危险品综合治理办公室采用28条，其中不合格案例11个。

【业务能力提升】2022年，长沙海关组织参加进出口危险货物及其包装检验监管岗位资质培训3期，通过率85%以上，获证人数820人次，整体覆盖面35%以上，关区总持证比例居全国前列，实现浏阳、株洲、邵阳等烟花爆竹、打火机业务集中地资质全覆盖。开展进出口商品检验岗位技能大练兵1次，293人参加技能比武。结合“八个一”标准（一本教材、一套课程、一套题库、一支教师队伍、一个实验室、一个实训场地、一个展厅、一名讲解员），分别在所属星沙海关、邵阳海关等业务现场建设出口烟花爆竹、出口打火机实训基地，对商检条线62名关员开展实操培训，提升检验执法水平。

▲2022 年 6 月，长沙海关与南昌海关签订支持烟花爆竹出口加强安全监管合作协议（郑西安　摄）

【危险品检验监管典型案例】 2022 年 5 月 26 日，长沙海关所属星沙海关对某贸易公司申报的出口烟花爆竹集装箱进行掏柜，发现该公司申报的组合烟花类产品外箱批号有粘贴覆盖。后经核实并送长沙海关技术中心烟花爆竹实验室检测鉴定，该批货物申报与实验室检测结果不一致，星沙海关判定该批货物不合格，不予出境。

【固体废物排查和属性鉴别】 2022 年，长沙海关落实《海关总署商品检验司关于严格落实进口矿产品固体废物排查要求的通知》要求，开展进口再生金属、打击“洋垃圾”入境等工作，组织开展关区入境维修再制造能力评估“回头看”，对高风险商品开展固体废物属性鉴别 4 批、651 吨，有效防范固废借道入境。

【大宗资源商品检验监管】 2022 年，长沙海关“依企业申请实施”进口棉花检验监管，进口棉花总体质量状况良好，无检验质量不合格、货物污染残损、夹杂异性纤维、以次充好、掺杂掺假等异常情况。全年出具重量证书 114 批次，发票重量 23505 吨，检验重量为 23397 吨，短重 108 吨，平均短重率 0.46%。

【维修/再制造检验监管】 2022 年，长沙海关检验监管进口再制造用途旧复印机 682 批次，48612 台（涉及约 320 种型号），货值 3296.4 万美元，未出现商品检验不合格等情事。对进口维修用途旧手机实施全过程监管，严格管理待维修

▲2022 年 6 月，长沙海关开展商品检验实地培训　（郑西安　摄）

件、再制造利用件核销等事项，监管进口维修用途旧手机137批、待维修手机20.8万台，总值5712.95万美元，监管出口（含退运）279批、货值5360.51万美元。

【进口机动车检验监管】2022年，长沙海关采取“进口保税+出区检验+采信第三方检验结果”进口机动车检验监管模式，推进实施“取消平行进口汽车保税仓储期限”“集中汇总征税”“第三方检验结果采信”等关键政策，全年检验进口汽车200批、1576辆、货值8.91亿元，同比分别增长276.92%、545.9%、596.09%，未检出不合格进口汽车。

【重点消费类产品检验监管】2022年，长沙海关检验监管各类进口医疗器械129批次、货值4477.4万美元，同比分别增长23%、减少39%，检出不合格医疗器械7批次、货值243.9万美元，最终不合格检出率1.5%，产品质量相对稳定。委托第三方检测机构，开展“模拟普通消费者”专项抽查检验，在各大跨境电商平台抽样购买进口婴童纺织品、进口学生文具65批，检出不合格4批，不合格检出率6.2%。

【检验监管模式改革】2022年，长沙海关聚焦出口烟花爆竹、打火机等湖南传统优势特色产业，在现有署级系统的基础上，建设出口烟花爆竹辅助监管信息化系统，填补企业备案、预检验和出境检验检疫管理流程等烟花爆竹属地管理信息化流程空白，获批海关总署“三智”项目、自贸创新项目，不合格查发率增加14%，人工纸质单据审核由15项削减至3项，通关效率提高20%，为企业节约费用500万元。严格落实海关总署《进出口危险货物及其包装检验岗位资质管理规定（2022）》，全面梳理岗位资质及授权人员，必须同时具备行政执法和岗位资质的人员才能参与一线执法，杜绝无资质人员从事检验工作情况。

【完善进出口商品质量安全风险预警监管体系】2022年，长沙海关完善进出口商品质量安全风险预警和快速反应监管体系，在进出口商品质量安全风险管理系统中采集472条风险信息，同比增长11.1%。根据《海关总署　湖南省政府合作备忘录》要求，结合湖南进出口业务特点，延续设立出口烟花爆竹、进口儿童用品、进口消费品、进口机动车4个风险监测点，结合退运调查、通报调查、口岸情况反馈等，向相关部门、企业行业通报烟花爆竹风险预警2期，形成进出口商品质量安全齐抓共管局面。

▲2022年4月，长沙海关开展出口危险货物及其包装检验岗位资质考核　（郑西安　摄）

【政策研究成效】2022年，长沙海关牵头“进出口烟花爆竹检验监管新体系研究”“关检融合视角下进出口危险品监管”等署级科研、政研课题5项，参与《出口烟花爆竹检验规程》等行业技术规范制修订、属地查检业务系统开发重点工作6项。向海关总署报送出口烟花爆竹存在风险需引起关注、严把出口化肥关等工作专报，出口片状铝粉末、出口金属2个危险化学品关级课题和3项检验检疫（CIQ）代码增设建议，均获海关总署采用。向进出口企业、社会公众解读商品检验政策，17条信息被海关总署相关载体采用。

撰稿人

曹 蔷

口岸监管

【概况】2022年，长沙海关统筹发展与安全，强化口岸疫情防控，夯实监管基础，全年监管货运量2416.5万吨，同比减少6%；监管集装箱27.4万箱次，同比减少4.2%，监管运输工具4.6万辆艘，同比减少0.7%；监管出入境人员2.7万人次，同比增长11.2%；监管邮、快件191.5万件，同比减少11.4%。查发进口固体废物1批次、进出口危险品伪瞒报6起，涉嫌侵权3起，退运16起，罚没7起，处罚43起；查验旅客行李物品706票，查获疑似象牙、砗磲等濒危物种及其制品31批次、163件；在进出境邮、快件渠道查获外来物种204种。

【物流监管及保通保畅】2022年，长沙海关启动“跨境一锁”试点，加强与广东分署、深圳海关联系协调，组织召开试点推进会，完成进出口双向实车实货测试，12月29日获海关总署同意正式开展业务。启动“区港联动[①]”改革，改革试点范围覆盖长沙市所有海关监管现场，在该模式下监管货物2162票，邮件40.4万袋，黄花综合保税区监管进境食用水生动物10票，货重49吨。在岳阳城陵矶新港推动“组合港[②]”改革，7月15日首次以该通关模式办理业务，湖南怀化辰铭竹木制品有限公司出口竹筷14吨，在岳阳海关直接使用武汉海关所辖阳逻港港口代码一次性办结通关手续，到阳逻港换乘国际直航船舶运往日本，系长江流域海关首次办成该项业务。在长沙霞凝港、岳阳城陵矶新港、常德盐关码头启动“离港确认[③]”改革，实现湖南省水路运输类海关监管作业场所全覆盖。在长沙、衡阳、怀化站实施“铁路快速通关”，监管货物67批次。在长沙霞凝港、岳阳城陵矶新港推行“直装直提[④]”模式，监管货物

① 指经海关批准，通过在保税区和港区之间开辟直通通道，进口货物直接提离港区进入保税区办理相关手续，或出口货物在保税区办结相关手续后直接运抵港区出境，整合保税区的政策优势和港区的区位优势。

② 指站在区域整体战略的角度，综合各港口的优势、规模、货品类型、运输条件等因素，对港口进行统筹规划、合理分工，做到层次分明、功能明确、优势互补，形成有机结合的港口网络。

③ 指进口水运转关货物在确认内河船名航次和理货完成后，准予在进口口岸离港申报，收到“可离港”回执后，货物即可离港启运往目的地。

④ 出口“抵港直装”、进口“船边直提”模式的简称，两种模式的核心是在不触发海关查验的前提下，免去集装箱在港区内堆存与多次装卸的环节，尽可能压缩进出口货物在港区堆存时间，实现货物快速进出口。出口“抵港直装”模式下，允许企业出口货物到达码头后直接装船，实现“车船直连”，企业出口货物装船“零等待”；进口“船边直提”模式下，允许企业在进口货物抵港后直接提离港口。

654批、1445箱次。加强跨关区合作，保障湖南省进出口通道顺畅，全年监管中欧班列1107列，怀化中老班列和铁海联运班列152列，航空货运运输工具1522架次；7月至年底湘江枯水期，组织疏运外贸集装箱1.25万标箱，为企业节约运输费用100余万元；研究推动铁路特种专业运输车运输整车出口，监管整车专列21列，出口整车5561辆，货值4.54亿元；协调满洲里海关推动口岸场所改造，验放辖区企业口岸受阻货物51票，协调黄埔海关验放进口放射性稀土，协调乌鲁木齐海关为口岸滞留设备办理暂时进出境延期手续。

▲2022年5月19日，长沙海关所属岳阳海关关员对城陵矶综合保税区与新港“区港联动”出口货物加施智能关锁　（张子亮　摄）

【跨境电商和市场采购贸易】2022年，长沙海关验放跨境电商零售出口清单4374.3万票，货值46.9亿元。制定促进湖南跨境电商高质量发展若干措施，促进B2B（企业对企业）出口，全年监管B2B出口商品总值50.8亿元，同比增长8.8倍；启动进口新零售新模式，全年监管新模式业务371票，货值13.75万元。全面推行市场采购货物通关一体化，监管市场采购货物总值107.6亿元，同比增长19.5%；开展市场采购出口预包装食品业务，3月28日首单市场采购出口至菲律宾棉花糖，货重8.4千克，货值180美元，标志着高桥大市场以市场采购贸易方式出口预包装食品试点工作正式开启。

【旅客及行李物品监管】2022年，长沙海关检疫监管入境客运航班73架次、货运航班689架次，入境人员1.5万人次，进境人员健康申报电子化率100%；开展流行病学调查14573人次，对1万人份样本开展新冠病毒实验室检测，输入病例拦截率100%；圆满完成北京冬奥会、冬残奥会涉奥备降航班监管保障，多场景、多预案演练8次，收集信息编发工作简报48期。

【场所场地监管】2022年，长沙海关服务湖南融入西部陆海新通道，指导建成怀化国际陆港海关监管作业场所，出台促进怀化国际陆港建设18项措施，保障中老班列开通运营。助力岳阳建成“三区一港五平台①”，指导城陵矶进境原木指定监管场地通过海关总署验收。

【口岸运行监控指挥】2022年，长沙海关开展“人防”检

① 指岳阳城陵矶港叠加有跨境电商综试区、中国（湖南）自由贸易试验区岳阳片区、综合保税区，以及进口汽车、肉类、粮食、水果、原木指定监管场地等政策优势。

查6次，“物防”检查29次，隔离人员监控1236次，发现问题196个，均第一时间整改。二级监控指挥中心在海关总署月度考核中均取得第1名。岳阳海关建成三级监控指挥中心，发挥二级三级监控指挥中心作用，构建一体化指挥调度体系。

【智能审图】2022年，长沙海关用好智能审图设备，建成H986集中审像中心，查验集装箱机检率到86.8%，机检查获“破零”。深化智能审图，H986制图标图1777副、CT制图标图2011副，智能审图查发违规物品情事85起。立足湖南浏阳作为全国烟花爆竹主产区优势，开展烟花爆竹算法课题研究，完成与设备供应商合同签署、浏阳烟花场地升级等前期准备工作。

【口岸监管环节安全生产与反恐】2022年，长沙海关实现危险品提前申报“直装直提”通关，危险品口岸停留时间由2～3天压缩至1小时；实现场所进出口危险品动态“清零”，长沙霞凝港、岳阳城陵矶港危险品仓储和查验业务迁出场所。落实安全生产专项整治三年行动要求，认真部署“回头看”，开展“口岸危险品综合治理”百日专项行动，排查整改安全隐患问题300余个。落实反恐维稳要求，深化应用辐射监测系统，举办反恐演练17次，连续3年获评湖南省核安全机制年度考核优秀。

▲2022年1月21日，长沙海关所属长沙黄花机场海关关员对春节前夕跨境电商商品备货情况进行检查　（周丽　摄）

▲2022年12月3日，长沙海关所属怀化海关关员查验即将通过中老班列出口老挝的冰糖橙　（李渊　摄）

撰稿人

李星洲

政策研究与统计

【概况】2022 年，长沙海关围绕“政治建设走前列、业务建设提质量、队伍建设创一流、综合管理出精品”目标要求，推动政策研究与统计工作再上台阶。

【理论研究】2022 年，长沙海关加强宏观经济和政策研究，设立“学习宣传贯彻党的二十大精神专刊”，刊发优秀学习文章 10 篇。牵头完成“《经修订的京都公约》与海关制度研究”署级课题研究，形成课题专著 1 本、理论研究论文若干，提出完善海关法律规范体系的建议 50 余条，为国际公约与国内立法的衔接和转化提供理论支持。参与完成“WTO 和 WCO 机制框架下中国海关参与碳边境调节机制国际合作和多边协议谈判研究”等 3 项署级课题研究。提出并完成长沙海关贯彻落实子课题 14 + 36 个，做到有思路、有行动、有成果。立足湖南省情和长沙海关关情，立项并完成 62 项关级课题，提出大量高质量政策建议。向海关总署、湖南省理论研究刊物投稿，被海关总署刊物采编 9 篇，被湖南省级刊物载体采编 11 篇次。

▲2022 年 9 月 21 日，长沙海关到中非经贸合作研究院围绕促进中非贸易高质量发展开展座谈调研　（王鹤洋　摄）

【统计制度方法】2022 年，长沙海关牵头开展统计规章制度汇编，汇总 3 个层级 47 项统计制度，制定统计数据“日审核”操作指引，根据作业流程和职能变化，清理废止旧版统计作业规范。根据统计制度修订情况，邀请全国统计业务专家和关区业务骨干授课，开展业务培训 4 次，参训人员 272 人次，组织技能考试 4 次。以海关总署考核方案为导向，建立关键节点考核通报机制，定期对查发错误节点开展考核通报。优化长沙海关贸易统计报表结构，依法依规为地方政府提供数据服务500多批次、数据报表4000多张。在海关总署指导下，与杭州海关联合开展“中国—非洲贸易指数”编制研究工作，从贸易规模、贸易密切、贸易结构、贸易潜力、主体活力5个方面构建指标体系，并协调该指数在第三届中国—非洲经贸博览会开幕式上发布，为各方探求合作方向、挖掘合作潜力提供科学指导和服务。

【统计调查】2022年，长沙海关开展海关总署各项统计调查项目26项，涉及关区企业421家（次），填报率均为100%。组织29家样本企业每月开展中国外贸出口先导指数调查，填报率和及时率连续6年保持100%。组织26家样本企业参与海关总署2021年及2022年上半年跨境电商统计调查，做好对样本企业的清查和业务培训，开展数据逻辑监控、质量审核，两次调查均保持100%填报率。入选中国海关景气指数进、出口两个小组成员单位，协助海关总署开展中国海关景气指数（进口）试点调查项目推进，加强外贸进出口形势研判，33家企业入选样本企业，1名关员连续4年入选海关总署“标法中心国外技术性贸易措施对中国企业出口影响调查”技术专家。

▲2022年3月15日，长沙海关与新华社就中非贸易指数编制工作开展座谈研讨（王倩　思宇　摄）

【贸易统计】2022年，长沙海关创新工作机制，建立虚拟数据审核中心，通过6个专业虚拟小组，审核数据72.2万条，答复海关总署数据核查20批次，准确率为100%。开展2021年贸易统计数据年度审核，审核数据记录2.4万条，涉及金额338亿元；下发审核9495条，涉及金额113.5亿元；纠正差错数据2103条；命中数据有效率①22.1%，同比提升12个百分点。每月提示异常数据风险预警，编发关区统计监督23期、贸易统计监督专刊46期。根据海关总署统计监督信息组织统计核查15批次；结合关区监控预警发起统计核查企业626家，现场发现风险企业326家；延长统计监督链条，向济南、南京等7个直属海关制发协查核查联系单。按程序向地方商务、外汇、税务等部门通报异常数据风险企业清单，实施联合管控。

【业务统计】2022年，长沙海关修订完善检验检疫业务统计指标，增设76个业务统计项目、990个节点指标。实施

① 下发核实有误数据条数占总下发数据条数比重。

"日监测、旬检控、月审核"统计数据预警机制和关区业务异动预警机制，加强业务统计数据的综合分析，全面监测业务数据异常变化。成立工作专班，推进报关单申报项目整合优化改革，推动关检业务深度融合。编发工作交流刊物27期，提升业务统计数据价值，辅助地方决策参考。严格落实海关总署要求，推进统计数据分类分级。强化数据安全意识，严格管控信息系统对外提供数据的技术通道和职能审批。开展7批关级系统前置安全审核或上线运行审核，落实《中华人民共和国数据安全法》的相关要求。1名关员入选海关总署"三智"项目评审副组长，协助开展全国137个"三智"项目评审。

【监测分析】2022年，长沙海关加强对重点敏感商品、主要外贸市场的跟踪监测，做到实时监测、快速反应、科学预测和动态预警。通过多种形式强化培训，提升隶属海关分析研究工作能力。立足"数据＋研究"，编发统计分析文章320篇，同比增长42%，涉及对美、日、韩及共建"一带一路"国家（地区）医药品、猪肉、大豆、轨道交通、装备制造业、农产品、中药材、特殊物品等50多个商品题材内容，其中被海关总署载体采用15篇，被湖南省委、政府采用100余篇。立足"快、广、深"要求，挖掘海关独有的第一手数据价值，开展外贸专题分析研究，为湖南开放发展贡献海关智慧。参与海关总署全球贸易监测分析、农产品专题调研、形势分析例会等专项工作。

撰稿人

王梦池　王鹤洋　刘　梁　刘拼拼　何荣芝　杨章辉　周承佳

企业管理和稽查

【概况】2022 年，长沙海关持续深化“放管服”改革，优化口岸营商环境，服务湖南外向型经济发展，培育市场主体。加大信用培育力度，关区 AEO 企业数量增量创历史新高。在湖南省海关特殊监管区全面实施卡口优化管理改革，形成自贸区创新制度，获海关总署备案。持续保持打击“洋垃圾”走私进境和维护国门安全准入等方面高压态势，运用贸易调查、大数据风险研判、专家组跟进重点作业等措施，提升稽查精准度，稽查查发率、追补税款、移交缉私部门案件线索数等指标大幅增长。加强内外部门间协同，合理统筹核查指令，优化风险查发类核查和定期管理类核查比例，提升核查作业效能。推进属地查检业务改革，搭建关区属地查检制度体系。参与海关总署集中工作和专项研究 35 人次，覆盖企业管理和稽查业务条线全部领域，协助海关总署与布隆迪海关签订 AEO 互认行动计划。

【助企纾困】2022 年，长沙海关制定服务民营企业高质量发展的措施和两级关长联系企业工作机制，结合“优化口岸营商环境百日攻坚行动”，在全关区开展联企助企惠企行动，收集并协调解决企业诉求建议 171 项。自 5 月 11 日起，将出口食品生产企业备案时限由 5 个工作日缩短为 3 个工作日，简化备案程序，解决鲜蛋企业办理出口备案难题。开通属地查检绿色通道，全省 3000 多批进出口鲜活易腐农食产品享受预约优先查检。制定 AEO 企业便利措施 6 条，在各业务现场设置 AEO 企业优先办理窗口，及时协调解决其在通关等环节的合理诉求。推进企业集团加工贸易监管改革跨省试点，5 个企业集团 10 家子公司近亿元保税料件跨省域结转，减免企业风险担保金 7000 万元，企业可节省物流仓储等成本 150 万元。开通集中内销便捷办理通道，免征 80 家加工贸易企业内销缓税利息 41 万元。运用海关主动披露制度，对 18 家企业不予处罚，对 8 家企业减轻处罚，为企业减免税款滞纳金 347.15 万元。

【企业管理】2022 年，长沙海关对报关单位（进出口货物收发货人、报关企业）全面实施备案管理，联合市场监管部门、商务部门，推动报关单位备案纳入“多证合一”改革，申请人办理市场监管部门市场主体登记时，需要同步办理报关单位备案的，可按照要求勾选报关单位备案，并补充填写相关备案信息，企业无须再向当地海关提交备案申请（市场监管部门按照“多证合一”流程完成登记，并在市场监管总局层面完成与海关总署的数据共享）。新增注册备案企业 4978 家，注销企业 1339 家，现有注册备案企业25848家，其中高级认证企业63家，失信企业9家。现有备案出口食品生产企业524家，其中新增101家；现有备案进口食品进口商804家，其中新增176家；新增出口食品原料种植场养殖场30家；现有对境外注册出口食品生产企业13家，其中新增3家。

2022年，长沙海关印发《关于推动关区海关信用管理高质量发展的实施意见》，加大对外贸重点企业、“专精特新”和新兴业态企业的培育力度，举办线上信用管理宣讲会34次，邀请383家重点企业参加培训，对22家企业开展“一对一”辅导培育，新增AEO企业10家，湖南省7个市州新增AEO企业，岳阳、张家界、怀化3市实现AEO企业数量零的突破。成立关企合作委员会，组建50余人的专家队伍，对63家海关高级认证企业开展“一对一”服务，利用企业微信群、“中国海关信用管理”微信平台，宣讲解读海关普惠措施，向企业发放调查问卷，听取对海关工作的需求及意见建议。与湖南省市场监督管理局、商务厅等部门签订合作备忘录，明确信用信息共享方式，实时交换信用信息。落实海关总署工作部署，承担与阿尔及利亚等5个非洲国家海关的联系对接、对埃塞俄比亚海关能力援建等前期工作，协助海关总署与布隆迪海关成功换签《中国—布隆迪AEO互认行动计划》。

▲2022年1月16日，长沙海关关员赴长沙黄花综合保税区开展文物鉴证溯源工作　（周丽　摄）

【保税监管】2022年，长沙海关全面实施“海关特殊监管区域优化进出区管理”改革，形成自贸区创新制度并获海关总署备案，实现“四不”（不涉出口关税、不涉许可证件、不要求退税、不纳入海关统计）货物便捷进出、非保税货物便捷申报，适用简化进出区政策的非保税货物申报要素缩减至7项，适用分类监管、增值税一般纳税人的非保税货物申报要素缩减至6项，申报时间缩短至5分钟；与广州、深圳、拱北海关协作推进企业集团加工贸易监管改革跨省试点，5个企业集团10家子公司近亿元保税料件跨省域结转；开通集中内销便捷办理通道，加工贸易内销征税2.91亿元，免征80家加工贸易企业内销缓税利息47万元；持续深化边角废料网上拍卖改革，支持企业采用“集中拍卖”方式简化拍卖流程，累计发起拍卖81批次，成交金额600万元；支持新兴业态发展，湖南省网购保税进出口值3.9亿元、同比增长171.8%，实有企业21家；保税维修进出口值8.5亿元、同比增长42.2%；在长沙黄花综合保税区内批准设立跨境电商退货中心仓，接收6家保税仓储企业退货业务，监管进口退货清单1466票，为企业节省成本约10万元；新增保税仓库4家、出口监管仓库2家，现有保税仓17家、出口监管仓8家。加工贸易进出口值670.2亿元、同比减少5.8%；特殊监管区域进出口值1659亿元、同比增长25.6%。

2022年，长沙海关按照海关总署企业管理和稽查司的统一部署，组织开展关区加工贸易及保税领域专项整治工作。选拔6名加工贸易及保税业务领域的专家骨干组成工作专班，对加工贸易保税监管领域业务数据进行全面复核，细化55项风险节点，组织隶属海关开展问题自查。工作专班同步对2020年10月至2021年12月期间设立和核销的近500份手册、20000条业务数据进行检查，发现问题差错17类。针对存在的问题，组织隶属海关逐一整改，开展加工贸易业务培训2次，建立日常监控复核机制，推动长沙海关保税监管执法制度化、规范化。

【企业稽查】2022年，长沙海关确立以查发为导向、稽查“查发率”进入全国海关前列的目标。创新稽查工作方法，运用大数据分析、贸易调查和专项行动等方式，提高查发率。强化大数据风险研判，聚焦准入风险与税收风险等重点领域，在“云擎”平台搭建数据分析模型20个，从7000余家活跃企业中摸排50家目标企业、22项重点商品，运用“企查查”“天眼查”等信息平台评估企业情况，通过行业协会、中介机构等掌握商品行情和生产经营模式，多渠道印证风险信息准确性，为后续稽查提供数据支撑。发挥贸易调查风险先导作用，对原油加工贸易、重装减免税、机电设备归类、稀土出口等领域开展贸易调查，实地摸排重大行业和重点商品风险，为后续稽查提供实情先导。制定《长沙海关机动稽查实施办法》，建立跨辖区机动稽查机制，统筹调度稽查力量，提升稽查队伍整体效能和快速反应能力，发挥稽查业务骨干的精兵效应。办结稽查作业124起、同比增长32%，查发率100%，与7个直属海关并列全国海关第1名。落实海关总署稽查改革推进会议精神，自主查发简易程序案件、快速办理案件43起，增强稽查行政处罚效力。

聚焦准入安全和税收安全，推进纵向上与海关总署企业管理和稽查司、下与隶属海关，横向与协作区牵头海关稽查部门的联动，参与海关总署稽查协作区工作，借鉴其他直属海关稽查业务经验，与广州、深圳等口岸海关稽查部门互通查稽数据信息、交流经验做法，稽查条线跨关区协同作战制度产生辐射效应。参加或开展“金钥2022”、进出口危险品、C类快件出口涉税稽查专项行动3轮次，查发4家出口企业存在危险品未报检情事，查发2家企业存在通过C类快件渠道走私出口商品情事。探索涉检稽查，在出口危险品未报检、违规加施出境木质包装《国际植物保护公约》（IPPC）标识等方面取得查发成效，发挥行业震慑作用。移交缉私部门刑事立案2起，稽查追补税1000万元以上2起。

【企业核查】2022年，长沙海关优化核查分类监管，以涉及准入安全、税收安全为核查重点，突出涉税涉证、境外官方通报等风险管控，统筹合并同一企业的不同类项核查作业，将风险类核查比例增加到作业总量的63.3%。与市场监管等

▲2022 年 3 月 20 日，长沙海关对境外注册出口食品生产企业开展现场验证 （陆俊颖 摄）

部门实施核查领域“双随机、一公开”部门联合抽查 25 起，实现在湖南省 14 个市州全覆盖。推进远程非侵入式核查模式，核查作业 100% 按时办结。运用“云擎”搭建数据分析模型 10 个，开展进境驴皮加工存放、减免税设备使用等专项核查，推进属地查检与企业核查执法联动，拓宽线索来源渠道。核查作业数 686 个、同比减少 33%；查发率 92.2%、同比增长 52.4%。

【审核监督】2022 年，长沙海关探索内部管理科学化、规范化、标准化作业模式，运用“科技 + 人工”方式，对企业管理和稽查条线业务的执法流程、时效、规范性等要素常态化开展全流程日常监控和现场检查，每月制发内控报告，发现并整改问题 63 个。与隶属海关协作开展企业管理类日常监控，较好解决职能监控与基层自控的有效衔接；通过全面查找、突出重点的排查风险策略，按照“一项业务一个流程”的要求，制发岗位重点审核清单和常见问题范例，促进业务质量提升。联合相关处室共同开发建设烟花出口监管系统，实现烟花出口属地查检业务一线执法操作的标准化、系统化和可追溯，切实发挥内控“查改防”作用。发挥 HLS2017 内控平台作用，借助“云擎”系统建立监控模型 30 个，完善内控节点指标 96 项，避免业务差错 62 起，实现对基层稽查、保税监管重点业务领域的职能监控。稽查处审核监督科获评长沙海关内控示范科室，并被推荐参评全国海关内控示范科室。

【属地查检】2022 年，长沙海关推进属地查检业务改革，印发长沙海关属地查检领域部门间联系配合办法，明确各职能部门职责；持续推进查检业务领域岗位资质培训和考核，加大对属地查检作业规范性督导检查力度；在各隶属海关设立进出口鲜活农食产品属地查检绿色通道，向社会公示预约电话 23 个，对进出口鲜活农食产品实行提前申报、24 小时预约、优先查检等便利化措施，40 家企业的 1773 批、货值 4.81 亿元进出口鲜活农食产品享受属地查检绿色通道便利；综合应用“互联网 +”、大数据、人工智能、移动互联等信息化新技术，依托出口烟花爆竹辅助监管系统，建立以企业为单元、以风险管理为核心的出口烟花爆竹属地监管新模式。建立专业人才协作机制，开展属地查检执法作业安全规范专题研究，牵头起草《进出口工业产品属地查检执法作业安全指南》，并纳入海关总署印发执行的《海关属地查检作业安全指引》。1人入选海关总署首批属地查检专业人才库。作为属地查检业务管理系统和“云签发”管理模式试点第一批海关，制定属地查检海关端和企业端操作指导书，为全面推广提供有力支持。

【涉检行政处罚】2022年8月1日起，长沙海关稽查处正式承担涉检行政处罚工作，完成涉检行政处罚系统交接和15个隶属单位及人员的授权。主动与缉私局、法规处、综合处以及检验检疫业务部门职能对接，与动植处、邮局海关就非贸渠道非法引进外来物种违法处置问题进行研究协调。开展调查研究，全面掌握涉检违法案件涉及海关业务领域及占比、主要查获渠道、处罚类型、基层单位办案能力分布及存在问题等情况。组织稽查条线123人参加海关总署涉检行政处罚案件网上培训。组织梳理检验检疫法律法规，列举常见违法行为，指导涉检违法案件线索的甄别和移交工作；汇总全国海关涉检案件执法检查中发现的法条适用不准确、执法程序不恰当、法律文书不规范、证据采集不全面、系统录入不准确等典型问题，提醒办案人员在工作中避免出现类似错误。2次承接海关总署企业管理和稽查司执法检查任务，对部分直属海关涉检行政处罚案件开展执法检查。参与制度建设，选派业务骨干参与海关总署涉检行政处罚执法标准制定专项工作，承担进出口商品检验领域违法立案标准及裁量基准的研究工作。办结涉检行政案件37起，其中简易程序案件8起、快速办理案件5起、一般案件24起。

撰稿人

陈弼飞　刘凌云　杨毕佳　谢凌钦　陆俊颖　杨　炎
廖建民　曹　杰　梅　青

查缉走私

【概况】 2022年，长沙海关打私工作以习近平新时代中国特色社会主义思想为指导，深入践行党的二十大精神，认真贯彻全国海关工作会议精神，坚持联合行动和专项打击同步推进，坚持全员打私和反走私综合治理同步用力，坚持执法规范化和打私专业能力同步建设，高质高效完成打私“十大”重点任务，刑事立案50起、案值16.23亿元、涉税5.53亿元，行政立案259起、案值18.14亿元，涉检案件36起，刑事立案数、涉税额等创历史新高，查办案件个案涉税首次突破2亿元，首次牵头在全国开展打击走私专项行动，刑事、行政立案数分别列内陆海关第2名和第4名，全国海关全员打私绩效考评指标全部处于绿区、打私业务绩效排名位列内陆海关第1名，在2021年度全国反走私综合治理考评中湖南列内陆省份第1名，打击走私工作呈现“谋在前、干在前、走在前”的良好态势。

【打击涉税走私】 2022年，长沙海关立案侦办涉税走私犯罪案件21起，案值15.68亿元，涉税5.53亿元。开展打击白酒“回流”走私行动，打掉走私犯罪团伙3个，抓获犯罪嫌疑人9人，侦查办案、法制审查“两个环节”实现大幅扩案。组织开展“春雷”专项行动，严厉打击海南离岛免税“套代购”走私，刑事立案10起，案值1095.5万元，涉税174万元。开展C类快件渠道走私出口稀有金属类产品集中行动，刑事立案3起。

【打击非涉税走私】 2022年，长沙海关侦办非涉税走私犯罪案件29起，案值5474万元。开展夏季治安打击整治“百日行动”，严打武器弹药、毒品、

▲2022年5月6日，长沙海关立案侦办一起涉嫌海南离岛免税“套代购”走私普通货物案 （唐小强 摄）

政治反宣品等危安物品走私，刑事立案18起，查获疑似枪支23支、铅弹1896发，缴获冰毒等毒品约3千克。

【智慧缉私】2022年，长沙海关完成公安网二期工程、网络布线升级扩容，主干、点位线索基本落实到位，实现公安网电脑使用全覆盖。推广新线索系统和公安网刑事办案系统，扩大缉私分局技网侦应用平台授权范围，加大物证鉴定机构建设力度，为侦查办案提供更多技术支撑。指挥案管中心强化监督监控，立足系统数据，优化监控指标种类和项目，坚持日常监控与专项监督相结合，健全数据复核机制，利用数据解决问题和消除隐患110项。优化分析研判，紧盯各类可能影响进出口贸易秩序等风险隐患，梳理C类快件等走私线索50余条；统筹经营成形线索233条，刑事成案30起。侦查办案中心强化统筹调度，完善追捕机制，跨部门调动警力近70人次，支援缉私分局办案40人次；总结战术战法7篇；做好常态化疫情形势下协查工作，办理协查案件261起。

【执法合作】2022年，长沙海关加强联合执法，与公安部门建立联动协作机制，与国安部门签署合作框架协议，与国税、市场监管、商务、烟草等部门开展联合打击行动，组织在春节、中秋等重要节假日前开展流通领域专项查缉。联合南宁海关在湖南、广西等地打击白酒“回流”走私，打掉走私犯罪团伙10余个，抓获犯罪嫌疑人近50人。与长沙县公安局建立自管类涉案物品销毁长效机制，处置枪支、毒品等自管类涉案物品157件。

【缉私法制建设】2022年，长沙海关加强制度建设，着力完善执法制度规范体系，修订完善刑事案件管理规定等制度7项、新制定制度1项。加强执法教育培训，着力提升全警法治素养和执法能力，举办警务技战术训练班等7期。加强执法监督，大力推进执法办案场所改造升级，与检法部门深入研讨证据规格、移诉标准等问题，着力提高刑事办案质量。移诉案件30起、同比增长50%，高于全国海关缉私系统平均水平。

【综合治理】2022年，长沙海关贯彻落实海关总署缉私工作专题会议精神，制定下发6个方面11项举措。缉私部门与风险控制部门健全月度集中会商机制，缉私部门与海关业务部门在信息共享、线索移交、调查取证、分析研判、应急联动、联合执法、结果反馈上形成合力，接收移交线索多条，转化为行政和刑事立案176起。发挥湖南省打私办平台作用，用好“平安建设”考核指挥棒，推动地方政府履行反走私综合治理主体责任。推动召开湖南省打击走私综合治理工作会议，“国门利剑2022”联合行动等全省反走私综合治理重点工作有力落实。制度性坚持局长诉前谈话和案件回访，进一步加强信访工作，注重化解执法矛盾，组织开展反走私“五进”宣传活动，以实际行动践行新时代“枫桥经验”。

撰稿人

马　刚

推进国际合作

【概况】2022年，长沙海关完善工作机制，成立由关长任组长的外事工作领导小组，先后6次召开关长办公会，专题研究推进关区国际合作，研究明确国际合作工作重点任务19项，制定落实海关总署外事工作领导小组会议精神具体措施8项。争取海关总署国际合作司支持，主动加强与湖南省外事办、商务厅等部门的沟通协调，建立跨部门协同合作机制，推动国际合作重点事项6项。

【“三智”国际合作】2022年，长沙海关推动“三智”理念融入各业务领域改革，加大智能化信息化技术应用力度，创新应用场景，培育“三智”合作新载体。在海关总署国际合作司支持下，获准加入海关总署“三智”工作专联组。出口烟花爆竹智慧辅助监管系统、送收样品智能化监管2个项目通过海关总署评审，入选“三智”国际合作先行先试项目，系长沙海关首次。持续推动项目优化研究和功能完善，升级更新系统4次、优化系统功能7项、吸纳改进意见13条。智能样品箱在4个隶属海关进口食品取样送检环节试点应用，完成作业42次；按照新模式完成检测4700余项，工作效率提升30%。出口烟花爆竹智慧辅助监管系统在关区全面上线，完成运行4315票，在全国海关率先实现出口烟花爆竹的全链条信息化监管。

【国际合作研究】2022年，长沙海关在海关总署国际合作司指导下，立足湖南对非特色，重点围绕中非经贸合作开展国际形势分析，国际合作工作信息被海关总署相关刊物采用7篇，为历年最多。依托杂交水稻种子检疫与除害处理、烟花爆竹检测等5个国家级重点实验室，加强检验检疫技术研究，与袁隆平院士团队就共建“一带一路”国家（地区）杂交水稻疫病跟踪调查开展合作。提出4个烟花爆竹新标准通过ISO相关成员投票并获立项，累计主持和完成7项ISO烟花爆竹国际标准，极大提升我国的行业话语权。

【外事管理】2022年，长沙海关多次召开外事工作领导小组会议、专题关长办公会，研究提出年度重点任务19项，组建由17人组成的外事人才骨干队伍，专人跟进收集国际形势信息，开展国际形势分析研究，10篇研究成果被海关总署相关刊物采用。

撰稿人

刘　源　李　洋

第六篇

综合保障

政务管理

【概况】2022年，长沙海关认真贯彻落实全国海关工作会议和全面从严治党工作会议精神，加强关区政务管理，规范运行精文简会、政务公开、政务信息、新闻宣传、机要保密、信访工作、档案管理等，加强督查督办，确保习近平总书记重要指示批示精神在关区得到贯彻落实，确保海关总署党委决策部署和湖南省委省政府工作要求得到落实。信息宣传、国际合作、网站建设等工作取得新突破，"三办三服务"水平稳步提升。办公室党支部复核通过全国海关党建示范品牌和关区"四强"党支部，品牌创建经验被海关总署政工办宣传推介。牵头研究起草重要文稿95份，为领导决策提供参考。

【应急值守】2022年，长沙海关强化值班应急处置，组织值带班1700余人次，值班抽查12次，编报值班信息79期，值班工作经验被海关总署推介3次。

【政务信息】2022年，长沙海关坚持"工作出信息、信息促工作"理念。获海关总署采用信息167篇、同比增长50%，信息工作经验做法首次获海关总署刊发。互联网信息摘要实现"破零"，被采用25篇；被海关总署载体采用18篇、同比增长1.25倍，经验类单篇呈报采用排名全国海关第2位；2篇信息获评全国海关月度优秀信息。信息工作排名全国海关第22位，较2021年上升4位。

【文件和会议管理】2022年，长沙海关规范公文处理工作，严把公文质量关，每月通报发文错情，开展办文工作培训20余次，关级发文公文"硬差错"为0，隶属海关单位公文质量抽查中未发现明显差错，发文同比减少37.5%。会议数量同比压缩4%，开展会议议定事项专项督办49次，按期办结率100%。

▲2022年8月1日，长沙海关办公室党支部赴湖南大学开展主题党日活动　（林俊　摄）

▲2022 年 10 月 27 日，长沙海关举行信息宣传专题学习会 （王倩 思宇 摄）

【督查督办】2022 年，长沙海关做好“第一议题”服务保障，制定贯彻落实习近平总书记重要指示批示精神督查办法，建立专门台账，开展专项督办，确保落地落实。强化统筹协调和督查督办，坚持落实周、月、年计划，推行每周“滚动督办、办结销号”机制，开展专项督办 87 次 1372 件、关领导批示督办 1699 件，确保工作推动有部署、落实有反馈、质量有保证。

【保密管理】2022 年，长沙海关加强机要保密管理，开展保密自查自评 3 次、保密专项检查 9 次，得到湖南省保密检查组肯定。参加湖南省保密委保密教育培训优秀课件评选，6 件作品分获二、三等奖。

【档案管理】2022 年，长沙海关归档文书档案 3400 余份，整理基建档案 47 盒，顺利通过海关总署检查。开展国际档案日系列宣传活动，组织编写《红色湘关档案故事辑》，档案宣传片《老黄的故事》被“学习强国”、海关总署官网“海关影像”栏目刊发。

【门户网站建设】2022 年，长沙海关推出 9 项门户网站建设措施，成功争取全国海关首批子网站适老化无障碍技术改造试点，完成海关统计数据栏目图像化改造，增设“小珂说法”“数说海关”等特色专栏，独立开发的 RCEP 场景式服务应用获海关总署门户网站采用，并作为优秀案例向国务院推荐，网站建设在全国海关排名前 3 位。

【政务公开】2022 年，长沙海关提升 12360 海关热线和政务新媒体工作质效，答复网友留言 211 条，在海关总署载体发布政策解读稿件 49 篇次，同比增长 123%，排名全国海关第 7 位。

【信访工作】2022 年，长沙海关扎实做好平安建设、信访维稳工作，制发加强和改进信访工作具体措施 8 项，每月举办“关长接待日”，规范处置信访事项 4 件次，关于践行新时代“枫桥经验”推动信访工作发展的信息获海关总署采编。连续 13 年获评湖南省平安建设先进单位、11 年保持“平安单位”称号。

【新闻宣传】2022 年，长沙海关强化新闻选题策划，召开新闻发布会 4 次，其中湖南省政府新闻办举行的专场新闻发布会 2 次；在海关总署计分媒体刊发新闻 429 条，其中中央电视台《新闻联播》采用 8 条，首次完成单条任务、刊播采访同期声；《人民日报》采用 5 条，其中“非凡十年”栏目专题报道介绍长沙海关工作，《人民日报》、新华社《经济参考报》首次以长篇通讯专题报道长沙海关工作。牵头撰写的“非凡十年”长篇通讯《出湖向海闯世界》在海关总署媒体刊发后，被20余家省级媒体全文转载。加强新闻安全管理，强化新闻审批管理，组织专班加强舆情监测分析，监测互联网信息超40万条，未发生负面舆情事件。

【建议提案办理】2022年，长沙海关办理湖南省人大代表建议8件、湖南省政协提案14件，代表、委员满意度100%，1人获评湖南省政协提案办理先进个人。

▲2022年9月22日，长沙海关举办新闻通气会　（林俊　摄）

撰稿人

刘　源

财务管理

【概况】2022年，长沙海关财务工作集中财力优先保民生、重点保运转、精准保发展，打造“红管家”党建品牌。工作成效实现“2个突破”“3个超前”“2个领先”，即：张家界教育培训基地成为海关系统第一家获财政部批准并完成划转的培疗机构改革试点单位，关区15个财务独立核算单位被国家机关事务管理局等4部委联合授予“节约型机关”称号。上报海关总署的闲置房地产处置利用规划、国企改革三年行动任务、政府采购脱贫地区农副产品3项工作超前完成。中央财政拨款预算执行率、海关总署财务司网站信息排名2项工作在全国海关保持领先水平。

【税费财务管理】2022年，长沙海关深化财关库银联网、行邮税移动支付等税费业务改革，开展财务领域专项督导。税收入库127.91亿元，创历史新高，较2021年增加26.90亿元、同比增长26.63%。其中，关税10.61亿元、同比增长16.61%；进口环节税117.30亿元、同比增长27.62%，罚没收入入库1218.97万元。

【预算管理】2022年，长沙海关狠抓预算管理，全面统筹各类财力资源。落实重大财务事项集体决策制度，落实“过紧日子”要求，修订经费支出管理、涉案财务管理、节约能源资源管理制度3项，开展财务领域专项督导检查9次。中央财政拨款预算执行率连续两年100%。

【国库集中支付管理】2022年，长沙海关严格落实财政部《中央财政预算执行动态监控管理办法》各项要求，确保财政资金管理使用的安全性、规范性、有效性。研究制定国库集中支付工作指引，规范国库集中支付管理工作。运用海关国库集中支付系统开展自主监控，及时核实系统监控疑点，全年资金支付零违规。推进中央财政预算管理一体化系统运用，提前做好系统调试安装、操作知识培训，为顺利启用预算管理一体化系统打好基础。

【部门决算管理】2022年，长沙海关落实“收支真实、数额准确、内容完整、报送及时”工作要求，优化审核流程，统一审核规范和标准，高质量做好部门决算编制工作。组织关区各预算单位对资金支付情况进行梳理和检查，清理核对收支账目、往来款项、银行存款等，做到账账相符、账实相符。参加海关总署2022年部门决算编报工作视频会议，及时了解掌握部门决算编报的变化和要求，严格数据编审。在数据审核阶段抽调6名业务骨干组成决算编报汇审工作组，梳理决算编报审核要点，统一审核规范和标准，提高决算数据质量。全年贯彻落实“过紧日子”相关要求，严格执行中央八项规定及党政机关厉行节约反对浪费条例规定，压实非刚性非重点项目支出，提高资金效益，关区“三公”经费支出同比下降9.79%，会议费同比下降66.67%。

【涉案财物管理】2022年，长沙海关完善走私冻品移交处置工作机制，协助缉私局完成14.79吨走私冻品移交工作。加大涉案财物清理力度，向主管部门移交濒危动物制品、组织销毁侵权物品等2208件，确保无库存两年以上的涉案财物。组织涉案财物仓库消防安全检查和风险隐患排查，定期核对、清理处置涉案财物，无安全事故发生。

【企事业财务管理】2022年，长沙海关加强国有企业基础管理，有序推进国有企业改革工作，按照国企改革三年行动方案分解任务43项，逐级压实责任，4个所属企业均100%完成改革任务。督促指导长沙海关后勤管理中心做好参股企业脱钩和产权划转工作。

【基建管理】2022年，长沙海关攻坚克难、主动作为，派员赴海关总署财务司争取对湘西海关边关生活设施保障能力提升工程、韶山海关业务技术用

▲2022年5月12日，长沙海关举办“坚决贯彻落实《政府采购法》强化预算绩效理念”培训班 （何腊 摄）

房维修改造、湘府路实验楼维修改造等项目的经费支持。定期组织长沙黄花机场海关基础设施项目建设单位、监理单位、施工单位召开推进协调会议，确保长沙黄花机场海关朴实楼按计划启用和疫情防控封闭管理人员的顺利入驻。有力推动关区各基建项目安全、平稳实施。

【资产管理】2022年，长沙海关立足“物尽其用”“提质增效”目标，挖掘现有资产资源的利用潜能，有效提升资产管理效能。坚持以“三盘两优”工作方法探索国有资产管理新

▲2022年5月27日，长沙海关财务处党支部、娄底海关党总支联合开展“钢铁是怎样炼成的”联合主题党日活动 （何腊 摄）

路子，盘清房产家底，以关务保障管理系统为基础，将每项资产推送到人、责任到人，确保账账相符、账实相符；盘活闲置房产，组建工作小组，一事一策、专人跟进，因地制宜进行闲置房地产资源挖潜盘活，及时处理资产历史遗留问题，提前完成闲置房地产处置利用三年规划任务；盘查房产风险，确保房产安全。制订存量房产安全风险隐患排查工作方案，适时开展安全检查“回头看”，建立整改工作台账，制定整改措施，明确责任人员和完成时限，实行动态管理、台账推进。争取湘府办公区综合实验楼、岳阳海关挡土墙、娄底海关护坡等消除安全隐患专项资金；优化流程，把好使用处置关口。通过加强资产登记审查、资产账面审查、存量资产审查，及时掌握房屋资产动态，把好“使用关”，完善房产处置的审核、审批、报备手续，把好“处置关”，守好房产管理“最后一公里”；优化制度，建立长效机制。全面对标对表财政部、国家机关事务管理局、海关总署资产管理制度规定，细化实化房屋资产使用、处置等流程，通过明确职责、细化任务、优化流程，进一步完善关区房产管理。开展关区房产、基建项目、资金和涉案财物仓库管理等安全隐患排查，合理安排消除安全隐患专项资金。

撰稿人

何　腊

科技发展

【概况】2022年，长沙海关服务工作大局，忠实履行科技管理职能，科技支撑引领作用得到有效发挥。完善科技管理工作机制，修订发布科技管理制度7项。开展“科技人员跟班作业”活动，收集解决一线反映科技问题108个，问题处置率及基层满意度均为100%。立项署级信息化项目1个，建设、优化关级信息化项目4个。获批署级科研项目立项3个、验收2个。完成“微创新”项目8个，在海关总署科技管理系统上发布“微创新”项目15个。出台关于加强技术中心建设发展的指导意见并推动落实；深化国产设施和技术应用，完成国产操作系统终端替换385台，超额实现海关总署考核指标；确保北京冬奥会、冬残奥会，党的二十大等重点时期网络安全，圆满完成公安部网络攻防演习活动和湖南省网络攻防应急演练。开展“科技活动周”宣传活动，提升科普宣传工作效果，营造全员创新良好氛围。

【信息化建设】2022年，长沙海关开展出口烟花爆竹辅助监管系统建设，开发企业管理、出境预检及出境检验检疫、施检及风险预警等功能，实现关区烟花爆竹出口业务信息化、智能化监管。做好“食品安全领域送收样环节智能化监管”项目功能优化，推动关区“三智”先行先试项目取得更好成效。开展综合保税区货物进出管理优化项目建设，实现8类12种“四不”货物最便捷进出区管理，实行非保税货物最简洁进出区备案通行，有效降低综合保税区及海关监管场所卡口运行故障，提升行政车辆和行人进出卡口管理智能化水平。完成长沙海关关网功能优化，改进功能30余项；推进完成长沙海关承办的第一个署级信

▲2022年6月15日，长沙海关科技处（数据分中心）党支部与湖南联通政要战略客户中心党支部开展联合党建主题党日活动　（栗大为　摄）

息化应用项目“中国—非洲国家SPS合作信息网”立项工作。

【实验室管理】2022年，长沙海关出台并落实加强技术中心建设发展的指导意见，进一步发挥一体化运行优势，统筹提升实验室检测能力。技术中心实验室年度开发检测能力140项，保持实验室法检项目自检率98%以上。保健中心实验室进一步完善质量管理体系，更新和发布质量手册、程序文件、操作指导书等体系文件200余个。采购实验室仪器设备3台（套），依托实验室管理系统（e－Lab2.0），实现实验室仪器设备基础数据电子化，完善17个实验室的设备、科研、检测、人员等信息3000余条。推进移动式P2＋实验室在张家界海关部署运行。

【科研管理】2022年，长沙海关开展湖南省级科研项目平台建设，推荐38名技术骨干担任科技厅科研评审专家，申报湖南省自然科学基金项目5项。做好署级科研项目研究，署级科研项目获批3个，按期完成2个署级科研项目验收，其中一个项目获评优秀。完善“微创新”机制，采用自主申报和“揭榜挂帅”两种方式组织开展微创新项目申报，申报微创新项目22个，评审通过并开展实施14个，完成8个。向海关总署推送长沙海关微创新工作经验和成果，15个微创新项目在海关总署科技管理系统上发布。关区授权国家发明专利2项、实用新型专利8项。

▲2022年2月17日，长沙海关科技处、数据分中心开展青年理论研究小组学习 （粟大为 摄）

撰稿人

邓群赞　夏　荫　粟大为

督察内审

【概况】2022 年，长沙海关聚焦年度重点工作，完成督察项目 8 个、经济责任审计项目 6 个、专项审计调研项目 6 个及执法评估项目 3 个。推动 27 个科室参与“内控示范科室”单独创设，推广 5 个示范科室典型性经验做法，营造关区内控工作良好氛围。

▲2022 年 7 月 27 日，长沙海关对张家界海关开展审计整改“回头看” （梁德 摄）

【督察监督】2022 年，长沙海关通过梳理执法依据、统计业务数据、筛查异常情况、开展成果共享、跟踪问题整改，完成署级督察项目 2 个（口岸检查作业规范情况督察、支持外贸促稳提质措施落实情况专项督察），完成关级督察项目 6 个（2021 年内部审计发现问题整改情况、技术中心内部控制情况、监管场所运行管理及监管设备应用管理情况、科学精准做好口岸疫情防控落实情况、“国门绿盾 2022” 行动落实情况、进出口食品安全“四个最严[①]”落实情况专项督察）。对专项督察发现的问题或风险督促整改，提出督察建议，促进重大政策措施在长沙关区落实落细；督促各业务条线规范作业操作，严格执法程序；督促技术中心提升科研创新和技术开发能力，推进关区进一步加强内部管理，推动改革措施向纵深发展。

【审计监督】2022 年，长沙海关完成经济责任审计项目 6 个（邵阳、怀化、张家界海关原主要负责人离任审计，株洲、韶山、常德海关主要负责人任中审计），推动被审计单位开展问题整改，打造审计发现—问题整改—制度完善闭合回路。完成专项审计调研项目 6 个（海关总署大金额差错报关单专项审计调研、海关总署事

① 最严谨的标准、最严格的监管、最严厉的处罚、最严肃的问责。

业单位所属企业脱钩和转让产权第三季度跟踪审计、“禁止‘洋垃圾’进境措施落实情况”专项审计调研、对美加征关税措施落实情况专项审计调研、进口冷链食品高风险非冷链食品集装箱货物监管措施落实情况专项审计调研、贸易管制相关风险防控机制运行情况专项审计调研），推动查发问题及时整改，解决风险隐患。8月15日至9月9日，认真配合海关总署委托广东分署组建审计组对长沙海关开展的现场审计，对接各类需求，开展协调延伸审计、组织人员谈话、反馈审计需求单及取证单，确保海关总署现场审计圆满完成。开展工程结算审核项目12个、审减率15.28%。

【内控建设】2022年，长沙海关梳理督审条线100多个法律法规、政策制度、工作指南资料并印制成册，对内控平台网页进行升级改版，进一步加强关区内控机制阵地建设。落实岗位大练兵计划，通过集中培训、送教上门、跟班学习、技能比武等形式，提升督审队伍专业水平。推动关区27个科室参与“内控示范科室”单独创设、11个职能处室参与联建，推广5个示范科室（稽查处审核监督科、星沙海关综合业务二科、机场海关综合业务科、张家界海关办公室、技术中心动物检疫实验室）典型性经验做法，并向海关总署督察内审司推荐稽查处审核监督科、技术中心动物检疫实验室的经验做法，关区内控氛围进一步浓厚。创新建立内控提示机制，以问题为导向，编写12期经验交流及风险提示供关区各单位举一反三，健全制度，加强管理；推动HLS2017内控平台应用，落实业务异常数据月度分析机制，有效防范执法风险，促进业务规范执法。

▲2022年11月18日，长沙海关召开“内控示范科室”评审会 （韩亮 摄）

【执法评估】2022年，长沙海关完善“署级+关级”评估项目清单管理模式，开展1项署级及2项关级专题执法项目，分别对湖南省危险化学品海关监管情况、湖南省进口奶粉监管情况及湖南省出口水果监管情况进行客观评估，分析查找问题风险，提出评估建议。

撰稿人

朱建平　黄　毅　韩　亮

离退休干部管理

【概况】2022年，长沙海关离退休人员316人，其中党员270名，党员占比85%；离休干部6人，平均年龄91岁；退休署管干部32名（13名正厅级，19名副厅级）。设有1个离退休干部党总支，下辖5个支部；株洲、衡阳、常德、岳阳、郴州、怀化6个隶属海关设有离退休干部党支部。

【政治建设及党建工作】2022年，长沙海关离退休干部办公室落实“第一议题”制度，组织学习习近平新时代中国特色社会主义思想，参加政治理论学习90人次，收看党的二十大开幕会，发放党的二十大报告单行本、辅导读本和《中国共产党章程（修正案）》，组织集中研讨交流15次，以心得体会、诗词等方式撰写感悟28篇，“红色湘关”推送订阅号4期，开展“建言二十大”“我看中国特色社会主义新时代”调研活动，收集建言183条，参与率60.24%。

2022年，长沙海关发挥“湖南省示范离退休干部党支部”示范作用，以“六好”（组织设置好、班子建设好、党员队伍好、学习活动好、作用发挥好、制度坚持好）为标准，总结提炼离退休干部党支部工作法，推进示范支部创建和支部品牌创建，“金秋党旗红、金秋志愿汇、金秋幸福家、金秋风采园”内涵更加丰富。统筹整合原有老干部活动场所（离退休干部党支部活动室、老干部大学、活动中心），完成“老党员之家”建设。组织开展“话传统、谈复兴、聚力量”专题调研，引导老同志为推进中国式现代化海关建设献计献策，收集合理化建议

▲2022年4月26日，长沙海关举办《关于加强新时代离退休干部党的建设工作的意见》宣传贯彻会　（林俊　摄）

183 条。召开“光荣在党 50 年”纪念章颁发大会，为7名老党员颁发纪念章。以喜迎党的二十大为主线，开展文创、阅读、书画交流活动。发挥“五老”（老干部、老战士、老教师、老专家、老模范）作用，宣讲红色历史、传承红色基因、推动家庭家教家风建设。

【老同志服务管理】 2022，长沙海关调研分析离退休干部人员身体、家庭等变化情况，落实离休干部“一人一策”，做好“五必访”（生日必访、生病必访、遗属必访、诉求必访、节日必访），全年走访慰问 109 人次。成立“青老互助”志愿服务小组，为高龄、重病、空巢等有特殊困难老年同志提供帮扶服务。探索利用政府公共服务、社会资源，打造适合长沙海关离退休干部养老服务新模式。

▲2022 年 4 月 23 日，长沙海关离退休干部办公室党支部举办读书分享会　（黄勇华　摄）

【湖南省老干部大学长沙海关分校揭牌】 2022 年，湖南省老干部大学长沙海关分校开设书法、国画、电钢琴、声乐、模特 5 个兴趣班，共有学员 117 名。创新办学模式，与湖南快乐老人大学、长沙市天心区老年大学联合办学，增设太极、舞蹈、钢琴班。通过多种方式丰富文化教育，实现老有所学、老有所乐，离退休干部获得感、幸福感得到提升。

撰稿人

蒋　耀

第七篇

隶属海关单位

长沙黄花机场海关

【概况】2022 年，长沙黄花机场海关审结报关单 5.1 万票、同比增长 17%；监管货运量 7.7 万吨、同比减少 21.2%，货值 40.2 亿美元、同比减少 7.5%；监管进出境航班 1523 架次、同比减少 27.2%；监管进口 B 类快件 76.1 万票、同比增长 172.9%，货值 1.8 亿元、同比增长 152.5%；监管跨境电商零售出口货物清单 3501.9 万票、同比减少 51.4%，货值 35.1 亿元、同比减少 43.2%。

【党建工作】2022 年，长沙黄花机场海关开展党建“双提升”行动，组织机关联基层、海关联企业、与边检联学联建活动 7 次。党委委员赴基层联系支部指导支部建设 3 次。开展支部台账检查 3 次，党务工作清查 2 次，发现问题 82 个，整改率 100%。3 个支部获评长沙海关“四强”党支部，2 个支部党建品牌获评长沙海关党建培育品牌，1 人获评长沙海关“十佳支部书记”，2 个项目入选长沙海关基层党建“书记项目”。

【清廉海关建设】2022 年，长沙黄花机场海关党委会研究部署党风廉政建设工作 10 余次。聚焦关键领域和重要时间节点开展廉政教育。各支部开展“新时代共产党人的良好家风”主题党日活动 14 次，讲授廉政党课 15 次。推进“海关重点项目和财物管理以权谋私”专项整治，经验做法获长沙海关相关载体采用 3 次。完善受处理处分人员教育管理计划和台账，提升教育管理针对性。接受长沙海关党委第一派驻纪检组监督，召开联席会议 2 次。开展特约监督员线上回访和座谈会，不断纯净政风行风。

【队伍建设】2022 年，长沙黄花机场海关加强干部队伍建设，组织 400 余人次参加资质考试，岗位练兵和技能比武获团体一等奖 1 次、个人一等奖 2 人次，4 名同志入选长沙海关风险防控专家小组，10 名同志入选长沙海关业务研判专家组，隶属海关关长谈《如何提升执法一线科长应急处突能力》课程被全国海关教育培训中心采用。加强作风建设，制定“流动红旗”考评办法，率先在长沙海关推行工作日不饮酒规定；开展“内务强化月”和“警示教育月”活动，开展家风讲堂和“年轻干部谈廉洁”活动，2 篇作品入选清风国门廉洁文化作品展。

【疫情防控】2022 年，长沙黄花机场海关动态修订口岸疫情防控操作指引 17 版，细化完善环节操作指引 13 个，优化调整流程布局 10 余次。严格开展健康申报、医学巡查、移交处置等工作，加强终末消毒监督。按照风险布控指令，做好高风险非冷链货物新冠病毒检测和预防性消毒监督。在全国海关系统首次实现红外测温数据自动写入、异常申报自动拦截等功能，实现自动自助智能审核。开展高风险非冷链货物采样122批次，采集样本1607个；做好猴痘、埃博拉、黄热病等多病共防。

构建“远程与现场监督相结合、带班与巡查监督相结合、个人与组长监督相结合”的立体监督网络，严格一线人员封闭管理，实现疫情零输入、关员零感染、操作零失误、通关零延误。

▲2022年2月15日，长沙黄花机场海关首次应用申报审核机对出境客运航班进行监管 （朱灿洁 摄）

【货物和非贸物品监管】2022年，长沙黄花机场海关查验进出口货物报关单1122票，在长沙海关占比40%，查获106票，查获涉嫌侵犯知识产权货物8批次。办结核查作业10起，查发率、办结率均为100%。首次从电商出口渠道查获涉濒危的鳄鱼皮制品。查获象牙、砗磲等濒危物种52批次，查获反宣品2件、淫秽出版物22件。

【保税监管】2022年，长沙黄花机场海关审结长沙黄花综合保税区报关单2.5万票、同比增长55.8%；监管货运量2.8万吨、同比减少11.7%；货值24.1亿美元、同比减少4.8%。监管进口保税跨境电商货物清单89.3万份、同比减少18.5%，货值1.6亿元、同比减少0.7%。监管入仓保税航油27批，货重27988.8吨、同比减少34.7%；监管保税航油出仓加注量28413.8吨、同比减少30.1%，保障境内外航空公司国际航班保税航油加注795架次、同比减少26.52%。

【综合治税】2022年，长沙黄花机场海关入库税款27.3亿元，同比增长65.9%。旅检现场征税率为0.69%，排名全国海关第4位。率先在长沙关区发现通关系统漏征对美加征关税情况及计税系统漏征滞纳金的风险。

【国门生物安全】2022年，长沙黄花机场海关开展进境食用水生动物疫病监测送检63批次，检出青蟹白斑病5批次。首次在原产自痒病疫区的宠物饲料中检出羊源性成分。首次在截获的进境土壤中检出植物病原真菌。首次截获宠物疫苗等生物制品。

【进出口食品安全】2022年，长沙黄花机场海关开展食用农产品安全风险监控29批次，检出黄鳝雌二醇超标4批次；开展进口食品监督抽检及风险监测19批次，首次在跨境电商进口咖啡中检出西地那非等违禁成分。

【政策研究和统计分析】2022年，长沙黄花机场海关组建青

▲2022年10月18日，长沙黄花机场海关在黄花综合保税区内进行货物查验 （朱灿洁 摄）

年理论研究小组和统计分析研究工作小组，牵头及参与关级课题8项，3篇分析文章获海关总署采用，46篇被湖南省委和长沙海关采用；2条CSD系统参数建议被海关总署采用。向长沙海关报送工作专报3篇、调研报告5篇。

【打击走私】2022年，长沙黄花机场海关总结“望闻问切”毒品查缉工作法，查获毒品大麻4批次。查办案件41起，移交缉私部门一般行政案件线索多起，查发刑事案件4起，罚没入库369.4万元，全员打私绩效考核居长沙海关前列。

【服务经济发展】2022年，长沙黄花机场海关出台支持促进长沙临空开放型经济高质量发展措施20条。对国家6批次46项自由贸易试验区改革创新经验中具备条件的进行复制推广，“异地委托监管”“分类监管”等11条举措在长沙黄花综合保税区落地。深化“区港联动[①]”业务改革，实现水生动物等生鲜产品从机坪直提至存储仓库，生鲜通关效率居全国海关前列。助力跨境电商新零售项目落地，实现跨境商品“存、展、销”一站式监管运营。巩固压缩整体通关时间成效，“两步申报”报关单在长沙关区占比55%，“提前申报”率82%，进、出口整体通关时间分别为15.30小时、0.13小时，创历史最优。实行“7×24”小时预约通关，接受申请241批次，惠及企业46家。

【综合保障】2022年，长沙黄花机场海关探索建立覆盖5个监控周期、156项监控内容的关、科两级业务运行监控清单，实现问题“发现—整改—评估”闭环管理。创新开展“定、排、控、办、评、联”六步工作法[②]，成功创建“内控示范科室”。提升运转效能，新制定制度7项、修订3项、废止4项，办理行政复议答复1起，政府信息公开1起，法治绩效连续4年排名长沙海关前列，政务信息、新闻宣传得分均排名隶属海关第1位。认真抓好安全生产和应急值班值守，开展常态化安全检查12次、整改问题14个，组织值班人员培训6次；沟通对接职能

① 指通过打通连接黄花综合保税区与机场货站之间的下穿通道，并在连接处设置口岸作业区作为货站延伸，推进空港口岸与综合保税区平台整合，实现特殊监管区域监管平台、运输工具及舱单系统、H2018通关系统、空港信息平台等信息化平台融合；推进通关流程全面优化，实现区港进出“企业一次申报、海关一次查验、卡口一次放行”。

② “定”即定岗定人定责定流程；“排”即设置纵向和横向监督排查机制；“控”即形成涵盖重点领域、重点风险的科室自控清单；“办”即定期检查、督办科室自控清单的落实情况；“评”即对内控措施效果进行监控评估；“联”即加强与职能部门、纪检部门和兄弟单位的互联互通。

部门，优化完善通勤、住宿、用餐等日常保障。加强文体建设，9月，长沙黄花机场海关篮球队获长沙海关“喜迎二十大　奋进新征程”篮球赛冠军。

【基础设施项目建设】2022年，长沙黄花机场海关坚持“日通报、周调度、月报告”制度，狠抓基建项目工程进度。1月20日，罚没仓库及综合楼B区1～4层竣工验收；10月14日，项目二期装修顺利通过竣工验收；12月8日，长沙黄花机场海关、长沙县重点建设事务中心和消防检测单位对基建新址综合楼开展消防系统联动测试；12月20日，新址朴实楼和食堂正式启用。

【乌克兰撤侨包机监管】2022年3月19日，长沙黄花机场海关完成乌克兰撤侨包机监管任务。本次航班为南方航空公司执飞，入境旅客225人（含外籍旅客8名、儿童2名），机组24人，托运行李204件。

【跨境电商新零售项目落地】2022年10月16日，友阿跨境荟项目开启试运营，该项目以跨境电商综合试验区和保税展示交易中心为支撑，采用“跨境电商+保税展示+区内快速配送”的业务模式。长沙黄花机场海关通过“审、验、放”一体化监管，实现跨境商品“存、展、销”一站式监管运营，为消费者带来更为多元化的跨境购物体验。年内，完成371个订单，货值92666元。

【中非贸易新局面】2022年10月31日，长沙黄花机场海关监管湖南省首次通过航空直运方式进口的非洲矿产品，为埃塞俄比亚钽矿石通过长沙黄花机场埃塞俄比亚线直飞长沙。11月18日，长沙黄花机场海关监管首次通过长沙—亚的斯亚贝巴（埃塞俄比亚）全货机航线进口的尼日利亚锡矿。上述进口货物共计63.7吨，货值93.6万美元。

撰稿人

彭琳超

长沙邮局海关

【概况】2022年，长沙邮局海关按照“把准定位、主动作为、真抓实干、争创一流”工作思路，践行“小邮件也有大作为”理念，监管进出境邮件（含印刷品、音像制品及存储介质14.24万件）88.73万件、同比减少16.10%，征收行邮税1175.48万元、同比增长6.70%，其中进境邮件10.51万件、同比减少32.98%，出境邮件63.96万件、同比减少17.84%。监管B类进口快件19.16万件、同比减少59.23%，征收行邮税308.18万元、同比减少20.07%。

【党的建设】2022年，长沙邮局海关深入学习宣传贯彻党的二十大精神，落实“第一议题”制度，召开党委会16次、指挥部会议9次，学习习近平总书记重要讲话和重要指示批示精神60余次。发挥党委理论学习中心组示范作用，开展专题学习10次。组织全员参加“海关e课堂”湘关大讲堂，教育培训学时、学分完成率100%。开展专项教育活动，梳理政治要求9项，排查风险6个，18条整改措施全部落实。开展巡视整改、巡察整改集中清查，排查问题3个，制定措施8条。落实意识形态责任制，建立责任清单，制定措施10条。

2022年，长沙邮局海关压实党委、总支、支部责任，组织“三会一课”59次、主题党日活动25次，开展组织生活会2次。丰富“邮关卫士”党建品牌内涵，形成“四个一”路径方法和6个活动载体，“守国门　争上‘邮’”党建品牌获评长沙海关基层党建培育品牌。2个党支部通过长沙海关“四强”党支部验收，1人获评长沙海关基层一线优秀支部书记，团支部获评“湖南省五四红旗团支部”称号，1名青年获评长沙海关青年岗位能手。

【疫情防控】2022年，长沙邮局海关坚持“人、物、环境”同防，细化防控措施4次，保持指挥体系畅通；督促邮政企业落实主体责任，参加技能培训20次、201人次；开展邮件采样59次、环境采样9次。严格落实各项防疫措施，加强办公场所管理、出行管理、个人安全防护和物资保障，完成核酸检测3663人次，疫苗接种率100%、加强针接种率98%，出差出行审批132人次，应急演练一次，紧急排查45次。

【监管业务】2022年，长沙邮局海关筑牢风险研判、智能审图、人工查验和现场巡查“四道防线”，开展“国门利剑2022”专项行动，查获精神类药品32批次、疑似管制刀具2起、疑似枪管及枪支配件4起10件，查获涉嫌濒危野生动植物及其制品447起、同比增长

▲2022 年 6 月 30 日，长沙邮局海关参加长沙海关庆祝中国共产党成立 101 周年活动（肖何　摄）

6.2 倍；开展“扫黄打非”工作，查获非法出版物案件 381 起、1908 本，同比分别增长 26.6%、50.6%，监管科获评湖南省“扫黄打非”先进集体，被海关总署推荐参评全国“扫黄打非”进基层示范点。

开展“国门绿盾 2022”专项行动，严防外来生物入侵，累计截获外来物种 204 种次、同比增长 82.1%，占长沙海关非贸渠道外来物种口岸截获量 96.9%。组织开展“4·15”全民国家安全教育日主题活动，制作国门生物安全宣传微信公众号 1 期。开展“国门生物安全进高校”活动，在湖南省农业农村厅、教育厅、湖南农业大学和湖南师范大学开展国门生物安全知识系列科普宣讲活动，1000 余人参加。

开展“龙腾 2022”专项行动，严防侵权物品出境，保持打击出口侵权行为高压态势，查获疑似侵权物品 417 批次、60377 件（其中药品 59940 粒），主要侵权物品为药品、鞋、包、皮带、墨镜等，办理知识产权案件 11 起。参加知识产权品牌保护培训，组织世界知识产权宣传周主题活动，现场展示侵权物品并发放宣传单。

开展 CT 机智能审图制图标图工作，完成制图标图 1576 幅，完善 CT 机智能审图功能。上线应用场所（场地）巡查模块、“业务运行监控指挥平台”中处置单模块、“行邮税征管应用系统”快件缴款书模块。开展手持式核辐射探测设备校准和检定工作。

【审单业务】2022 年，长沙邮局海关发挥快件审单中心作用，强化沟通协调和审单作业，累计审结验放关区进口 B 类快件 103.76 万件，货值 2.64 亿元。建立快件物品风险联合研判机制，配合风控、监管、关税等职能部门调试快件审单“低快放”参数设置，“双十一”高峰期审结快件报关单 16.89 万票，实现快件报关单当日申报、当日审结。开展归类错误等执法自查，对涉及的 5364 票快件进行自查，发现归类错误 52 票，补税 13 票。

审结进出口邮件转普货报关单 247 票，货值 1872.77 万元，其中进口报关单 234 票，货值 158.7 万元；出口报关单 13 票，货值 1714.07 万元。

【窗口管理】2022 年，长沙邮局海关编制面洽工作规范，坚持面洽双人作业、两级审批，加强对报关大厅的监督检查，营造公平公正和透明的执法氛围，接待服务对象 1200 余人次，实现零投诉。

【风险管理】2022 年，长沙邮局海关运用 HLS2017 系统、“云擎”平台，对进境 B 类快件开展数据核查分析，对部分个人进境邮件包裹加强监控分

▲2022 年 5 月 21 日，长沙邮局海关在湖南农业大学开展国门生物安全进校园活动（戴洁芸　摄）

析，增加对应邮件包裹的开箱查验比例，筛查报关单 24990 票（条），发现归类错误 62 票（条），补税 23 票（件）。

【服务发展】2022 年，长沙邮局海关制定保稳提质 6 条措施，制定落实推动各项工作高质量发展 15 条措施。深化“邮快跨”改革，推进“区港联动”监管模式，实现企业“一次申报、两次过卡”，将传统转关模式三次申报简化为一次申报。实行“5＋2”通关模式和“7×24”小时预约通关服务，落实“清单申报、汇总统计”等便利措施，扩大跨境电商出口。支持开通临时邮路，从郑州转运出境邮件 3109 袋、重 53.65 吨，协调处理 2000 件积压快件从青岛退运出口。

【后勤保障】2022 年，长沙邮局海关成立安全生产工作领导小组，加强日常监督、安全检查、消防专查，排查整改安全隐患 6 个；与邮政企业签订监管场所安全管理备忘录，强化监管现场安全管理。加强网页运行、食堂公车管理，完成办公楼遮阳设施、传达室遮雨棚安装和查验房灯光风扇配置。编制值班工作指引，加强应急值守，未发生异常情事。成功举办“畅通国际邮路，服务湖南开放”隶属海关关长在线访谈。协助完成湖南省委、海关总署等 10 余名部级领导调研工作。加强与长沙市相关部门联系，做好文明创建、绩效考核、打私、禁毒等工作。

【队伍建设】2022 年，长沙邮局海关落实中央八项规定精神和海关总署、长沙海关党委细化措施，每半年召开一次党风廉政例会，分析廉政形势和队伍状况。与派驻纪检组定期会

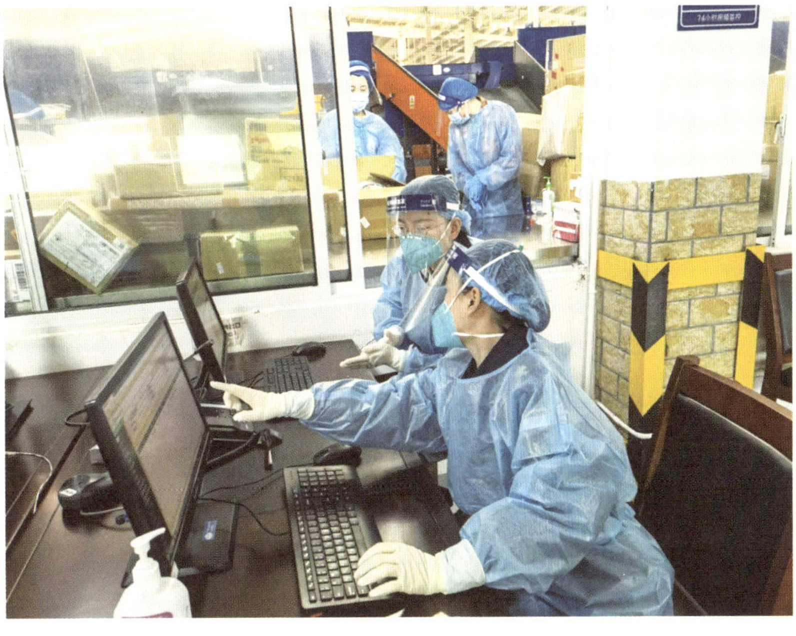

▲2022 年 5 月 14 日，长沙邮局海关关员开展进境邮件查验　（戴洁芸　摄）

商，配合派驻纪检组完成20余个问题整改。加强政治教育、纪法教育和警示教育，运用“第一种形态”整治苗头性问题，落实内务规范月、警示教育月要求，开展内务督查20余次。推进专项整治，排查风险2个，完成4条措施整改。制定廉洁文化建设10条措施，开展家风家教演讲比赛，印制发放家庭清风寄语，开展楼梯走廊廉洁文化宣传。

落实领导班子全面从严治党主体责任清单、年度重点工作任务清单和意识形态工作责任清单所列事项，执行“三重一大”事项决策制度，加强请示报告。组织全员岗位大练兵，成立青年理论研究小组，完成教育培训任务。注重推优评先，推荐职务晋升2人次、职级晋升7人次，5名同志获得长沙海关个人嘉奖。

撰稿人

朱海燕　杨轶群　易　胜　徐　卓

星沙海关

【概况】星沙海关于2010年6月经中央机构编制委员会办公室批复设立，2014年11月开关。2018年12月，长沙海关整合原星沙海关、原长沙海关现场业务处、原长沙出入境检验检疫局、原湖南出入境检验检疫局浏阳办事处、原湖南出入境检验检疫局霞凝港办事处5个机构的职能，组成新的星沙海关。内设12个科室，下设1个副处级机构驻浏阳办事处（内设2个科室）。共有3个办公区，分别为星沙办公区、金霞办公区、驻浏阳办事处。共有在编人员105人，另有长沙海关党委第二派驻纪检组4人，协管员46人。业务管辖范围为长沙市六区二市一县（除长沙黄花机场海关、长沙邮局海关业务管辖范围以外），业务包括企业管理、通关监管、减免税管理、卫生检疫、动植物检疫、商品检验、稽（核）查、加工贸易管理及保税物流、跨境电商、市场采购、非贸业务监管、打击走私、海关统计等，其中报关单量约占长沙关区的48%；税收约占30%；进口食品监管业务约占90%以上；备案企业约占47%；进出口商品检验业务约占72%，出口烟花爆竹监管量约占全国烟花爆竹出口额的近60%。

2022年，星沙海关10项考核指标在长沙海关所属隶属海关中排名第1、5项考核指标排名第2、1项考核指标排名第3；获海关总署表彰推介6次，完成4个重点建设项目；1人为铝颜料国际标准技术委员会专家、全国涂料和颜料标准化技术委员会分会委员，1人因取得4项高级资质并获个人嘉奖，7人在关区技能比武中获奖，1人获评长沙海关青年岗位能手，54人次获长沙海关表彰。

2022年，星沙海关审结报关单10.88万票、同比增长6.7%；监管货运量196.96万吨、同比增长21.3%；货值676.51亿元、同比增长0.5%；税收入库37.79亿元、同比增长8.63%。进口提前申报报关单比例23.46%，出口提前申报报关单比例77.57%；“两步申报”应用率15.99%。进、出口整体通关时间分别为51.81小时、0.41小时，分别较2017年考评基数压缩83.22%、98.4%。完成货物检验检疫8.57万批、同比增长21.3%；货值282.8亿元、同比增长2.7%。完成出口货物包装检验4.25万批；签发电子底账1.48万单，各类检验检疫证书7.76万份。签发各类原产地证书1.9万份、同比增长1.3%；签证金额17.88亿美元、同比增长29.8%；出口产品减免目的国（地区）进口关税7055万美元。审批办理减免税452批次，货值7374.13万美元，减免税款6944.61万元。办理加工贸易货物电子化手册 65 本，核销手册 78 本，办理加工贸易货物销毁 56 批次。办理非贸业务 431 批次。现有进出口收发货人、报关企业 11374 家，出口食品生产企业 139 家，进口食品进口商 505 家，高级认证企业 35 家，其他注册登记和备案企业 11336 家，失信企业 3 家。监管中欧班列（长沙）1012 列，8.49 万标箱，货值 170.9 亿元。跨境电商 9610 出口 455.58 万单，货值 4.3 亿元。市场采购贸易出口 1.84 万单、同比增长 5.2%；货值 107.5 亿元、同比增长 20.1%。检验出口烟花爆竹 2.42 万批、同比增长 14.18%；货值 6.44 亿美元、同比增长 25.36%。

【党建工作】2022 年，星沙海关深入学习宣传贯彻党的二十大精神，党委会、党委理论学习中心组（扩大）学习开展专题学习 4 次，党委委员开展宣讲 6 次；14 个支部开展集中学习、交流研讨等活动 40 余次；开展“学思践悟二十大　互学共建护‘花’‘火’”联合主题党日活动；开设“学习二十大·每日有悟”专栏，发布 78 期；拍摄献礼党的二十大微视频《奔赴》；组织参加“奋进新征程，展现新作为”主题演讲比赛，获长沙海关三等奖。

全年开展“第一议题”学习 43 次。推进强化政治机关建设专项教育活动，梳理 4 个方面 17 个具体问题表现，制定整改措施 31 项，全部按计划整改完成；各支部组织专题学习 110 余次；党委书记以“如何从政治层面看待海关工作”为题讲授专题党课。

推进基层党组织建设，完成党总支和 14 个党支部换届选举；开展支部书记讲党建活动，每月由 1 名支部书记讲党建做法、谈党建体会；每月组织支部交叉检查党建工作台账，通报检查及整改情况；党委委员每季度参加一次党支部支委会和科务会，指导检查党建和业务工作。

以“有特色、有内涵、有影响力”为目标，打造出口烟花爆竹监管“护‘花’使者”党建品牌，制定 3 个方面 16 条创建措施并推进落实，“护‘花’使者”党建品牌获评“全国海关党建培育品牌”；星沙海关驻浏阳办事处监管科党支部获评湖南省直机关“示范党支部”；星沙海关驻浏阳办事处获评“全国海关系统先进集体”；星沙海关青年突击队集体获评湖南省第三届“湖湘最美丝路青年集体”。

开展“书记项目”，提炼“六个相融”党建工作法，即责任相融、谋划部署相融、目标相融、措施相融、推进相融、考核相融，获海关总署政工网刊发。

【队伍管理】2022 年，星沙海关加强队伍建设，不断改进作风，落实首问、首办责任制；实施“7×24 小时”全天候通关，节假日预约加班，企业“好差评”系统好评率 100%。坚持“严”基调，强调“守规矩、听招呼、不添乱、干好事”。常态化开展政治教育、纪法教育、廉政教育，全年未发生不廉洁情事；践行“求实、扎实、朴实”海关文化，打造廉政文化长廊；每周在微信群推送党风廉政“每周一课”，节前开展廉政提醒；开展警示教育月活动，集中学习典型案例通报，党委书记讲授《始终保持廉洁定力》廉政专题党课；党委委员开展经常性谈心谈话 200 余人次。

开展“海关重点项目和财物管理以权谋私”专项整治工作，梳理重点项目 9 个，排查风险点 3 个，完成问题整改 2 个。每周开展内务规范督察，对问题点名通报；紧盯重点领域、关键环节和风险岗位，制定关科两级监控清单，设置内控指标152项，同步防范执法风险、管理风险、廉政风险；建立科室外出执法台账，定期抽查，收回“海关工作人员外出执法监督告知单”398份；接受海关特约监督员对党风廉政工作的监督，得到较高评价。

推进“在研究状态下工作”，提高关员综合思维能力、发现问题、解决问题和实操能力，派员参加海关总署和长沙海关专项工作8人次。组建理论研究小组，参与署级课题2个，参与国际合作工作3项，参与“三智”国际合作项目1项；牵头关级课题3个，参与关级课题6个，撰写各类理论文章、调研报告、统计分析文章等74篇；推进中非、植物提取物技术性贸易措施研究评议基地建设，成立工作专班，制订工作室建设方案。加大研讨式培训、实操演练，开设“星关讲堂”“护‘花’讲堂”，组织各类培训28次、550人次，全关获得各类资质276人次，1人获聘铝颜料国际标准技术委员会专家、全国涂料和颜料标准化技术委员会分会委员，1人拥有4项高级资质。

【通关监管和打击走私】2022年，星沙海关坚持常态化疫情防控，监管进口冷链食品117批、2804.9吨，进口高风险非冷链货物（奶粉）177批、2469.5吨。与长沙市政府及相关部门协商解决红星冷链封闭管理场所不合格问题。

强化出口烟花爆竹和危险化学品安全监管，从43个方面开展风险排查，消除隐患8个；实施每周检查、每月排查工作机制，立行立改问题16个。检验出口烟花爆竹2.42万批、同比增长14.18%；监装出口烟花爆竹1.65万批、同比增长44.98%；查发不合格产品213批、同比增长23.12%，不合格率0.52%；查发高危低报66批，向长沙市应急管理局通报超安全生产许可范围情事13起；实施出口法检货物申报前监管和危险货物包装使用鉴定26510次、危险货物包装性能检验抽样14498批，危险货物包装性能检验不合格119批，危险货物包装使用鉴定不合格119批；办理涉检行政案件4起，查获危险货物瞒报案件5起。建立催报提醒危险品清零机制，按日统计上报；将长沙港码头涉及9类危险货物存放场所划出海关监管场所，在霞凝港推行危险品直提直装工作模式，实现零堆存、零滞留。

强化全过程监管，实施口岸查验1170票，实质性查获78票。实施属地查检273次，查获不合格商品74批。完成H986集中审像中心建设，长沙港海关H986机检设备投入运行，实现日均机检集装箱32个，监管效能大幅提升。推动“离港确认”改革、即决式布控试点，成效良好。

推进“国门利剑2022”“蓝天2022”等打私专项行动，办理“简快”案件47起，办结涉检案件7起。移交和查办一般行政案件12起；查发刑事案件2起。查发问题隐形眼镜34万片，查获侵权游戏卡片19.8万张，查获9类危险货物储能电源557个。

【企业管理和稽核查】2022年，星沙海关推广“多证合一”“多报合一”等便利措施，辖区内海关注册企业1.19万家、同比增长16.97%；有进出口实绩企业4103家、同比增长15.1%；AEO高级认证企业35家、同比增长12.9%，占湖南省高级认证企业总数的65%。

全年办结稽查作业30起，主动披露作业6起，查发率100%，上报海关总署行业性稽查建议2条；稽查追补税款

▲2022年12月16日，星沙海关关员对出口3D打印机进行查验 （王舒婷 摄）

在长沙海关总值中占比74%；移交缉私等部门案件涉案货值15.4亿元、同比增长4.7倍。办结核查作业161起，查发问题137起。

【服务经济社会发展】2022年，星沙海关开展“优化口岸营商环境”百日攻坚行动，制定实施4个方面25条措施。实施“提前申报”“两步申报”等通关便利措施，进、出口整体通关时间较2017年分别压缩83.22%、98.4%。办理减免税452批，减免税款6944.61万元；指导企业抢抓RCEP实施机遇，签发RCEP协定成员已实施的各类优惠原产地证书1.16万份，签证金额13.1亿美元；指导培育4家企业成为经核准出口商；受理保证保险等海关税款新型担保4283万元，降低企业综合经营成本。

对8个县区50家企业进行实地调研，召开企业座谈会6次，100余家企业参加，书面调研乡镇39个、乡镇企业63家，宣讲进出口政策、法规及促进外贸保稳提质措施，收集建议意见36条。举办隶属海关关长在线访谈，为企业送政策解难题。党委书记赴长沙市委党校宣讲开放型经济和海关相关政策。

畅通国际物流通道，开展出口直装和铁路快速通关模式试点；整合金霞铁运现场和霞凝港现场代码，简化环节；支持开行3条中欧班列新线路，开通山河智能专列、三一专列，监管班列1012列，货值5.39亿美元，排名全国第3；实施现场运抵管理及施封作业模式，破解笼式专用运输列车[①]无集装箱号难题，指导吉利汽车、长城汽车采用笼式列车通过中欧班列出口，节约运输成本30%以上，出口汽车整车5561辆，货值约9.28亿元；开展中欧班列转关业务，开行进口奶粉班列72列，货值约16.6亿元、同比增长6.1%；完成中欧班列集拼中心保税仓库、出口监管仓库验收，并投入运营；与口岸海关协同保障通关，应对湘江枯水情况。

推进特色产业和贸易发展，支持出口烟花爆竹产业发展，实施规范监管、智慧监管、精准监管、协同监管，监管出口烟花爆竹6.44亿美元、同比增长25.36%，出口规模居全国第1名，实现全年监管零事故。促进市场采购业务发展，推动出口预包装食品试点，一体化通关口岸增加到9个，市场采购贸易出口107.5亿元、同比增长20.1%。支持实现邮路运输跨境电商出口商品，中欧班列（长沙）运输国际邮件、快件和跨境电商商

① 指将整个列车车厢分为上下两层，运载能力强、运输成本低。但不像普通集装箱可以自由吊装，并且无集装箱号，不是国际贸易中的标准运输单元。

品，支持设立跨境电商零售进口退货中心仓，跨境电商“9610”出口455.58万单，货值4.3亿元。推动长沙市经济技术开发区二手工程机械出口，为山河智能装备股份有限公司出口马来西亚3台二手旋挖钻机签发优惠原产地证书，货值83.6万美元。扩大优质农产品进出口，出口杂交稻种4121.3吨，货值1.3亿元；出口植物提取物4073.8吨，货值7.9亿元；出口茶叶3.7万吨、同比增长16.2%，货值7.3亿元、同比增长16.5%；进口肉类2857.4吨，货值771.8万美元；指导2家供港澳活猪注册饲养场恢复出口，出口生猪3批、315头。

牵头完成长沙片区自贸改革事项16项。其中，应用出口烟花爆竹辅助监管信息化系统，实现烟花爆竹检验监管全流程无纸化，每年可为浏阳烟花爆竹生产企业节省纸张18万张，节约费用约120万元；扩大推广企业集团加工贸易保税监管模式，新增企业集团2家，截至年底有3家企业集团、8家成员企业适用该模式，全年实现集团企业间保税货物自由流转130票，货值9395.53万元；实施智能审核、自助打印等原产地签证便捷措施，推动原产地证书自助打印进入地方政务服务中心，为湖南省首创。

【综合保障】2022年，星沙海关实施常态化查摆整改问题制度，全年查摆问题168个，制定完善工作制度、措施17个方面57项；规范危险品及危险化学品监管、检验、出证办理等操作，防范风险隐患，确保监管安全。获评“长沙市2022年国家安全人民防线建设先进单位”。

做实干部职工关心关爱工作，实施“健康小屋”“星关书屋”“净菜订购”等职工关心项目14个；开展各类群团活动，组队参加篮球赛，开展“送清凉”、春秋游等各类活动，新媒体作品在海关总署、长沙海关各类平台上刊登43篇次。

【受理湖南省首票进口RCEP享惠报关单通关业务】2022年1月20日，星沙海关受理首票进口RCEP享惠报关单通关业务。该批货物为山河智能装备股份有限公司以担保方式从日本进口的液压泵、脚踏阀等商品，货值556.88万日元。凭借RCEP项下关税优惠政策，各项商品进口关税税率可下降0.3~0.5个百分点，为企业节省税款878.7元。

【市场采购贸易方式出口预包装食品试点工作启动】2022年3月28日，星沙海关签发首单市场采购出口预包装食品电子底账，为出口至菲律宾的棉花糖，货重8.4千克，货值180美元，标志着高桥大市场

▲2022年2月1日，星沙海关关员开展出口烟花爆竹监管作业 （陈昱 摄）

▲2022 年 7 月 11 日，星沙海关关员对中铁特货笼式专用运输列车实施查验作业（薛程　摄）

以市场采购贸易方式出口预包装食品试点工作正式开启。

【首次采用笼式专用运输列车出口国产汽车】2022 年 3 月 23 日，首趟装载 290 辆吉利汽车的班列从长沙发运，4 月 1 日经满洲里口岸顺利出境俄罗斯，最终到达莫斯科。这是湖南省内首次采用笼式专用运输列车，通过中欧班列发运俄罗斯。笼式专用运输列车相较传统中欧班列集装箱运输模式大幅提高运载能力（1 个 40 尺集装箱只能装 4 台整车，而笼式专用运输列车可以装 10 台），降低企业运输成本超 3 成，较海运运输快 30 ~ 40 天。

【中欧班列（长沙）3 条进出口新路线开行】2022 年 4 月 27 日，星沙海关保障首列“长沙—雷泽克内”中欧班列从长沙国际铁路港出发，经二连浩特出境最终抵达拉脱维亚的雷泽克内，装载 100 个标准集装箱，货重 952.9 吨，货值 410.4 万美元，主要货物为五金配件、纺织品等。

6 月 21 日，星沙海关保障首趟“长沙—乌兰巴托”中欧班列从长沙国际铁路港出发，经二连浩特出境最终抵达蒙古国的乌兰巴托，装载 106 个标准集装箱，货重 58.55 吨，货值 152.38 万美元，主要货物为工程机械、家具和食品等。

9 月 29 日，星沙海关保障首趟“杜伊斯堡—长沙”回程班列在长沙国际铁路港顺利完成货物通关。班列由满洲里进境运抵长沙，装载 82 个标准集装箱，货重 695.70 吨，货值 568.03 万欧元，主要商品为荷兰生产的婴幼儿奶粉。这是中欧班列（长沙）与欧洲西部城市之间开行的第一趟回程班列。

【H986 集装箱机检中心启用仪式暨应急处置演练活动】2022 年 7 月 29 日，星沙海关举行长沙港海关 H986 集装箱机检中心启用仪式暨长沙海关口岸监管环节化学涉恐突发事件应急处置演练活动。此次活动由星沙海关、长沙市政府物流与口岸办、开福区政府承办，湖南省公安厅、省应急管理厅等 16 个政府部门、单位及 21 家企业参加。

【供港澳活猪恢复出口】2022 年 11 月 25 日，星沙海关辖区内浏阳市清泉畜禽养殖专业合作社因栏舍改造、市场原因等因素，中断出口业务 23 个月后恢复出口，105 头活猪出口至澳门。

【两个保税监管场所同时通过验收】2022 年 11 月 17 日，星沙海关向湖南中南国际陆港有限公司送达长沙海关颁发的保税仓库、出口监管仓库注册登记证书，指导该公司完成两仓注册登记及建立电子账册的各项手续，实现正式运营。

撰稿人

唐铭宏　彭铃涵

株洲海关

【概况】2022年，株洲海关坚持以习近平新时代中国特色社会主义思想为指导，认真学习贯彻党的二十大精神，助力株洲轨道交通等产业在共建“一带一路”国家（地区）签订上百亿元出口合同，牵头编写2022年前三季度我国轨道交通装备出口形势分析文章被上级单位刊物采用。株洲市对共建“一带一路”国家（地区）进出口47.4亿元、同比增长18.2%。落实《湘赣两地海关共同服务烟花爆竹出口加强安全监管合作协议》，强化区域协同合作，检验监管出口烟花爆竹10.2亿元、同比增长27.5%。为株洲中车时代电气股份有限公司办理湖南省首家集成电路税收优惠政策项下的减免税业务；办理中国航发湖南动力机械研究所“十四五”期间科技创新类减免税退税1178万元，为中国航发集团旗下首家退税企业。获评株洲市“营商环境优化年”活动先进单位、平安建设工作先进单位。2人获评株洲市“营商环境优化年”活动突出贡献先进个人，2人获评株洲市“营商环境优化年”活动先进个人，1人获评2021年株洲市“扫黄打非”先进个人，1人获评湖南省打击虚开骗税违法犯罪两年专项行动成绩突出个人，1人获评株洲市反恐工作先进个人。

【党建工作】2022年，株洲海关坚持“第一议题”制度，开展“大学习、大研讨、大落实”7次，举办专题学习研讨3次，党委委员讲党课3人次，开展各类宣讲活动5次，示范带动关区专题研讨117人次。创新开展党建“双随机”全覆盖检查4次；创新随机问、现场答、领导点、群众评、事后谈“五位一体”述职评议考核模式，并向海关总署报送《“我为群众办实事实践活动常态化”书记项目推进情况的报告》；党委书记、关长赴株洲市委党校授课，为县处级领导干部进修班、“贯彻新发展理念　推动经济高质量发展”专题研讨班、中青年干部培训班、民营经济人士理想信念教育专题培训班及株洲市“三个高地”指挥部①200多名学员作“关于促进株洲市开放型经济高质量发展的思考和建议”专题授课，宣讲海关服务地方外向型经济发展成效，结合株洲市特色产业、重点企业、开放平台和县域经济，交流促进外贸保稳提质工作。稽核科党支部获评长沙海关“四强”党

① 2022年1月14日，株洲市成立株洲市打造“三个高地”指挥部，是株洲落实“三高四新”战略定位和使命任务，以超常规方法推进全市中心工作的重要抓手和平台。

支部，4 名同志获评长沙海关优秀党员，1 名同志获评长沙海关优秀党务工作者，“火车头”党建品牌获评长沙海关基层党建示范品牌。

【疫情防控】2022 年，株洲海关坚持“外防输入、内防反弹”总策略和“动态清零”总方针，口岸检疫和内部防控“规定动作”100% 落实到位。做好进口冷链食品、高风险非冷链集装箱货物口岸新冠病毒核酸检测和预防性消毒监督。落实口岸一线人员 100% 疫苗接种。开展“四不两直”监督检查 10 余次。11 月 10 日，株洲海关办理首份新填制规范要求的征免税确认通知书，保障企业静默期通关需求，审批货值 147.75 万美元，可享受减免税款 106.8 万元。

【综合监管】2022 年，株洲海关开展“口岸危险品综合治理”百日专项行动和安全生产大检查“百日攻坚”行动，检出出口危险化学品不合格 3 批次，危险货物包装使用鉴定不合格 61 批次，烟花爆竹不合格 64 批次，烟火药物安全性、药量及禁限用药物不合格 3 批次；做好进境粮食监管，实蝇监测布点 20 个，检出各类实蝇 2000 余头；优化辖区锂电池出口检

▲2022 年 11 月 29 日，株洲海关关员开展现场查验 （易余 摄）

验监管程序，锂电池出口货值 39.5 万美元，同比增长 241.9%；开展稽查作业 8 起，稽查查发率 100%；深化综合治税，优化属地纳税人管理，促税源回流近 1 亿元，税收入库 3.32 亿，同比增长 27.2%。

【政务建设】2022 年，株洲海关坚持研究状态下工作，认真履行机要保密安全工作职责，“普及保密法律法规　筑牢国家安全防线”课件获评湖南省保密委保密教育培训优秀课件二等奖，1 人入围海关总署稽查岗位练兵全国百强。编译《深化中非经贸合作推进非洲气候治理路径探讨》等 6 篇稿件被上级单位刊物采编。完成《日用陶瓷国外技术性贸易措施研究》等 5 篇课题研究，其中长沙海关重点课题 1 项。撰写调研报告 5 篇、综合类信息 4 篇，为地方政府提供政策参谋。

【打击打私】2022 年，株洲海关承办 3 起长沙海关缉私局移交涉嫌走私飞机案，罚款 26.74 万元，没收走私货物及违法所得 162.96 万元；办理一般行政案件 5 起、“两简”案件 4 起。

【RCEP 落实情况】2022 年，株洲海关支持硬质合金、陶瓷、烟花和化工品等株洲特色产品扩大出口，进一步提升各行业高质量应用以 RCEP 为代表的自贸协定水平，通过线上线下培训企业 300 余家，为 8 家重点企业量身定制出口享惠预测清单 16 张，涵盖进出口产品 70 余种，签发原产地证书 5952 份，可助企享惠 1.2

亿元；聚焦粮食等资源和重要产业链供应链安全稳定，严密监管进境粮食，助力湖南株冶火炬金属进出口有限公司进口铅锌矿石顺利通关，货值同比增长 30%。持续深化税政调研，上报海关总署税政建议 10 项。摸清专精特新小巨人企业情况，提供一揽子协调解决服务，助力 3 家专精特新企业实现“破零”，服务株洲硬质合金集团有限公司出口的影像资料，被中央电视台《新闻直播间》专题报道，相关视频画面被中央电视台《新闻联播》采用。

▲2022 年 4 月 25 日，株洲海关关员赴中车株机公司承建的墨西哥地铁 1 号线项目现场调研 （邓全晶 摄）

【湘粤非铁海联运通道开通】 2022 年，株洲海关主动对接口岸海关，指导企业采取“全国通关一体化模式”，在株洲申报、广州南沙验放，推行出口提前申报、24 小时预约加班等便利化举措；助推湘粤非铁海联运通道建设项目成功入选“2022 集装箱铁海联运优秀案例”。

【监管墨西哥城地铁 1 号线胶轮车出口】 2022 年，株洲海关围绕促进外贸保稳提质，成立墨西哥城项目（入选联合国开发计划署全球十大 PPP 项目经典案例）。深入企业了解整车主要构成以及各部件用途、功能，逐一分析并指导企业整合申报，经过数据整理提取、产品归类指导、法规政策研判等大量前期准备，确保墨西哥城轨车体顺利完成出口申报。

【服务县域开放型经济发展】 2022 年，株洲海关助力醴陵市、攸县、茶陵县、炎陵县 39 家企业实现进出口额“破零”，进出口额倍增企业 54 家；指导株洲市振源生态农业发展有限公司完成出口水果果园备案，年均出口纽荷尔脐橙超千万元；助力湖南明珠选矿药剂有限责任公司首次实现年度出口额超千万元；助力首批 7.5 吨攸县米粉通过跨境电商平台出口美国，实现攸县米粉出口“破零”。

【开放平台建设】 2022 年，株洲海关对接“一带一路”、粤港澳大湾区建设，铜塘湾保税物流中心（B 型）进出口额 9156 万元；湘粤非铁海联运通道发运超 1000 个标箱，折合 120 列，助力湖南产陶瓷制品、汽车零配件及农产品等走出国门；做好二手车出口试点工作，株洲市二手车试点企业签订海外订单 1865 台，合同金额 3352 万美元，已发运 245 台，同比均大幅上涨。

【烟花爆竹监管系统培训】 2022 年 9 月 16 日，株洲海关开展烟花爆竹辅助监管系统培训。组织辖区 30 余家烟花企业和代理企业针对新系统“企业备案”“出境预检”“出境检验检疫”“预约申请”“代理报检”等环节重点培训，解决本地企业大部分货物需拼货出境的成本问题，在论证后启动醴陵花炮物流国际港项目建设。

【乌克兰进口玉米监管】2022年3月23日，株洲海关联合星沙海关，通过互联互通、分区共治的协同监督机制，共同做好新冠疫情下1500吨乌克兰进口玉米检疫监管。

▲2022年9月9日，株洲海关关员开展航空产业调研　（贺乐微　摄）

撰稿人

刘　献

韶山海关

【概况】2022年，韶山海关提出建设全国海关党建实训基地、创建全国先进基层党组织的目标。坚持党建业务融合发展，“一对一”上门指导，服务湘潭市湘莲、肉类制品、茶叶和植物提取物等特色农产品，精品钢材、汽车、玩具以及医疗器械等特色产品扩大出口。助力辖区企业吉利汽车首次通过湘粤非铁海联运通道出口马来西亚、湘钢钢坯首次出口欧洲，韶山冰鲜猪肉首次出口中国香港，小牛血去蛋白提取物注射液、百吨级纯电自卸车首次出口共建“一带一路”国家（地区），猪肉、肠衣、湘莲等农食产品安全稳定供应港澳。湘潭市实现进出口总额374.7亿元，同比增长7.8%，占全省进出口总额的5.3%，排名全省第6位，增幅排名第13位，其中出口270.6亿元、进口104.1亿元。2022年，顺利通过全国海关基层党建示范品牌、湖南省直机关示范党支部复审，获评“湖南省文明窗口单位”，连续5年取得湘潭市绩效考核优秀等次。

【党建工作】2022年，韶山海关巩固深化“韶山‘冲’”党建品牌，开展党组织和党组织书记、党务干部“双提升”行动。第一时间邀请3位在潭党的二十大代表面对面座谈交流；赴湘潭市委党校、园区、企业、社区宣讲党的二十大精神12次；与韶山村党委共建党员活动中心，打造关区韶山党员活动阵地。2个支部获评长沙海关“四强”党支部，1人获评长沙海关“十佳支部书记”。

2022年，韶山海关党委挂图作战、科室挂表督战、对表销账，统筹推进专项教育、关长任中审计整改。建立专项教育12个岗位政治要求清单29项、梳理业务领域重大政治风险隐患问题8项，16项整改措施100%建账销号。

【监管缉私】2022年，韶山海关与湘潭市市场监督管理局签订合作备忘录。首次联合开展“国门绿盾2022”“跨境电商寄递‘异宠’综合治理”等专项行动，牵头全市打击走私综合治理。优化商品进出口监管和e-Lab送检模式，首次查发危险化学品伪造单证情事。开展减免税设备、虚假贸易等专项调查，办结跨关区稽查4起，罚没收入30万元。参与海关总署TBT/SPS技术性贸易措施通报评议工作。

【外贸调研】2022年，韶山海关牵头组成湘潭市外贸保稳提质调研组，对“两区两市一县”和三个一类园区开放型经济发展情况开展调研，涉及重点企业18家、座谈单位87个，形成《湘潭市开放型经济发展情况的调研报告》。对湘乡市开展县域深度调研，形成促进县域开放型经济发展海关方案。落实长沙海关“优化口

▲2022 年 10 月 13 日，韶山海关助力湖南省首次出口百吨级纯电自卸车　（张颖　摄）

岸营商环境”百日攻坚行动，培训企业 210 余家，对 7 家重点企业实施“一对一”政策指导，帮助抢抓 RCEP 优惠政策机遇，制订三年企业信用培育计划，指导湘潭电化、迅达科技开展 AEO 认证。新注册进出口货物收发货单位 180 家，其中“多证合一”渠道备案 23 家。重点培塑 3 家自主知识产权优势企业。践行新时代“枫桥经验”，跨关区协调 4 次，畅通进口铁矿石口岸转关物流。

【综合保税区管理】2022 年，韶山海关推动湘潭从综合保税区一区独战向全市四区联合发展，促进“两区一市一港”联动协调发展。指导湘潭综合保税区对接全省国际物流 5 大货运集结中心，完成区内 1210 和区外 9610 平台软硬件建设。湘潭综合保税区实现进出口总值 157.1 亿元、同比增长 51.7%，在全国 148 个综合保税区排名上升 42 位，首次进入 B 序列。妥善处置综合保税区“4·1”火灾事件后续问题。

【疫情防控】2022 年，韶山海关建立出差出行管理、应急处置预案、疫苗接种、核酸检测、消毒作业等 8 个方面台账，制定内部防控措施 32 项，组织核酸检测 2360 人次，督促隔离 36 人次，开展培训演练 3 次。

【项目建设】2022 年，韶山海关完成业务技术用房及附属用房维修改造项目建设，创新引入全过程跟踪审计咨询公司，形成党委会、派驻纪检组、基建办、全过程跟审、监理、外聘律师 6 方监督机制，打造安全、廉洁、精品工程。

【湖南省百吨级纯电自卸车首次出口】2022 年 10 月 13 日，韶山海关监管 5 辆由湘电集团湘电重型装备有限公司生产的 120 吨级纯电自卸车分 2 批次

▲2022 年 3 月 13 日，韶山海关关员开展防疫物资快速验放　（张颖　摄）

出口蒙古国、巴西。

【监管湘潭医疗物资驰援香港】 2022 年 3 月 13 日，韶山海关对湘潭永霏特种防护用品公司捐赠的 1 批价值 100 万元防疫物资实施快速验放，助力香港抗击疫情。

【监管湖南省冰鲜猪肉首次供港】 2022 年 6 月 30 日，韶山海关监管 5.8 吨冰鲜猪肉装入冷藏货柜车，按要求全程在 0℃ ~4℃ 环境运输，从加工好到运抵香港全程未超过 72 小时。

【监管湘粤非铁海联运湖南吉利汽车出口班列首发】 2022 年 3 月 28 日，韶山海关监管湘粤非湖南吉利汽车出口班列在湘潭综合保税区首发，装载吉利汽车 160 辆，在株洲经铁路运至深圳蛇口港，转海运后抵达马来西亚巴生港。

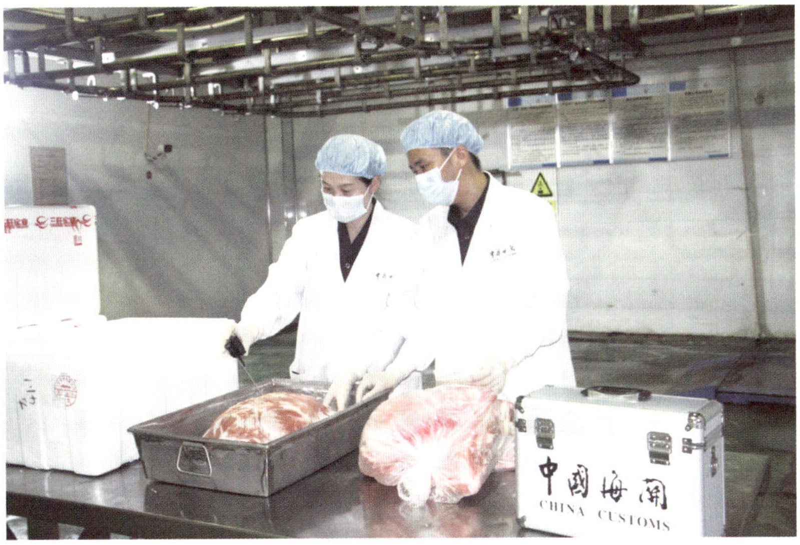

▲2022 年 6 月 30 日，韶山海关关员开展出口冰鲜猪肉查验　（张颖　摄）

撰稿人

张　颖

衡阳海关

【概况】衡阳海关前身是1989年设立的长沙海关驻衡阳监管组，1992年升格为办事处，1997年正式设立衡阳海关，主要负责衡阳市范围内海关各类管理工作。内设6个科室，分别为办公室、综合业务科、监管科、稽核科、综保区监管科、运行监控科。衡阳海关党总支下设7个党支部，为6个科室党支部和1个退休干部党支部。

2022年，衡阳海关审结报关单1.16万票、同比下降11.45%；监管货运量142.7万吨、同比增长7.3%；税款入库7.9亿元、同比增长5.8%；审批征免税证明70份，货值909.8万美元，减免税款805.68万元；新增备案企业121家、同比增长8%；实有备案企业942家、同比增长10%；加工贸易实际进出口值29.8亿美元、同比增长17.1%；实施出入境货物检验检疫452批、同比下降7.4%，货值1.97亿元、同比增长15.2%。衡阳市进出口总额486.4亿元、同比增长32.9%，进出口总量在湖南省排名第4位，进出口增速在湖南省排名第5位，外贸总额首次突破400亿元。

【党建工作】2022年，衡阳海关落实“第一议题”制度，学习领会习近平总书记重要指示批示精神，召开党委会、指挥部会议37次，督办工作200余项。开展党的二十大精神学习，设置党的二十大专题宣传栏10块，召开党委中心组学习22次，前往高校及企业宣讲党的二十大精神3次。夯实党的基础建设，完成党总支及4个党支部换届选举，对全部党支部开展党建检查4次。开展基层党建“书记项目”，推行“零延时、零等待、零库存”工作法，助推衡阳综合保税区进出口总值突破200亿元。重点打造“雁阵”“先锋哨”等党建品牌，获评全国海关基层党建培育品牌、长沙海关基层党建品牌。

统筹开展政治机关建设专项教育活动，查摆问题9项，制定整改措施16条；对衡阳市7县5区开展外贸调研，收集80余家进出口重点企业以及当地政府反映的问题需求37项，现场解决25项，制定措施12条；开展学法送法活动，30余人次参与送法进机关、进社区、进企业活动。

开展“海关重点项目和财物管理以权谋私”专项整治，开展专题工作推进会及培训2次，整理编发35.7万字学习资料。召开专题座谈会2次，调研企业20家，向企业发放调查问卷100余份、查阅资料393份。开展谈心谈话26人次，开展个人有关事项查核25

人次，梳理重点项目8个，查发问题6个，采取整改防范措施13条，提出意见建议8条。

【队伍管理】2022年，衡阳海关常态化开展日常纪律作风和内务规范督察，全年开展督察24次。做好职务职级晋升推荐，职务晋升1人，职级晋升6人。扎实推进队伍评优评先，记个人三等功1人、获长沙海关嘉奖表扬21人次、集体嘉奖1次。落实全员培训要求，累计培训14792学时，人均493.07学时，举办“衡关讲坛”12期。修订协管员管理制度，常态化开展协管员月度绩效考核和年度考核工作。

【综合监管】2022年，衡阳海关强化后续监管，开展稽查作业9起，核查作业39起。组织开展“龙腾2022”“国门利剑2022”专项行动，查发涉嫌违法案件线索16起、同比增长60%；立案18起、同比增长80%；办结20起、同比增长122%；罚款18万元，没收并销毁侵权机械硬盘1000块、手提包10件。

常态化开展实蝇、杂草、动物疫病风险监控，监管检疫供港澳活大猪出口10300头，审批进境粮食14.6万吨，开展进境粮食后续监管15次，

▲2022年10月14日，衡阳海关关员对辖区首批出境特殊物品援外物资进行出口前检验　（屈湘伟　摄）

开展监管作业场所巡查40次。接受香港食物环境卫生署对2家供港活猪养殖场远程探访。通过海关总署非洲猪瘟专项督查，开展1.3万吨乌克兰进境染疫玉米监管调运工作。

【服务经济社会发展】2022年，衡阳海关指导南华大学中澳技术交流项目免税进口全国首台H1仿星器；支持中核集团二七二铀业有限责任公司自营进口铀矿保障核工业原料储备；指导衡阳富泰宏精密工业有限公司成为衡阳市第5家高级认证企业，衡阳高级认证企业数量在湖南省排名第2位；探索改革创新，支持湖南省前2家跨省域“企业集团加工贸易监管改革”试点企业落地衡阳；支持衡阳综合保税区跨境电商（1210）业务正式开通；支持中欧班列平稳发展，开通省会城市以外首列“铁路快速通关”模式，验放班列数量排名全省第2；推动果葡糖浆、免疫球蛋白、西式香肠等区县特色产品出口“破零”。

衡阳海关加强对县域开放型经济支持力度，与蒸湘区、常宁市签署合作备忘事项。对衡阳市7县5区80余家重点外贸企业开展调研活动，每名科级以上领导干部对至少2家重点外贸企业“一对一”跟踪指导，为企业“送政策、解难题、优服务”。参与海关总署动态专项工作，多篇文章被上级部门采用，相关工作和调研报告获衡阳市政府肯定。

▲2022 年 9 月 28 日，衡阳海关关员开展稽查作业　（屈湘伟　摄）

【企业信用管理】2022 年，衡阳海关推进企业信用管理，组织企业参加海关总署、长沙海关专题培训，5 次前往湖南机油泵股份有限公司现场指导，开展“如何准备成为 AEO 企业”“《中华人民共和国海关注册登记和备案企业信用管理办法》解读”等专题培训，现场指导衡阳富泰宏精密工业有限公司申请并通过企业高级认证。

【知识产权海关保护】2022 年，衡阳海关开展“送政策、解难题、优服务”联企助企惠企行动，对湖南机油泵股份有限公司、湖南纳金新材料技术有限公司等企业开展知识产权海关保护宣传、调查。在中欧班列出口货物中首次查获机械硬盘、手提包等涉嫌侵权物品，货值 3.25 万元。

【稽查补税】2022 年，衡阳海关稽查发现某奶粉进出口企业 2021 年 6 月至 2022 年 6 月期间进口奶粉等货物存在关联交易定价不合理情形，涉及货值 1979.87 万元，最终对该企业进行调价补税处置。

【安全生产】2022 年，衡阳海关认真开展安全生产大检查和“安全生产月”活动，开展安全隐患大排查 2 次，组织消防培训及演练一次，开展疫情防控个人安全防护培训 4 次，组织疫情防控应急处置演练 3 次，排查安全隐患 19 项，制定整改措施 21 条。对辖区企业开展安全生产检查 3 次，聘请行业安全专家作为顾问深入辖区企业，排查并解决安全隐患 47 项，制发督促整改函 3 份。

【政务管理】2022 年，衡阳海关严格办文办会、信息宣传等工作，接收办理衡阳市政务信息网非涉密文件 1100 余份，组织开展“4·15”全民国家安全教育日活动和《中华人民共和国反间谍法》颁布实施 8 周年宣传纪念活动，举行保密知识培训 1 次。严格执行“7×24 小时”值班工作要求和节假日领导带班制度，实现值班工作零差错。常态化开展新冠疫情防控，规范出差出行、健康申报、个人防护、错峰就餐等管理要求，优化各类防疫物资动态储备，组织安全防护“每周一练”活动。加强信息宣传工作，被中央媒体采用信息 3 篇，被海关总署载体采用 7 篇，被地方媒体采用 42 篇。撰写统计分析文章 23 篇。

【财务及后勤管理】2022 年，衡阳海关落实“过紧日子”要求，推进节约型机关创建，加强预算执行管理，降低行政运行成本，培训费、办公设备购置费、专用设备购置费、维修费、差旅费、电费较 2021 年分别下降 94%、74%、48%、41%、25%、3%。

【文明创建】2022 年，衡阳海关获评 2021 年湖南省文明窗口单位。开展全国文明单位创建工作，与松江联合学校结对帮扶留守儿童，与蒸阳社区党支部开展联学共建，组织参与环境整治和交通劝导等活动，入选衡阳市“新时代文明实践基地”培育单位。

【监管湘粤非铁海联运班列首发】2022 年 4 月 26 日，衡阳海关监管首趟衡阳—越南国际货运班列在湘粤非铁海联运衡阳集结中心发运，货物为小苏打等，装载 40 个标箱，货重 1100 吨、货值 308 万元，经广东省广州港离境，10 天后抵达越南胡志明市。

【保障首列采用“铁路快通”模式中欧班列开行】2022 年 6 月 25 日，衡阳海关保障衡阳首列采用“铁路快通”模式中欧班列开行，该班列从衡阳南站始发，经满洲里口岸出境到达俄罗斯沃尔西沃，搭载货物主要为平板电脑、数控机床、

▲2022 年 4 月 26 日，衡阳海关关员监管湘粤非铁海联运衡阳集结中心班列首发（屈湘伟　摄）

服装等商品，装载 100 个标箱，货值 4282 万元。

【助力活猪恢复供澳】2022 年 9 月 15 日，衡阳海关检疫监管湖南新五丰股份有限公司 99 头活大猪启程运往澳门，时隔 395 天之后恢复活猪供澳。

撰稿人

屈湘伟

邵阳海关

【概况】邵阳海关关区范围为邵阳市，2020年4月23日正式挂牌开关，设有办公室、综合业务科、监管稽核科3个科室，在岗行政编人员17人。另外，邵阳海关为长沙海关党委第三派驻纪检组常驻地、海关总署危险品检验区域实验室（邵阳）设立地。

2022年，邵阳海关以习近平新时代中国特色社会主义思想为引领，贯彻落实“政治建设走前列、业务建设提质量、队伍建设创一流、综合管理出精品、服务发展争先进”要求，打赢疫情防控战，守牢安全监管底线，助推邵阳外贸扭转趋势，打造特色党建品牌，锤炼队伍能力素质，各项工作成效明显。全年监管货运量604吨；税收入库1909.4万元，同比减少14.1%；审结进出口报关单816票，同比增长5.4%，其中进口679票、出口137票；备案加工贸易手册40本，备案金额10644.4万美元；受理进出境货物检验4182批次，货值34.7亿元；受理危险货物包装检验鉴定6317批次，1409万件；签发原产地证书2924份，涉及金额9822.1万美元。关区备案企业总数1602家，其中新增284家。办结核查作业43起，查发率95.3%；稽查作业5起，查发率100%；办理行政案件14起。

2022年，邵阳市进出口值254.8亿元、同比增长6.1%，进出口总值居湖南省第7位，增速居第13位。其中，出口244亿元、同比增长4.1%，居湖南省第7位；进口10.8亿元、同比增长82.5%，居湖南省第10位。

【政治建设】2022年，邵阳海关学习贯彻习近平新时代中国特色社会主义思想，落实“第一议题”制度，开展“每会一法”9次，组织党委理论学习中心组（扩大）学习1次。制定任务分解表，每半年召开党风廉政例会一次，贯彻落实中央八项规定及其实施细则精神。学习宣传贯彻党的二十大精神，开展“日学、周荐、月讲”系列活动，制作学习画报89期，参学1300余人次。开展“每周一荐”14轮、238人次，评选最佳周荐42篇，制作推荐视频1期，邵阳市委讲师团上门宣讲1次，进社区宣讲1次，获评长沙海关“十佳党课”1期，1篇学习体会被《中国国门时报》采用，稿件《青年干部学二十大图鉴》获海关总署“金钥匙”微信公众号推送。

【党建工作】2022年，邵阳海关推进支部建设，创建“同心圆梦”和“提醒互帮”两个党建品牌，参与海关总署和长沙海关“书记项目”建设，监管稽核科党支部获评长沙海关“四强”党支部，“提醒互帮”

工作法获评长沙海关党建培育品牌，1名同志获评长沙海关“十佳”党支部书记。强化党员教育监督管理，各支部召开党员大会7次、支委会15次、专题组织生活会2次，组织主题党日活动24次、党课9次、党建知识测试6次、党员学习研讨22次。

成立专项教育活动整改工作领导小组，制订专项教育工作推进方案，查摆专项教育问题25项，制定整改措施41项，明确责任分工和进度安排，实行项目化推进、销号式管理，每季度通报督办情况，整改措施全部落实到位。

【巡察整改】2022年，邵阳海关针对长沙海关党委第三巡察组指出的3个方面14个问题，制订巡察整改方案，召开巡察整改专题民主生活会，制定整改举措95项，明确责任到人，实行挂图作战，定期督办，对账销号，整改措施全部落实到位。

【“海关重点项目和财物管理以权谋私”专项整治】2022年，邵阳海关开展政治教育48次、纪法教育27次、警示教育19次，重点学习习近平总书记系列重要讲话精神，学习财物管理、基本建设、纪检监察等方面的规章制度41篇，驻海关总署纪检监察组通报的典型案例21起，撰写学习体会11篇，引导党员自觉做到廉洁自律。查找风险点，查摆问题3个、廉政风险3个，形成“问题及廉政风险建议清单”，全部整改到位。

【队伍管理】2022年，邵阳海关加强干部素质培养，组织参加长沙海关岗位练兵，在10个领域获得三等奖以上荣誉24人次，选送4人次参与全国海关教育培训中心、长沙海关机关部门集中工作。坚持重实干、重实绩、重担当的用人导向，做好职务职级晋升推荐工作，职务晋升4人，职级晋升3人，遴选至长沙海关机关1人。

【青年理论研究】2022年，邵阳海关组建青年理论研究小组，举办“青年讲堂”11期，“道德讲堂”2期，参加署级课题2项、关级课题3项，撰写各类业务和贸易统计分析文章40篇、同比增长166.7%，征文8篇，其中被湖南省委、省政府和海关总署政工办采用6篇。

【清廉海关建设】2022年，邵阳海关加强廉洁纪律教育，开展“廉政教育月”“廉政一刻钟”，通过廉政教育基地现场警示教育、观看警示教育片、微信推送等多种形式开展纪法教育和廉政警示教育。加强海关廉政文化建设，开展“中秋话廉”活动，培育“爱廉说”廉政文化，不断丰富“五说”内涵，全力打造清廉海关，1篇征文获“清风国门”廉洁文化创意作品二等奖。一体推进不敢腐、不能腐、不想腐，坚持“双随机、一公开”制度，筑牢“三道防线”，强化权力监督制约。与长沙海关党委第三派驻纪检组建立定期会商机制，接受配合派驻纪检组开展谈话提醒、跟班作业、问题整改等工作，构建常态化监督机制。

【综合治税】2022年，邵阳海关开展税政调研，向长沙海关提交新增牛毛（不论是否洗净、不论是否制成有或无衬垫的毛片）产品本国子目的税则调整建议。开展税源调研工作，形成税源摸底调查统计表。完成涉案补税3起。完成原产地证书退证查询回函4份。广泛开展税政宣传，配合开展“通道进市州·RCEP进园区”邵阳站宣讲推介活动。实际入库税收1909.4万元；签发原产地证书2924份，涉及金额9822.1万美元；办结减免税业务7单，为企业减免关税及增值税198.8万元。

【出口打火机检验监管】2022年，邵阳海关推进安全生产专项整治三年行动和“安全生产月”活动，开展“口岸危险品综合治理”百日专项行动，建立业务日常监控项目清单，走访辖区22家出口危险品货物及其包装生产企业，重点就出口打火机生产企业的安全隐患进行起底排查和专题调研，通过“一企一清单”的方式，推动出口打火机企业严格落实安全生产主体责任。开展进出境货物检验4182批次，其中，检验打火机3537批次，检出不合格37批次，不合格率约1%；受理危险货物包装检验鉴定6317批次、1409万件。

【稽查核查】2022年，邵阳海关结合进出口食品领域风险分析，首次开展涉检领域专项稽查；深入研究典型指令，对辖区加工贸易企业开展专项稽查，重点关注保税领域数据比对异常、长期未盘库、内控管理不到位等情形；协同风控、缉私等部门，实现“信息共享、指令共研、及时反馈、形成闭环”。开展专项稽查5起，查发率100%；开展核查43起，查发率95.3%。

▲2022年4月6日，邵阳海关关员对出口打火机进行现场检验监管　（王楚楚　摄）

【筑牢国门检疫防线】2022年，邵阳海关开展进出境动植物及产品风险监测与预警，落实进境生牛皮检验、供港澳活猪饲养场日常监管及非洲猪瘟等疫情疫病风险监控，开展外来有害生物监测、进口食品“国门守护”行动、出口食品安全抽检和风险监控。开展进口医疗器械目的地检验2次，查发木质包装不符合检疫要求1批次；开展出境中药材查验1次，查发不合格1批次；开展出境竹木草制品查验23次，查发出境竹木草制品不合格1批次；开展进境植物繁殖材料查验1次。

【通关监管】2022年，邵阳海关优化通关服务，加强通关环节业务监控，整体进出口通关时间、“两步申报”“提前申报”利用率、超期未结关报关单数量均优于长沙关区平均水平。监管货运量604吨、同比增长147.9%；审结进出口报关单816票、同比增长47%，其中进口679票，出口137票；受理进出境货物检验4182批次，货值29.1亿元，同比分别增长15.1%和29.8%。

【企业管理】2022年，邵阳海关实有备案企业1602家，其中新增注册企业284家，同比增长41.3%。支持邵阳“两仓”建设，指导邵阳市海源商业经营管理有限公司完成保税仓设立申请并获得许可。加强与邵阳市商务局的对接，选定拓浦精工、连泰鞋业作为海关高级认证企业培育对象。做好加工贸易保税业务，常态化开展加工贸易手（账）册报核结案和变更手续，新增备案加工贸易手册40

▲2022年5月10日，邵阳海关关员开展进境植物繁殖材料隔离检疫圃备案现场考核（王楚楚 摄）

份、同比增长66.7%。

【知识产权海关保护】2022年，邵阳海关推进知识产权海关保护，通过线上线下相结合的方式，开展知识产权海关保护宣传周活动；对湖南东亿电气股份有限公司开展“一对一”帮扶，指导企业通过系统注册，提交商标权保护申请并获得海关总署批准备案。

【打击走私】2022年，邵阳海关深化全员打私，立案14起，办结13起，罚没收入24988元，其中涉检案件7起，涉及商品检验、动植物检疫、进出口食品安全监管等方面，实现涉检案件零的突破。协助邵阳市政府召开反走私工作会议，建立重点涉税商品反走私工作机制，邵阳市反走私综合治理考评获湖南省第2名。

【服务外贸增长】2022年，邵阳海关成立工作专班，赴邵阳各县市园区、重点企业开展调研，搜集外贸发展的意见和建议，出台服务邵阳开放型经济高质量发展若干措施。党委委员走进邵阳市委党校、政协常委会、宝庆大讲堂宣讲海关政策，为邵阳外贸发展建言献策。

【保障疫情期间出口顺畅】2022年4月，邵阳海关协调对出口打火机实施跨关区检验，帮助企业挽回100余万元经济损失。10月，协调为邵阳企业异地签发原产地证，将植物检疫证书送至企业，检验出口打火机71批，开展包装使用鉴定85批、货值661.6万美元，实现打火机出口“零延时”。为企业提供业务资料线上提交、业务先办资料后补、证书扫描推送等服务，实现资料“网上走”，足不出户办理海关业务；根据企业信用情况和产品风险等级，设置报检、现场检验、出证全流程监管“绿色通道”，保障出口通关始终畅通。

【信息和宣传】2022年，邵阳海关信息被海关总署采用1条、湖南省委省政府采用3篇；制作微信推送24篇，2篇政策解读被“12360”微信公众号采用，《小小打火机的黑科技》获长沙海关科普讲解比赛一等奖，竹制品宣传视频被“海关影像”采用，参与采编的打火机产业宣传片在中央电视台播放。

【财务及后勤管理】2022年，邵阳海关落实“过紧日子”要求，预算执行率100%，被国家机关事务管理局等4部委授予“节约型机关”称号。开展“安全生产月”活动，排查大院安全风险隐患，制定安全生产和内部安全管理风险清单，进行消防安全讲座，开展消防演习，确保内部安全。

【文明创建】2022 年，邵阳海关推进文明创建工作，获评邵阳市文明标兵单位。与邵阳市委宣传部、文明办加强对接联系，争取指导与支持。邀请邵阳市文明办指导并授课，参与邵阳市创建全国文明城市；成功入围湖南省文明单位公示名单。

【内控示范科室建设】2022 年，邵阳海关制定《邵阳海关风控工作机制（试行）》，撰写风险管理理论研究文章 1 篇，参与署级课题 1 个。以综合业务科为主体，推进内控示范科室建设，获评长沙海关“内控示范科室”十强。

【实训基地建设】2022 年，邵阳海关推进打火机出口实训基地建设，厘清建设思路，按照“中部一流、全国领先”的目标落实，采取“八个一”模式，建设模拟培训区、集中授课区、观摩实验室、形象展示区，实训场地面积约 618 平方米，以“理论 + 实训”“虚拟 + 现实”“教育 + 警示”构建实训模式体系，搭建“教、学、练、战、测”一体化培训平台。6 月底，完成出口打火机检验监管实训基地建设并通过验收，被海关总署列为全国实训基地建设先进典型。

撰稿人

赵佳威

岳阳海关

【概况】2022年，岳阳海关坚持以习近平新时代中国特色社会主义思想为指导，打造“情注巴陵、岳关先行“1+7+1”党建品牌群，新设4个党支部均通过合格验收，3个基层党建“书记项目”圆满完成，2个支部获评长沙海关“四强”党支部，“红哨卡”获评长沙海关党建培育品牌。岳阳海关关区进出口整体通关时间分别为18.59小时、0.21小时，比2017年同期分别压缩96.21%、99.39%。与泰州、南通、北良港等海关合作推进综合治税，回流税款4.47亿元。税收入库19.6亿元、同比增长80.4%。优化原产地签证流程，推广“智能审核+自助打印”模式，签发各类原产地证书1418份，签证金额11995万美元，关税减让优惠661万美元，其中RCEP原产地证书76份，签证金额468万美元，关税减让优惠33万美元。岳阳市进出口总值736.5亿元、同比增长20.3%，总值在湖南省排名第2位、增速在湖南省排名第8位。岳阳城陵矶综合保税区进出口值538.9亿元，同比增长7.8%，跃升湖南省第2位，城陵矶综合保税区绩效评估首次进入中西部地区和东北三省排名A类。

【党建工作】2022年，岳阳海关落实“第一议题”制度，召开党委会议28次，党委理论学习中心组学习及扩大学习10次，邀请长沙海关直属机关党委委员和岳阳市委宣讲团成员专题宣讲，实施“十百千”系列宣讲活动，深入辖区13家重点企业开展宣讲。落实政治机关建设专项教育活动，按照“六对照六查六改”要求深查细摆，党委班子层面查摆问题13个、科级层面查摆问题11个、党员干部层面梳理政治要求61项，全部对账销号。开展“海关重点项目和财物管理以权谋私”专项整治工作，邀请26名代表召开专项整治工作座谈会，对3家主要供应商进行实地走访，发放并回收调查问卷20份，排查纸面资料401份、凭证及基建档案238本，自查出2个方面8个具体问题，全部对账销号。

【队伍管理】2022年，岳阳海关强化班子示范引领作用，严格落实“三重一大”议事决策制度，党委会议研究议题120余个，重大事项及时请示报告。发挥每一名干部作用，7名四级以上高级主办承担18个专项工作，一线人员岗位资质人均4.5项。2人获三等功、1人获评湖南省自由贸易试验区建设工作优秀个人、15人次获长沙海关嘉奖。推进文明创建工作，落实111项全国文明单位创建举措，开展各类活动20余次，2个集体获地市级青年文明号，1人获评岗位能手，4人获评长沙海关“最美抗疫人”。

▲2022年12月7日，岳阳海关赴岳阳林纸股份有限公司宣讲党的二十大精神 （张子亮 摄）

【综合监管】2022年，岳阳海关强化监管优化服务，审结报关单33401单、同比减少21.5%；监管货运量208.8万吨、同比减少9.4%；监管集装箱89085标箱、同比增长9.9%；实施检验检疫3647批次、同比减少22.5%，货值32.6亿元、同比减少31.2%；现有备案企业1481家，其中新增企业备案308家、同比增长46%；办理加工贸易手册18份、同比减少5.3%；审批公用保税仓库2家；税收入库19.6亿元、同比增长80.4%。

开展进、出境直航船舶监管各1次，首次完成香港入境船舶船员核酸采样工作，11名船员顺利轮换。开展“口岸危险品综合治理”百日专项行动，查检进出口危险品13万吨，查发出口四水硝酸钙涉嫌逃避检验监管等问题线索2起。约谈“土坑酸菜”事件涉事企业，开展蔬菜类产品出口企业安全风险排查整治行动。截获检疫性有害生物42种次，监督退运变造植物检疫证书的进境玉米酒糟6578吨。完成稽核查作业47个。办理行政处罚案件8起，获评2021年度岳阳市打击走私综合治理先进单位。

【服务发展】2022年，岳阳海关开展县域外贸经济调研，组织海关政策宣讲培训4次，培育AEO高级认证企业2家，帮扶湖南省长康实业公司首次开拓自营进口业务。指导城陵矶新港二期顺利通过海关监管作业场所验收，泊位由3个增加到7个、场地面积由25万平方米增加到44万平方米，港口集装箱年吞吐量首次超过100万标箱。指导进境原木指定监管场地（B类）通过海关总署验收，建成口岸检疫初筛鉴定室，指导完善新港综合查验平台、核辐射检测等设备设施，口岸集装箱查验能力提升16倍。首提“优化综保区进出区管理”自贸创新举措通过海关总署备案，“内河运费不计入完税价格审价创新模式”助企节约税款500余万元。推广应用“出口直装”“提前申报”“区港联动”“离港确认”通关模式，提升口岸物流运行效能。

【综合保障】2022年，岳阳海关获评长沙海关新闻宣传“优秀单位”，新媒体稿件获“红色湘关”推送29期、“金钥匙”微信公众号推送6期，“党课档案”情景党课等获海关总署政工网采编，形成各类理论成果95篇，其中被海关总署采用1篇、湖南省委及长沙海关采用9篇，参与长沙海关及以上课题研究6项、向地方报送综合类信息10期。参与“2022年大跨度大空间厂房灭火救援”实战演练、危险化学品运输安全管理应急预案

▲2022 年 11 月 16 日，岳阳海关关员开展出口危险化学品现场检验　（张子亮　摄）

桌面推演，解决存量房产安全风险隐患问题 4 个。落实“过紧日子”要求，被国家机关事务管理局等 4 部委授予“节约型机关”称号。

【助力首单水运出口货物“抵港直装”】2022 年 5 月 27 日，岳阳海关依托出口货物“提前申报”，与岳阳市交通、港务、海事等口岸相关单位沟通协调、联动运作，监管平江县威派云母绝缘材料有限公司 22.6 吨云母纸进入城陵矶新港直接完成装船作业，实现长沙海关首单水运出口货物“抵港直装”，有效缩减传统通关模式中货物堆存等环节，货物从卡口直达货船耗时不足半小时。

【助力“九江—岳阳”首批进口集装箱货物转运监管模式落地】2022 年 6 月 15 日，岳阳海关与九江海关协同合作，首批在江西九江换船装载的进口橡胶 25 个集装箱抵达岳阳城陵矶新港，开辟城陵矶口岸新物流通道。

【开展长沙关区首票“离港确认”业务】2022 年 6 月 27 日，岳阳海关监管湖南中远海运集装箱运输有限公司代理进口 20 个标箱、498 吨高粱，在上海港通过“离港确认”模式办理进口转关手续，减少 3～4 天运输中转时间，为企业节约物流成本 8000 元。

【岳阳市首家企业通过 AEO 高级认证】2022 年，岳阳海关对岳阳观盛投资发展有限公司进行“一对一”精准服务，组建认证专家组开展实地培育，对企业在内部控制、财务状况、守法规范、贸易安全 4 方面进行全面指导，有针对性地提出优化企业经营管理建议，帮助企业顺利通过 AEO 认证，成为岳阳辖区首家海关 AEO 高级认证企业。

【长沙关区首次采取“组合港”通关模式开展业务】2022 年 7 月 15 日，岳阳海关指导

▲2022 年 5 月 27 日，岳阳海关关员对首批“抵港直装”出口货物开展监管　（张子亮　摄）

湖南辰铭竹木制品有限公司在岳阳直接使用阳逻港港口代码，申报出口竹筷14吨，一次性办结所有通关手续，大幅缩减整体通关周期和物流时间，系《推进长江中游地区高水平开放高质量发展，鄂、赣、湘三地海关协同工作机制框架协议》签订以后，长沙关区首次以“组合港”模式开展出口业务。

【岳阳城陵矶进境原木指定监管场地获批】2022年12月30日，海关总署公布进境原木指定监管场地名单（B类），岳阳城陵矶进境原木指定监管场地获批。

撰稿人

胡　茜

常德海关

【概况】2022年，常德海关审结报关单2456份、同比下降10.7%；监管货运量20.2万吨、同比增长4%；备案电子化手册12本，备案金额3715.2万美元，加工贸易手册实际进出口值1.8亿美元、同比增长20.8%；税收入库3.2亿元、同比增长75.8%；减免两税612.7万元，减免进口地关税约460万美元。检验检疫进出境货物4575批次、同比增长15.1%，货值17.4亿元、同比下降7.8%。常德市进出口总值252.5亿元、同比增长34.9%。现有监管作业场所1个（常德盐关码头），公用型保税仓库2个（三湘和达公用型保税仓库、湖南旭鸿达公用型保税仓库）。

【党建工作】2022年，常德海关以深入学习贯彻落实党的二十大精神为重点，以政治机关建设专项教育活动为契机，落实“第一议题”制度，学习习近平总书记重要讲话和重要指示批示精神57篇，研究制定贯彻落实措施69条。开展政治学习研讨交流60次，梳理政治要求31项，查找风险隐患28个，制定整改措施32条。强化基层党建，构建“总支+支部”党建格局。开展基层党建“书记项目”，培育“德益双精”支部品牌，稽核科支部获评长沙海关“四强”党支部，1人获评长沙海关“党务之星”，常德海关青年突击队获评长沙海关及常德市青年文明号，1名同志获评长沙海关及常德市“青年岗位能手”。

【清廉海关建设】2022年，常德海关认真落实清廉湖南、清廉常德建设工作要求，开展警示教育月活动，坚持“廉政一刻钟”，举办廉政知识竞赛，开展家庭助廉活动，推动清廉海关建设常态化。运用监督执纪“四种形态”，对苗头性、倾向性问题开展提醒谈话5人次，谈心谈话76人次。配合长沙海关党委第四派驻纪检组开展日常监督管理，开展“海关重点项目和财物管理以权谋私”专项整治，运用“制度+科技”手段防范执法廉政风险。落实特约监督员制度，完成特约监督员换届选举及意见收集。举办“海关开放日”活动，邀请各行各业20余名代表走进海关，建立沟通交流机制。

【队伍管理】2022年，常德海关加强巡视巡察整改成果转化，建立定期汇报和整改督办检查通报2项整改工作制度，从4个方面制定措施25项，开展班子能力、党建工作质量、业务工作质量、队伍素质四大提升行动，形成领导带头、全员参与局面，获长沙海关督审内控、风险管理、党务干部岗位技能比武各类荣誉13项，取得各类岗位资质117人次，获 5 项资质以上人员 7 人，获 9 项资质以上人员 2 人。注重工作能力提升，全员培训达标率 100%，举办内部培训 5 期，选派 1 人参加海关总署集中工作。开展职级晋升工作，晋升三级主办 3 名。综合评定年度“先进个人” 8 名。

【口岸监管】2022 年，常德海关落实各项疫情防控政策，应对属地疫情，发出“抗疫情、保运转、促发展”号召，有效确保疫情管控特殊时期工作不停歇、服务不间断、标准不下降。参与长沙海关首批属地查检及“云签发”系统试点工作，组织 10 名现场执法人员开展业务和操作培训，对辖区 25 家企业开展宣讲和应用培训，收集、处置、反馈试点中发现问题 20 个。部署开展安全生产大检查、“安全生产月”及“口岸危险品综合治理”百日专项行动，对 321 批进出口货物实施现场查验，出具危险货物包装使用鉴定结果单 433 份、性能检验结果单 119 份，对 1 家涉嫌出口危险化学品伪瞒报企业开展专项稽查。加强进出口商品、食品及动植物产品质量安全监管，与常德市市场监督管理局、农业农村局等部门开展联合监管，对常德市出口农产品开展抽样检测 190 余项。切实维护国门生物安全，组织 100 余名进境粮食企业人员参加“云培训”，开展国门生物安全知识“进校园”“进社区”活动。强化正面监管，完成对辖区 14 家出口备案食品生产企业核查，包括 8 家出口腌制蔬菜企业，对 6 家存在不同问题企业要求现场整改，注销 2 家企业备案资质。办结稽查作业 9 起，查发率 100%；办结核查作业 58 起，查发率 93.1%、同比增长 2.58 倍。开展定期监管核查，办结出境水果注册果园、包装厂定期监管核查作业 8 起，查发 8 起、查发率 100%，其中 5 家企业整改通过，3 家企业被注销出境水果注册果园、包装厂资质。开展内控示范科室创建工作，运用 HLS2017 内控平台、“云擎”系统、“海风”系统、事件管理平台等，对高风险节点进行日常监控、处置，制发处置单 30 份，处置异常数据 58 条，处置有效率 89.7%，实现处置绩效纠正业务差错 9 次、补证 9 次、补税 7 次，2 篇内控信息被海关总署相关载体采用。开展“国门利剑 2022”联合专项行动，办理“两简”案件 7 起、行政案件 6 起，罚没收入 41.06 万元。

【海关统计】2022 年，常德海关围绕扩大农产品出口、对共建“一带一路”国家（地区）贸易情况、RCEP 实施情况等

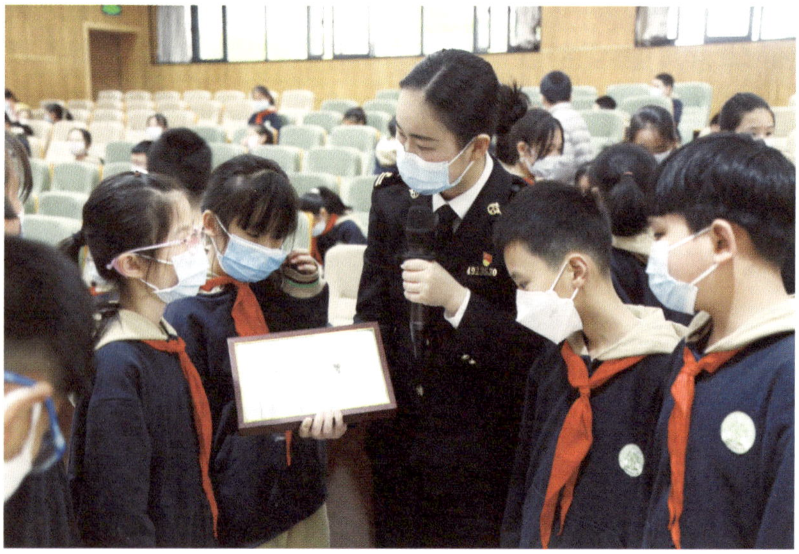

▲2022 年 4 月 14 日，常德海关赴武陵区第三小学开展国门生物安全宣讲活动　（齐晓阳　摄）

开展专题调研分析，获湖南省委省政府和长沙海关载体采用统计分析文章34篇、统计监督文章4篇、业务统计2篇，获常德市委市政府信息载体采用10篇。牵头署级课题1项、关级课题2项，参与署级课题2项、关级课题3项。

【服务地方经济发展】2022年，常德海关聚焦“服务乡村振兴 助力农产品出口”，率先在长沙海关开展“隶属海关关长在线访谈”活动，宣讲惠企惠农政策，在线回应企业群众关切问题15条。支持常德市开放型平台建设，常德港国际集装箱码头、常德保税物流中心建设有序推进，桃花源机场口岸开放纳入国家“十四五”口岸发展规划。开展“送政策、解难题、优服务”行动，进行“精准服务促开放 多措并举稳外贸”专项调研，召开座谈会、政策解读培训、现场办公会16场次，参加人数200余人，制定帮扶措施40余条。实行365天、24小时预约通关服务，进、出口整体通关时间分别为9.94小时、0.86小时，较2017年分别压缩96.26%、97.19%，综合业务科获评常德市优化营商环境“先进集体”。指导企业用好用足原产地规则，提供“一企一策一清单”服务，签发原产地证书533份，金额3508.48万美元。开展重点税源企业线上、线下双渠道税收调研，上报企业对国家税收政策和海关业务改革意见建议3条。加大信用培育力度，新增培育高级认证企业1家。推进实施“多证合一”“证照分离”“注销便利化”等改革措施，探索“多事合一”“指令叠加”“结果互认”“并批核查”“多查合一”等模式，实现“出一次门，办多项事”。推动企业获得注册备案资质，实有备案企业988家、同比增长19.5%。实现供港澳活猪自非洲猪瘟疫情中断后首次恢复出口、新鲜蔬菜首次出口韩国、螺旋藻提取物首次出口土耳其、鲜活小龙虾首次出口菲律宾、石门柑橘首次出口印度及恢复出口俄罗斯，鲜鸡蛋、水生动物出口总值均突破亿元。

【综合管理】2022年，常德海关强化信息宣传，上稿中央电视台《新闻联播》、湖南卫视、《湖南日报》、《中国国门时报》等各级新闻媒体29篇，上稿“金钥匙”“12360海关热线”“红色湘关”“长沙海关12360”等新媒体平台37篇。强化精神文明建设，通过省级文明单位复评，部署推动全国文明单位和基层政务公开示范点创建。推进节约型机关建设，被国家机关事务管理局等4部门联合授予“节约型机关”称号。加强涉案财物管

▲2022年5月26日，长沙海关2022年第一期“隶属海关关长在线访谈”在常德海关举办 （黄勇华 摄）

理，首次通过京东网络平台公开竞价拍卖一批涉案财物，起拍价 270.39 万元，成交价 391.39 万元，溢价 44.75%。加强安全生产管理，完成宿舍楼电梯加装，老旧小区路面、污水管道改造，获评常德市安全生产和消防工作考核优秀单位。

【鲜鸡蛋出口突破亿元】2022 年，常德海关成立工作专班，高效完成查验、出证、放行等工作，助力常德怡武农牧科技有限公司优化源头管理，支持打造“每日鲜蛋”品牌，实现鲜鸡蛋出口 1.2 万吨、货值 1.4 亿元，同比分别增长 304%、303.6%。

【供港澳活猪出口恢复】2022 年 12 月 16 日，常德海关监管湖南旺森农牧有限公司首批

▲2022 年 1 月 21 日，常德海关关员对出口鸡蛋开展现场查验 （齐晓阳 摄）

100 头生猪通过拱北口岸出口澳门，系常德市 2018 年非洲猪瘟疫情暂停供港澳活猪业务以来首次恢复出口。12 月 16 日至 31 日，3 家企业恢复供港澳活猪业务，出口活猪 440 头。

撰稿人

齐晓阳

张家界海关

【概况】2022年，张家界海关审结报关单7票、同比减少97.2%，监管货运量114吨、同比减少88.4%，货值59.4万美元、同比减少94.6%；受理出口前检验检疫37批次，受理危险货物包装检验检疫31批次；签发各类证书167份，其中原产地证书128份，货值663.1万美元；备案加工贸易手册1份，备案进口金额17万美元；实有公共保税仓库1个；新增注册备案企业33家，实有注册备案企业159家，其中高级认证企业1家。

【学习宣传贯彻党的二十大精神】2022年，张家界海关通过党委会、党委理论学习中心组、“三会一课”、“张关青年说”等多层级多平台开展党的二十大精神学习研讨，制订工作方案，细化清单，明确内容、阶段步骤、方法形式、目标要求。建成党的二十大精神宣传阵地，完善宣传栏、文化长廊、志愿者活动站、职工书屋等场所建设；成立新媒体工作室，每周在党总支微信群推送党的二十大精神专题。党委委员及各级领导干部深入党支部、企业社区开展宣讲，主要负责人赴张家界市委党校授课。全体关员学思践悟，撰写学习心得31篇。

【党的建设】2022年，张家界海关坚持“第一议题”制度，贯彻落实习近平总书记重要指示批示精神，召开党委会24次，研究政治机关、基层党建、意识形态等议题6次。扎实做好强化政治机关建设专项教育活动，梳理岗位政治要求23个，梳理问题表现10个，提出整改措施25条并落实。开展“一支部一品牌一特色”建设，推动支部由“建在科上”向“强在科上”转变，与4个企业（社区）支部建立联学共建机制，1名同志按时转正，2名同志发展为预备党员。开展“海关重点项目和财物管理以权谋私”专项整治，梳理重点项目12个，排查问题和廉政风险4个。研究制定关、科两级业务自控清单项目167项。组织开展“廉政教育月”活动，文化作品《清廉》在全国海关“清风国门”廉洁文化作品展中获三等奖。

【口岸监管】2022年，张家界海关开展口岸卫生监督5次，食品安全抽检88次，查发预包装食品黄曲霉毒素超标1起、油条铝含量超标1起、饮用水菌落总数超标1起，办理简易程序行政案件1起。落实口岸安全风险联合防控要求，查发1起危险货物包装使用不合格情事。

【动植物检疫】2022年，张家界海关开展“国门绿盾2022”行动，严防外来物种入侵和动植物疫情传入，切实维护国门生物安全。在口岸范围内持续开展国门生物安全监测，捕获具条实蝇、橘小实蝇、柑橘大实蝇等 2075 只，开展杂草、红火蚁等外来有害生物监测 6 次。

【疫情防控】2022 年，张家界海关召开统筹口岸疫情防控和促进外贸稳增长指挥部会议 32 次，成立疫情防控工作自查督导组，每月对疫情防控工作开展督导自查，每季度对问题整改情况开展“回头看”。每周进行防护服穿脱培训，开展疫情口岸防控应急处置演练、旅检现场医疗废弃物洒落应急演练 10 次。先后选派 4 名党员赴海关总署卫生检疫司和长沙海关卫生检疫处、保健中心参与疫情防控工作，组织 32 人次赴黄花机场海关支援疫情防控工作。妥善应对 10 月属地突发疫情，实现关员零感染、业务零延误。

【综合打私工作】2022 年，张家界海关制订“国门利剑 2022”联合行动方案，将冻品等农食产品走私列为打击重点，联合市场监管等部门开展进口冻品清查整治，协调有关部门出动反走私执法人员 3 万人次，检查“湘冷链”中活跃企业 713 家、追溯码 42366 次。张家界市在湖南省反走私综合治理考评中获得“优秀”等次。

▲2022 年 7 月 26 日，张家界海关关员现场指导莓茶基地备案 （李沛芸 摄）

【服务经济社会发展】2022 年，张家界海关着力加强市场主体培育，辖区新增 2 家跨境电商企业和 1 家平台，实现跨境电商出口“破零”。联合商务、外汇等部门举办 RCEP 专场培训 1 场，在慈利县设置原产地证自助打印服务点，签发 RCEP 原产地证 34 份、金额 1300 万元；联合张家界市莓茶协会举办莓茶出口专题培训，新增出口莓茶备案企业 18 家。

【队伍建设】2022 年，张家界海关着力提升干部队伍能力，155 人次参加岗位练兵比武和资质考试，获集体一等奖 1 次，个人一等奖 3 人次、二等奖 1 人次、三等奖 4 人次、优胜奖 1 人次，3 人获评岗位能手；推荐 4 人次参加海关总署集中工作，11 人次参加长沙海关集中工作。

【综合管理】2022 年，张家界海关落实防范化解重大风险措施，党委会专题研究防范化解重大风险工作 2 次，举办党委理论学习中心组专题学习 1 次，组织开展防范化解重大风险专项排查压紧压实风险防范主体责任。持续抓好综合治理，获评张家界市平安建设先进单位。集中财力优先保民生、重点保运转、精准保发展，预算执行率 100%，被国家机关事务管理局等 4 部门授予“节约型机关”称号。深化精神文明创建，获评 2021 年度“湖南省文明窗口单位”“湖南省第 22 届青年文明号”，通过省级文明单位创建现场考核。

【P2 + 实验室投入常态化使用】2022 年，张家界海关会同长沙海关保健中心完善资质、制定流程、培训人员，实现移动 P2 + 实验室投入常态化使用，开展核酸检测 435 人次。

【助力张家界市进出口总值创历史新高】 2022 年，张家界市进出口总值 18.3 亿元，同比增长 41.9%。进出口总值在湖南省排名第 14 位，增速位居湖南省第 3 位。

【助力慈利中药材扩大出口】 2022 年，张家界海关指导相关进出口企业妥善应对外方植物检疫要求，制定完善采购、熏蒸、追溯等管理制度，为中药材出口提供 24 小时属地查检和通关服务保障，实现中药材出口 2819 万元，同比增长 237.4%，其中，对澳大利亚出口 506 万元，实现“破零”。

【培育首家 AEO 高级认证企业】 2022 年，张家界海关将培育 AEO 高级认证企业作为助企纾困的重要举措之一，实施“一企一策”量身定制培育方案，对张家界久瑞生物科技有限公司开展为期 9 个月的 AEO 培育，建立“一对一”联系渠道，帮助企业规范、完善内部管理制度和进出口业务流程，强化企业自律合规意识，针对性提出优化企业经营管理建议。12 月 27 日，张家界久瑞生物科技有限公司通过海关认证，成为张家界市首家 AEO 高级认证企业。

▲2022 年 8 月 26 日，张家界海关关员赴土家织锦企业调研产品出口情况 （李沛芸 摄）

▲2022 年 6 月 28 日，张家界海关关员调研慈利杜仲出口情况 （李沛芸 摄）

撰稿人

乔伯林 刘涌钢 姜 栋 姚兰妹 贺邦治

益阳海关

【概况】2022年，益阳海关开展县域开放型经济全覆盖调研，推进“送政策、解难题、优服务”活动，深入骨干企业走访，举办专题业务培训8期，就RCEP关税减让、AEO认证等进行解读，指导企业办理设备进口减免税8批次，减免货值410.5万美元，减免税款163万元，签发原产地证书1394份、同比增长17.6%，签证金额9247.1万美元、同比增长19.7%。获评湖南省文明标兵单位、益阳市综合治理“平安单位”，报关大厅获评益阳市“益阳青年五四奖章集体”“2021—2022年度益阳青年文明号”“2022届长沙海关青年文明号”。益阳市进出口总值209.4亿元、同比增长16.3%。其中，出口195亿元、同比增长11.9%；进口14.4亿元、同比增长150.5%。

【党的建设】2022年，益阳海关召开党委会22次，党委理论学习中心组学习12次，疫情防控指挥部会议18次，关长办公会16次，外贸形势分析会6次，切实履行把方向、管大局、保安全职责。总结提炼党建“四心”工作法（党群同心提升组织力，干部和协聘人员同心做到全覆盖，科室同心凝聚新作为，机关与联建社区同心实现零距离），被益阳市政府相关载体刊载。录制的“基层书记谈责任”访谈视频被海关总署采用。益阳海关党支部被授予长沙海关基层党建“四强”党支部；“六事六办、模范益关”党建品牌获评长沙海关基层党建示范品牌。

【队伍建设】2022年，益阳海关开展岗位练兵和资质培育工作，组织岗位大练兵活动40多人次，全关人员均有3种以上专业岗位资质，推荐5名同志获长沙海关及时表扬奖励。开展全面从严治党联席会议2次，聘请10名特约监督员开展外部监督，全年无廉政情事发生。

【监督执纪】2022年，益阳海关开展政治机关建设专项教育活动，对照18个岗位政治要求，查摆问题16个，制定整改措施30条；推进“海关重点项目和财物管理以权谋私”专项整治工作，撰写个人剖析材料14篇，自查上报问题4个，制定整改措施7条并完成整改。

【政务管理及财务后勤保障】2022年，益阳海关落实“过紧日子”要求，中央拨款预算执行率100%，获评国家机关“节约型机关”称号。持续抓实后勤保障，把好食材采购、卫生消毒、安全操作、饭菜质量关，食堂管理水平不断提升。坚持“在研究状态下开展工作”，牵头组织“推进乡村振兴，助力特色产品走出国门”关级课题，“益阳市对外贸易高质量发展”调研课题，

▲2022 年 4 月 22 日，益阳海关开展竹制品查验工作 （刘磊 摄）

报送黑茶、小龙虾、竹制品、皮蛋等特色农食产品出口新闻稿件 22 篇，被海关总署“海关发布”及《湖南日报》、湖南卫视、益阳电视台等媒体刊载或播出。6 篇统计分析文章获湖南省委省政府信息载体采用，2 篇获长沙海关采用。

【风险防控】2022 年，益阳海关制订风险防控方案，推动全领域、全渠道、全链条一体化风险防控，着力提升风险防控水平。HLS2017 内控平台授权用户活动账号比例 100%，制发联系单 4 份，处置异常数据 20 条，纠正业务差错 17 条，处置异常数据有效率 100%，上报专项成果 2 篇。通过 HLS2017 信息服务网站报送“系统内风险参考”“应用成果展示”信息 4 条，其中 2 条被海关总署采用。

【通关监管业务】2022 年，益阳海关征税入库 3328 万元。办理进口减免税证明 8 批次，减免货值 410.5 万美元，减免两税 163 万元，享惠比例 99.3%。完成核查作业 39 个，查发问题 38 个，查发率 97.44%；完成稽查作业 4 个，查发问题 4 个，查发率 100%。

▲2022 年 4 月 18 日，益阳海关关员对乌克兰进口玉米开展检验检疫工作 （刘磊 摄）

涉检一般行政案件线索 3 起，移交“两简”案件线索同比增长 16.7%；办理行政案件 14 起、同比增长 16.7%，罚款 3.14 万、同比增长 9%。

【法治建设及安全生产】2022 年，益阳海关落实“谁执法、谁普法”责任制，组织送法进企业、进社区、进校园等活动 10 次。落实安全生产“三个必须”要求，即管行业必须管安全、管业务必须管安全、管生产经营必须管安全，紧盯国门安全、食品安全、动植物产品安全、危险化学品伪瞒报，开展排查整改，确保“零事故”。落实国务院、海关总署、长沙海关出台的系列帮扶举措，保持“零投诉”。

【检验检疫】2022 年，益阳海关落实最新疫情防控措施及相关要求，出台修订完善制度11项，开展培训、知识测试、讲座、阳性感染者应急演练和防护服穿脱演练1次。开展风险监测，完成实蝇监测布点42个，外来杂草监测30次，抽取出口食品等样品73份，在长沙关区首次检出小龙虾白斑综合征病毒（一类疫病）和十足目虹彩病毒1（二类疫病）。现场查验进出口货物及危险货物包装440批次，检出竹木制品、危险货物包装使用鉴定等不合格36批，查发不符合涉及台湾称谓的规定情事1起。后续监管涉疫乌克兰玉米14338吨，约谈问题企业1家。

▲2022年5月31日，益阳海关关员开展茶叶监管工作　（刘磊　摄）

【服务开放型经济发展】2022年，益阳海关支持安化黑茶扩大出口，对66家企业、100多人开展出口黑茶专题培训，协调长沙海关赴广州税管局就黑茶归类子目纳入世界海关组织《商品名称及编码协调制度》进行推介。安化黑茶（含桃江县产区）出口7批次、12.9吨、8.8万美元，同比分别增长2.3倍、4.8倍、3.6倍。指导企业开展对美注册，利用RCEP原产地证拓展新加坡等海外市场。支持益阳发挥“楠竹之乡”优势，推动建设泥江口镇九二五竹艺产业园，促进出口竹筷转型升级。牵头组织“推进乡村振兴，助力特色产品走出国门”关级课题、“益阳市对外贸易高质量发展”调研课题；报送调研文章《深耕对接“一带一路”推动益阳开放型经济高质量发展》《益阳市县域开放型经济有关情况调研报告》印发益阳各区县（市）。

【优化营商环境】2022年，益阳海关推行“提前申报”“两步申报”措施，涉企行政审批实现“证照分离”改革全覆盖。实现企业注销“一网”服务，企业通过“单一窗口”便捷快速办理企业注册、变更、注销等业务。推进原产地证智能审核和自助打印，实现证书办理“秒通”。进口整体通关时间14.16小时，出口整体通关时间0.01小时，大幅优于全国海关平均水平。

撰稿人

曹红华

郴州海关

【概况】2019年9月，郴州海关正式揭牌。现内设7个科室，分别是办公室、综合业务科、监管科、快件监管科、综保区监管科、稽核科、运行监控科，其中执法一线科室6个。主要负责郴州市行政区域内的各项海关管理工作，业务呈现以下特点：开放平台多，关区有自贸片区、综合保税区、国际快件监管中心、铁路货栈、肉类指定监管场地、保税仓等多个类型的海关特殊监管区域和海关监管场所；业务门类全，关区新兴业态涵盖国际快件、跨境电商、保税维修、保税物流、展会监管等多种模式，湘粤港“跨境一锁”快速通关业务落地，供港澳活猪出口监管业务常态化；业务体量大，常驻办公、作业地点3个，报关单、监管货运量、税收征管等主要业务指标在长沙海关关区居中游偏上。

2022年，郴州海关“强监管、优服务”，监管生猪出口量位列长沙海关第1，“跨境一锁”通关改革正式运行；“强队伍、优管理”，多名干部得到提拔晋升，成功创建湖南省级文明单位，各项工作取得新成效。

全年审结报关单11887票、同比增长11.8%；监管货运量10.3万吨、同比增长70.3%，货值31.4亿美元、同比增长97.9%；新增备案企业521家、同比增长25.2%，实有备案企业1699家、同比增长35.8%；税收入库1.6亿元、同比减少13.4%；进出境检验检疫1067批次、同比减少12.6%，检验检疫货值4.8亿元、同比增长23.1%。郴州市外贸进出口总额515.71亿元、同比增长13.2%，总量排名湖南省第3位。

【党建工作】2022年，郴州海关落实支部“建在科上”“强在科上”要求，基层组织生活实现规范化、制度化，完成支部换届选举，8个支部召开组织生活会，申报“书记项目”3个，开展联学共建活动14次，支部书记参加长沙海关党务培训14人次；推动支部标准化建设，完成新版“智慧党建”系统的使用和信息录入，2个党支部被评为长沙海关“四强”党支部，办公室党支部“红耀五岭”党建品牌获评长沙海关党建示范品牌，1名同志获评长沙海关“党务之星”。

【业务建设】2022年，郴州海关树立总体国家安全观，监管措施落细、业务平稳运行。做好疫情内部防控与进口冷链食品、高风险非冷链食品口岸疫情防控。开展“口岸危险品综合治理”百日专项行动，排查整改隐患2项。抓好疫病监测和安全风险监控，开展疫病监测3次。加强对进境粮食疫情防控关键环节监管，监管进口粮食 81 批、11 万吨。突出业务风险防控，对 150 余家重点企业开展贸易统计数据质量专项调研。办理专项稽查作业 7 起，稽查有效率 100%，办结一般行政案件 2 起，罚没收入 189.4 万元。开展“国门利剑 2022”联合专项行动等，严厉打击涉恐涉暴货物、反宣品等走私。

【深化改革】2022 年，郴州海关深化制度创新，各项改革措施落地生效。湖南省“跨境一锁”业务改革试点定位郴州，阶段性完成全流程实车测试。推广内销选择性征收关税，帮助企业节省税款 109 万元。抓好边角料内销双抬头报关业务，帮助企业实际节省税费 80 万元。对接地方重大项目建设，审批减免企业税款 441 万元。推行加工贸易边角废料网上公开拍卖，成交 18 批、544 万元。中国（湖南）自由贸易试验区郴州片区改革试点任务实施 7 项，牵头落实举措完成 25 条。

【服务经济发展】2022 年，郴州海关围绕服务郴州市 6 大重点工作，制定服务地方外贸高质量发展 45 条细化措施，赴 13 个县、市、园区开展全面深入的调研。服务“郴品”出海

▲2022 年 1 月 18 日，郴州海关关员对首次出口鲟鱼进行现场检疫　（夏远辉　摄）

战略，检疫监管活大猪恢复供港、首次供澳，430 批次、29318 头，在湖南省占比过半。支持农产品扩大出口，出口鲟鱼 56 批、556 吨、214.6 万美元，竹木草制品 323 批、2.92 万吨、2611.14 万美元，脐橙 76 批、806.12 吨、222.71 万美元。支持“国际陆港”建设，实现郴州市北湖肉类指定监管场地业务恢复。

【综合管理】2022 年，郴州海关加强重大部署、重要任务、重点工作组织领导，召开党委会 26 次，修订制度 7 项，督办重点工作 113 项。加强先进典型培树，郴州海关青年突击队获评长沙海关青年文明号，1 人获得长沙海关开拓创新好青年荣誉。开展日常政治教育、警示教育、纪法教育等 120 批次、650 余人次参加。做好党务政工、风险防控等工作宣传，发布新闻通稿被中央级媒体采用 1 条，海关总署媒体采用 3 条、省级以上媒体采用 6 条。

【党的二十大精神学习活动】2022 年 10 月 16 日，郴州海关组织党员干部观看党的二十大开幕会盛况，通过党委理论学习中心组、支部主题党日活动等形式组织党员干部原汁原味研读党的二十大文件。制订学习宣传贯彻党的二十大精神工作方案、专题学习计划，开展专题集中学习 24 次、180 余人次，撰写学习心得 33 篇。班子成员通过讲授专题党课、座谈交流等方式，深入基层科室以及重点外贸企业带头宣讲党的二十大精神，开展宣讲活动

8次、覆盖70余人次。

【专项整治】2022年，郴州海关结合实际制订工作实施方案，组成工作专班，开展“海关重点项目和财务管理以权谋私”专项整治，梳理重点项目3个、查发问题4个；开展人员风险排查，完成19名相关人员谈心谈话，撰写剖析材料9篇；开展问题整改，制定整改清单，针对4个问题，制定整改措施9条，均已整改完毕。

【“跨境一锁”业务改革试点】2022年9月，香港—深圳—郴州“跨境一锁”作为目前唯一拓展至广东省外开展的新型通关方式，郴州市为湖南省唯一试点城市。郴州海关牵头商务、口岸等部门明确职责分工与任务，组织开展前期调研，明确试点企业及场地。10月28日，推动完成卡口设施硬软件改造。11月21日，联合粤港完成三地模拟业务测试，并阶段性完成进出口双向全流程实车测试。11月22日，长沙海关组织召开“跨境一锁”试点推进会议，为下一阶段试点推广应用打下坚实基础。

【供港澳活猪品牌建设】2022年，郴州海关将活猪供港澳列为湖南对接粤港澳大湾区、促进外贸保稳提质的重点工作，立体构建综合保障工作体系，强化全链条监管水平和动检资质梯队建设，精心建设素质过硬的监管队伍；帮扶培育“新五丰”等优质龙头企业，指导企业提升饲养管理和疫病防控水平，引导建立安全稳定的供应生态；打造全程闭环监管体系，开展疫病监测、安全风险监测38次，抽取血样、尿样、鼻拭子等样品852份，送检项目1500余个；营造高效便捷的通关环境，开展“互联网+预约通关”服务，实施“即出即检即放”的零延时通关模式。检疫监管供港澳活猪430批次、29318头，在湖南省供港澳活猪中占比过半。

▲2022年2月11日，郴州海关关员对供港澳活猪出口实施检疫监管　（陈姝瑾　摄）

【服务“郴品”出海战略】2022年，郴州海关实地走访相关企业，制定个性化帮扶措施，落实“互联网+预约通关”服务措施，对命中现场查验的农产品实行优先查验放行，提高特色产品出口通关效率。设立出境水生动物绿色通道，保障出口通关便利，出口鲟鱼556吨、214.6万美元；保障脐橙快速便捷供港，指导企业提升自检自控水平，出口脐橙806.12吨、222.71万美元；服务沙洲地区农产品进出口，帮扶出口家具企业扩大出口规模，10月24日，实现汝城县首批1095件家具（竹木草制品类）出口至美国。12月26日，3批西伯利亚鲟鱼首次出口老挝。

【郴州“国际陆港”建设】2022年，郴州海关支持郴州北湖进口肉类指定查验场实现业务“破零”，梳理汇总肉类指定监管场地进口冷链食品新冠疫情防控及食品安全监管要求，结合场地、业务等实际情况，指导运营单位完善改造方案，配合相关部门制定郴州北湖肉类指定监管场地运营筹备工作任务分解表，制订工作方案，成立工作专班，设立3组梯队人员，做好进境肉类产品监管通关服务保障。

【综合保税区内保税维修发展】2022年，郴州海关加强与地方政府的联系配合，联合出台了综合保税区内企业开展维修业务监管方案。拓展郴州综合保税区内企业维修业务范围，依托信息化管理系统实施管理，推动加工制造向研发及检测、维修等生产链高附加值的前后两端延伸。维修企业进口手机、平板电脑29.7万台，出口29万台，同比分别增长42.7%、46.9%。

【原产地证书签发】2022年，郴州海关落实促进外贸保稳提质措施要求，通过“线上+线下”、现场办事窗口辅导、企业调研等方式，开展原产地政策宣传，精准帮扶企业用足用好RCEP优惠政策，让企业进一步提升享惠水平，助力开拓海外市场。签发各类原产地证书751份、4127.78万美元，同比分别增长29.5%、68.6%。其中签发优惠原产地证书511份、2800.68万美元，为企业减少目的国（地区）关税140万美元；签发RCEP原产地证书99份、801.76万美元，减少目的国（地区）关税2.77万美元。

【安全生产大排查】2022年，郴州海关学习贯彻习近平总书记关于安全生产的重要论述，组织开展安全生产风险隐患排查工作，对单位内部场所安全、辖区执法领域安全生产情况开展重点攻坚，累计排查安全生产风险隐患20项，其中19项完成整改，1项正在整改。

【进出口危险化学品监管】2022年，郴州海关扎实开展“口岸危险品综合治理”百日专项行动，结合长沙海关安全生产专项整治行动要求，对辖区危险化学品及其包装企业开展安全风险排查，排查隐患2项，已完成整改，确保危险品进出口安全。检验出口危险化学品477批次，重量16800吨，货值3612万美元。

【打击走私综合治理】2022年，郴州海关组织开展“国门利剑”“蓝天”“护卫”等专项行动，严厉打击涉恐涉暴货物、反宣品等走私，建立完善管控虚假贸易、打击出口骗退税等工作机制。9月8日，推动召开郴州市打击走私综合治理工作会议，压实各成员单位工作责任，深化反走私源头治理、综合治理，形成反走私强大合力。

【郴州生猪重返港澳市场】2022年2月11日，在湖南郴州市新郴农生态农牧有限公司饲养场，198头生猪完成装车，经郴州海关关员加施关封后，分别发往深圳清水河中转仓和珠海斗门接驳点，郴州生猪时隔十年重新返港，出口澳门实现“破零”。长沙海关把“推动郴州生猪恢复供应港澳市场”列为培育湖南外贸增长点的年度重点工作，郴州海关陆续推出“无纸化报检、即查即放、现场领证”等一系列便利措施，确保郴州供港生猪快速通关、新鲜上市。

【海关总署疫情防控专项检查】2022年6月7日，海关总署“双百”督查组到郴州海关开展疫情防控工作专项检查，实地查看防疫物资管理、公共场所消毒、隔离点设置等疫情防控措施落实情况，通过查阅资料对郴州海关疫情防控制度建设、核酸检测、出差出行报备等工作进行全面检查。

【进口冷链食品业务演练】 2022年9月2日，郴州海关按照进口冷链环节疫情防控要求，对货物到达后的开箱、货物消毒、卸货搬运、查验送检、环境消毒、脱卸防护服等全流程进行模拟实操，对可能出现的突发情况进行应急处置演练。

【跨境电商保税备货进口】 2022年9月21日，郴州海关办理首票跨境电商网购保税进口业务，共进口货物88件，主要商品为化妆品、保健品等。2020年，郴州市获批跨境电商综合试验区，郴州海关与地方相关部门稳步推进郴州综合保税区跨境电商（1210）监管中心建设，此次保税备货进口业务开通，为郴州市外贸新业态打开新的窗口，增添新的动能。

【长沙海关首笔选择性征税分送集报申报】 2022年12月15日，郴州海关审核通过长沙关区首笔选择性征税分送集报申报表，涉及商品为郴州综合保税区内企业内销出区货物“离心风扇”“散热风扇”和“变压器”。该类型申报表实现内销选择性征收关税政策和分送集报业务的叠加，改变原有分送集报业务仅能按报验状态征税模式，解决长期困扰区内企业成品内销按料件征税集中报关问题，进一步释放内销选择性征税政策的红利，大幅节省区内企业制单、通关和税负成本。

撰稿人

吕兆洋

永州海关

【概况】 永州海关负责永州市范围内的进出口通关、监管、征税、出入境检验检疫、统计、打击走私等工作，下设办公室、综合业务科和监管稽核科3个科室。关区的特色和优势是第一产业和加工贸易，蔬菜种植出口、活猪供港澳、运动鞋类加工出口占据重要地位，相应的海关业务也集中在这些领域。

2022年，永州海关审结报关单6020票、同比增长13.3%，监管进出口货运量12127吨、同比减少57.1%，监管进出口值66.5亿元、同比增长262.5%；实施出入境货物检验检疫12308批、同比减少14.1%，检验检疫货值24.3亿元、同比增长10.8%；签发检验检疫证书5514份，签发原产地证书3618份，签证金额9934万美元；设立加工贸易备案手册57本，加工贸易实际进出口值3.7亿美元；新增备案企业252家，实有备案企业1250家；税收入库3396.8万元、同比增长17.2%；审批征免税证明5份，减免税款22.3万元；办结稽查6起，查发6起；办结核查51起，查发50起；移交一般行政案件线索6起，办理“两简”案件9起，办结一般行政案件5起。

【党建工作】 2022年，永州海关推进“强基提质工程”和“双提升”行动，落实“书记项目”，开展党务工作专题培训6期，“供港‘菜篮子’安全阀”党建品牌经验做法在海关总署政工网站刊载。综合业务科党支部、“供港‘菜篮子’安全阀”分别通过长沙海关“四强”党支部、党建示范品牌复核验收，党委书记党课《大处着眼，小处着手　推动基层海关政治建设和业务建设融合生力》获评长沙海关“最佳党课”，1人获评长沙海关“党务之星”。永州海关团支部获评湖南省“五四红旗团支部”。

落实“第一议题”制度，召开党委会26次，学习习近平总书记重要讲话和重要指示批示精神61篇次。抓实党的二十大精神学习宣传贯彻，党委会、党委理论学习中心组（扩大）学习、支部集中学习、主题党日、专题宣讲学习，在“学习强国”、“金钥匙”微信公众号和《中国国门时报》、海关总署政工网站等载体刊发学习贯彻信息简报、订阅号7篇次。参与完成“推动政治建设与业务建设融合并进，全力落实‘三高四新’战略定位和使命任务”湖南省直工委重点课题研究。依托自设栏目“语润潇湘”载体开展日常政治学习，推送843期。开展“捍卫‘两个确立’、做到‘两个维护’、强化政治机关建设”专项教育活动，分析建立18个岗位的政治要求清单112项，明确业务领域重大政治风险隐患问题清单23项，制定专项教育具体整改措施45项，结合巡视巡察整改落实到位。

【清廉海关建设】2022 年，永州海关持续深化清廉海关建设，坚持抓好“关键少数”，班子成员个人有关事项如实报告率 100%。主动接受长沙海关党委第六派驻纪检组监督，整改反馈问题 23 个。落实廉政教育“每周一刻钟”制度，结合“警示教育月”活动，组织开展纪法教育和警示教育活动 7 期，学习讨论典型案例 53 起。抓好监督执纪“四种形态”主要是“第一种形态”的运用，开展提醒谈话 2 人次。组织开展内务规范强化月和常态化内务督察，实行班前集合点名制度；开展机关效能问题专项整治，健全落实督办制度，推动干部队伍重执行、重实干、效率高良好工作习惯。

【专项整治】2022 年，永州海关扎实开展“海关重点项目和财物管理以权谋私”专项整治工作，梳理 2012 年以来重点项目和财物管理工作，组织开展个人违规事项申报、逐一谈话、撰写剖析材料，查摆问题和风险点 28 个。

【队伍管理】2022 年，永州海关加强领导班子建设，健全落实党委议事规则和清单、请示报告等 3 项制度；落实“每会一法”制度，组织学习《中华人民共和国食品安全法》等法律规章制度 22 项。加强队伍能力建设，组织开展全员大学习，在关区 18 个岗位技能比武中，分别获得一等奖 6 人次、二等奖 12 人次、三等奖 13 人次，优秀组织奖 6 个。

▲2022 年 8 月，永州海关关员赴出口芋头种植基地调研 （曾伟男 摄）

【海关文化建设】2022 年，永州海关推进海关文化建设，依托宣传栏、橱窗、LED 显示屏等载体宣传社会主义核心价值观，运用“道德讲堂”举办“那些流淌在我们血脉里的中华优秀传统文化”等专题讲座；元旦、“五一”、“十一”等重要节日组织升国旗仪式，激发关员爱党爱国情怀；弘扬海关“三实”文化，党委书记给全体党员讲“浸润‘三实’文化，推进勇创一流”专题党课；开展“五个好”活动，组织“悦读分享会”4 次，进企业、社区开展志愿宣讲服务 6 次。成功创建市文明标兵单位，连续 2 年获评永州市平安建设先进单位。

【通关监管】2022 年，永州海关推进“两步申报”“两段准入”“提前申报”“多证合一”“证照分离”等改革，“提前申报”应用率 88.2%，“两步申报”应用率 37.93%，进出口通关时间分别为 6.32 小时、0.53 小时。落实出口原产地证书智能审核、自助打印等通关改革措施，签发原产地证书 3618 份，签证金额 9934 万美元，其中签发优惠原产地证书 2977 份，签证金额 6888.3 万美元，企业在目的国（地区）减免关税 250 万美元，相关情况获海关总署门户网站、湖南省政府网站、《中国国门时报》、《湖南日报》等媒体宣传。

【蔬菜出口监管】2022 年，永州海关落实《长沙海关促进湖南供港澳蔬菜和活猪产业高质量发展若干措施》《长沙海关助力乡村振兴促进农产品出口十八项措施》和《关于服务湖南出口农产品高质量发展的实施意见》。简化蔬菜种植基地备案流程，实施网上审批办理，支持优质基地办理海关备案；推进属地查检系统试运行暨检验检疫证书“云签发”模式试点工作；开辟生鲜农产品出口“绿色通道”，为企业提供“7×24 小时”预约通关服务。加强蔬菜种植基地管理，鼓励蔬菜出口企业向产业链上游发展，指导推进标准化种植基地建设，指导种植企业按照出口检验检疫标准进行生产；加强质量安全风险监测，全年开展供港澳蔬菜种植基地定期管理类核查 10 起，检验检疫出口蔬菜 0.9 万批，完成 17 个供港蔬菜品类 82 个样品采样送样，合格率 93.9%；开展送收样品智能化监管“三智”项目试点。与永州市农业农村、市场监管、商务等部门开展“双随机、一公开”等联合

▲2022 年 4 月，永州海关关员赴关区杏鲍菇种植基地开展定期监管类核查作业（曾伟男 摄）

执法活动，向相关县区政府通报出口蔬菜境外通报情况及海关监督抽检不合格情况。指导帮助企业首次采用陆海联运模式向香港供应新鲜蔬菜，相关情况被中央电视台宣传报道 2 次。永州市出口蔬菜 85.37 亿元，同比增长 27.1%，占湖南蔬菜出口值的 96.7%。

【危险品综合治理】2022 年，永州海关开展“口岸危险品综合治理”百日专项行动，检验出口打火机 1050 批，货值 2.19 亿元，检出不合格危险化学品 32 批。

【监管供港澳活猪】2022 年，永州海关落实非洲猪瘟防控要求，加强注册饲养场管理，实施全链条监管措施，坚持批批到场监装和双人作业，运用远程视频实时远程监控注册饲养场，每月开展两次非洲猪瘟疫病监测，监装供港澳活猪 201 批 16930 头，同比增长 41.6%。

【打击走私】2022 年，永州海关推进全员打私工作，受理一般行政案件 6 起（含涉检案件 1 起），办结一般行政案件 6 起，罚没收入 20.35 万元。办理“两简”案件 9 起，罚款 4500 元，给予警告 1 次。推动永州市打击走私综合治理工作，年度考核得分排名并列湖南省第 1 名。

【服务经济发展】2022 年，永州海关设立农产品出口“绿色窗口”、属地查检“绿色通道”，接受企业预约加班 46 次，政务服务“好差评”系统

▲2022 年 3 月，永州海关关员开展非洲猪瘟疫病监测　（曾伟男　摄）

满意率 100%。开展稳外贸百日行动，对永州市 11 个县市区实现全覆盖调研，调研实体外贸企业 67 家，帮助解决问题 69 个。围绕“打造‘双通道’，助推永州‘向南向海向外’开放战略实施”开展“隶属海关关长在线访谈”，解决群众问题。面向辖区企业举办政策宣讲培训班 2 期，指导帮助“永州之野”农产品出口区域公共品牌获得海关总署知识产权备案。永州市进出口总值 415.1 亿元、同比增长 44.1%，在湖南省排名第 5 位。

【国际陆港建设】2022 年，永州海关参与永州国际陆港建设，提供政策咨询；支持开通永州—中欧班列、永州—湘粤非铁海联运班列和永州至北部湾班列，助推融入西部陆海新通道。

【疫情防控】2022 年，永州海关完善疫情内部防控工作领导机制，建立永州海关统筹口岸疫情防控和促进外贸稳增长工作指挥部、新冠疫情内部防控应急处置指挥部。制定《永州海关工作人员感染新冠内部应急处置工作预案》《疫情突发情况下永州海关一线业务临时交接实施方案》《永州海关疫情防控转运应急预案》，组织开展工作人员疫情防控工作培训与感染新冠桌面推演 2 次。建立人员信息台账、出差出行管理台账和核酸检测台账，建立会议、培训等聚集性活动台账，建立来访人员审批、登记制度，建立公共区域消毒台账，建立防疫物资进出库、领用消耗管理台账。建立风险排查机制，对新增确诊病例开展紧急风险排查；对接永州市地方联防联控机制，争取属地防护物资与医疗卫生力量支持。

【理论研究】2022 年，永州海关完成“推动政治建设与业务建设融合并进，全力落实‘三高四新’战略定位和使命任务”“关于促进永州蔬菜出口产业高质量发展的调研报告”等重点课题研究 6 项，向长沙海关和永州市委、市政府提交调研报告 6 篇；在海关总署及省级以上媒体刊发政务信息 14 篇，其中被海关总署采用 4 篇，被湖南省委省政府采用 4 篇。

【后勤保障】2022 年，永州海关落实“过紧日子”要求，加强节约型机关建设，成功创建“节约型机关”。控制“三公”经费和差旅费支出，预算执行率 100%。完成篮球场改造等民生实事项目 11 个，加强食堂、车辆等管理，做好后勤服务保障。组织开展“安全生产月”活动，与永州市商务局签订消防安全管理责任协议书，组织开展安全检查 25 次。

撰稿人

曾伟男

怀化海关

【概况】2022 年，怀化海关立足五溪大地，服务“五新四城”，奋力推进全国文明单位创建，打造“争先士卒”怀关品牌，荣获湖南省级青年文明号、怀化市园林单位、怀化市无烟机关、怀化市平安建设工作先进单位等荣誉称号。监管进出口班列 151 列、3798 车、货重 20 万吨、货值 1.4 亿美元；税收入库 1040 万元；开展 AEO 认证培育 2 家，实现“破零”。指导知识产权海关备案 3 项，实现“破零”。审结报关单 1876 票、同比增长 105.3%，落实减税降费政策，签发原产地证书 204 份、同比增长 277.8%，金额 851.7 万美元、同比增长 240.1%。外贸“破零”企业 62 家、实现倍增企业 18 家，怀化市进出口总值 46.8 亿元、同比增长 135.6%，增速居湖南省第 1 位。

【党的建设】2022 年，怀化海关深入学习党的二十大精神，制订党委理论学习中心组专题学习计划、学习宣传贯彻措施 16 项，全员撰写心得体会 20 余篇，制作宣传展板 20 余版，报刊媒体宣传 7 次，获长沙海关“奋进新征程　展现新作为”主题演讲比赛二等奖。推进政治机关专项教育活动，梳理 29 个岗位 51 项政治要求，整改党委班子问题 10 个。坚持“第一议题”制度，开展党委理论学习中心组学习 12 次，班子成员讲党课 7 次，其中主要负责人赴怀化市委党校讲授专题党课 2 次。3 个支部获评长沙海关合格党支部，2 个支部获评长沙海关“四强”党支部，1 个支部品牌获评长沙海关“党建示范品牌”，1 个支部品牌获评长沙海关“党建培育品牌”，“陆港尖兵”情景党课获得海关总署“金钥匙”微信公众号推荐 2 次。

【队伍建设】2022 年，怀化海关按照“一关一品牌”要求，根据屈原流放溆浦的历史考证，提炼“爱国——忠诚为国把关，求索——创新促进发展，为民——厚植人民情怀，高洁——坚守廉洁自律”的怀化海关精神。1 人记三等功，1 人被评为“十佳”基层一线党支部书记，1 人被评为青年岗位能手；牵头关级课题 3 个、参与关级课题 9 个，参与量居长沙关区隶属海关第 1 位；加强退休干部工作，培育“桑榆红”党建品牌，开展座谈调研、春秋游、走访慰问等活动。

【业务建设】2022 年，怀化海关落实《长沙海关　昆明海关合作备忘录》要求，与磨憨、凭祥、钦州港等口岸海关建立有效沟通机制，实现中老、中越班列首发和双向开行，中越中老进境水果专列直达怀化，进口锑精矿海铁联运班列由钦州港转关怀化，监管进出口班列 151 列，开行班列数量超过湖南省政府既定目标任务。

▲2022年6月30日，怀化海关参加长沙海关“喜迎二十大、奋进新征程”庆祝中国共产党成立101周年主题活动 （李渊 摄）

深入18个场所/企业排查整改问题隐患6个。查验进出口货物18票，查获9票。查检出口危险化学品及危险货物385批次，不合格16批次；开展危险货物包装使用鉴定427批次，不合格17批次；性能鉴定7批次，不合格3批次。完成稽查作业3起，100%查发。管控虚假贸易，开展统计核查10家，要求整改8家；加强进境粮食安全监管，要求整改1家。开展“国门绿盾2022”和“国门守护2022”专项行动，完成供港蔬菜监测抽样16个，检出不合格样品5个。布置外来杂草监测点8个、实蝇监测点26个，收集虫体366只。开展打击冻品、成品油走私专项行动，办理缉私行政案件6起，涉检案件2起，反走私综合治理绩效考核在怀化市保持前列。

【优化服务】2022年，怀化海关与怀化市商务局建立外贸形势分析联席会议制度，开展稳外贸百日行动，解决企业问题16个。助力怀化本地优质食品农产品出口，开展指导备案一批、免费检测一批、促进出口一批的“三个一”措施，免费检测样品37个，涉及产品包括调味品、茶叶、水果等10余个品种，实现6类食品农产品出口“破零”（麻阳冰糖橙搭乘中老班列出口老挝“破零”，麻阳冰糖橙出口迪拜“破零”，溆浦脐橙通过卡班出口越南“破零”，沅陵茶叶铁海联运出口马来西亚“破零”，芷江甜茶、米粉、白蜡出口越南、老挝“破零”）推动竹制品首次以城陵矶—武汉“组合港”通关出口。探索进口东盟优质食品农产品新路径，保障中老班列常态化进口木薯淀粉约3000吨。强化属地纳税人管理，税收入库1040万元。建立“陆港通关绿色通道”和“即报即查即放”优先机制，实施预约通关，全周无休为中

▲2022年1月6日，怀化海关对中老铁路（怀化—万象）国际货运首发列车开展监管 （李渊 摄）

老、中越班列办理转关业务，班列出口平均通关时间为0.13小时，进出口通关时间优于全国平均水平。落实减税降费政策，减免税款143.7万元。

【综合保障】2022年，怀化海关严格落实“过紧日子”要求，中央财政拨款预算执行率100%，获评海关系统节约型机关。排查整改配电房、消防等内部安全生产问题隐患25个，连续3年获评怀化市平安建设工作先进单位。强化窗口作风建设，用好“好差评”系统，获评湖南省青年文明号。克服怀化市主城区3次封城严重影响，实施3个月闭环管理，24小时应急值守，安全有序开展辖区日常业务工作的同时，全力保障进出口通道畅通无阻，实现“打胜仗、零感染”。

【国际陆港建设】2022年，怀化海关全力支持怀化国际陆港建设，指导完成铁路监管作业场所申建并投入使用，出台《关于促进怀化国际陆港建设的18项措施》，推动怀化市政府出台细化落实措施41条；开展保税物流中心（B型）、跨境电商监管作业场所、开放口岸及指定监管场地建设可行性研究；与昆明、南宁、南昌、武汉等海关创新协作机制，与广州、南宁等海关探索“一港通”通关模式，推进“区港联动”改革，促进公路、铁路、水路、航空物流无缝衔接。全天候保障班列高效便捷通关放行，细化任务目标41项，推广“提前申报”“两步申报”，实施“铁路进出境快速通关”，探索“直装直提”改革举措，指导企业自主选择转关或一体化申报模式，提供“7×24小时”预约通关服务，实现“通关与口岸同等效率”目标。向怀化市委市政府报送关于面向东盟水果蔬菜、木薯粉、橡胶产业发展等研究文章10余篇，撰写统计分析50余篇。在怀化市委党校以“抢抓怀化国际陆港建设战略机遇 打造内陆地区改革开放高地”为题讲授专题党课，宣传怀化国际陆港。

【怀化海关通关服务窗口获评省级青年文明号】2022年6月，怀化海关通关服务窗口获评省级青年文明号。通关服务窗口由综合业务科与监管稽核科组成，定期开展集中学习研讨、读书分享等活动，每年在海关总署和长沙海关相关载体上发布10余篇理论文章。推动专业资质全员化，人均资质3.4项。推广“提前申报”和“两步申报”模式，持续巩固压缩通关时效，发挥“互联网+海关”和“单一窗口”作用，推行网上办理和线上指导，让数据多跑路，让企业少跑路，“一件事一次办”，“好差评”系统企业好评率100%。在2022年3月怀化市主城区封控期间，第一时间研究制定通关保障措施并告知企业，确保进

▲2022年8月19日，怀化海关通关服务窗口被授予第22届湖南省青年文明号称号（夏娟 摄）

出口货物顺利报关。

【创建全国文明单位】 2022年，怀化海关通过湖南省文明（标兵）单位复查，全力争创全国文明单位，赴4家兄弟单位学习考察，制订创建工作方案，分解任务119项，发挥工青妇优势，评选表彰党员示范岗、青年先锋岗、巾帼文明岗、文明科室、文明家庭等各类先进岗位。以学习宣传贯彻党的二十大精神促文明创建，扎实推进廉洁文化建设，建成准军训练场和廉政文化长廊，深度挖掘屈原等古代先贤、滕代远等革命先烈清廉事迹，用本土清廉资源涵养新时代海关廉洁文化；坚持文明创建“围绕中心、服务大局”，服务怀化高水平开放高质量发展。突出志愿帮扶，建立志愿者服务站，开展“72户片区”结对帮扶等“三关爱”志愿服务活动2次，参加和开展社区普法、困难户帮扶和疫情防控工作，开展留守儿童助学、文明劝导、无偿献血、义务植树等志愿服务活动20余次，在中央电视台和海关总署、湖南省媒体报道30余次，宣传工作排名居长沙关区隶属海关首位。

撰稿人

阳　琼　李　渊　庞展琪　曾俊杰

娄底海关

【概况】2022年，娄底海关审结报关单2243票、同比增长217.7%；监管货运量943.9万吨、同比增长6.1%，货值14.5亿美元、同比下降2.4%；入库税款14.29亿元、同比增长160.2%；办理新增企业备案112家，实有备案企业683家、同比增长10.5%；备案加工贸易手册10本，金额16308.5万美元、同比下降2.5%；实施出入境货物检验检疫744批、同比下降15.5%，货值17.27亿元、同比下降6.4%；出境危险货物包装检验141批、同比下降14.54%；签发各类检验检疫证书证单234份、同比下降15.2%，电子底账613条，与2021年持平；签发原产地证书734份、同比增长8.2%。

【党建工作】2022年，娄底海关加强政治机关建设，坚持把学习习近平总书记重要讲话和重要指示批示精神作为党委会、疫情防控和促进外贸稳增长工作指挥部会议的“第一议题”，召开党委会18次、党委理论学习中心组学习12次、疫情防控和促进外贸稳增长工作指挥部会议23次，学习习近平总书记重要讲话80余篇次。发挥党建引领作用，建立健全党委工作3项基础制度，建立完善党总支、党支部两级工作机制，实施两个“书记”项目，创建“加速度”“向心力”两个党建品牌，综合业务科党支部成功创建长沙海关“四强”党支部，“加速度”党建品牌获评长沙海关党建培育品牌。

【队伍管理】2022年，娄底海关落实全面从严治党责任，落实从严治关要求，常态化开展队列训练、内务督查和问题纠治，研究制定相关措施，发挥工会、团支部和青年研究小组作用，开展读书分享会和跑步、游泳、健身和各种球类活动。

推进巡察整改、专项教育、专项整治等工作，查阅纸面资料22份、电子资料12份，跟班作业3人次，召开座谈会2次，开展谈心谈话2人次，梳理问题清单和廉政风险清单，确定廉政风险清单事项3项。组织“海关重点项目和财物管理以权谋私”专项整治，累计开展政治教育33次、纪法教育2次、警示教育29次，撰写“专项整治个人剖析材料”10人次，梳理形成重点项目清单和重点企业名单。

【压缩整体通关时间】2022年，娄底海关宣传和推广应用“提前申报”、“两步申报”、“7×24小时”预约通关、税费电子支付、免到场查验等便捷措施，加强进出口报关单日常监控和异常情况及时处置，进口整体通关时间4.54小时，出口整体通关时间0.16小时，

▲2022 年 4 月 19 日，娄底海关开展“内务规范强化月”队列训练　（梁光强　摄）

均优于长沙关区平均水平。

【综合治税】2022 年，娄底海关实际入库税款 14.3 亿元、同比增长 160.2%。协调落实全国通关一体化[①]措施，助力重点企业属地报关，属地申报纳税为 79.55%、同比增长 4.4%。推进银行保函、集团财务公司担保等创新担保方式，安排专人引导 2 家钢企办理公式定价备案 124 份，担保备案 198 份，核销 260 份。“一对一”精准服务，上门做好政策宣讲，指导华菱安赛乐米塔尔汽车板有限公司二期技改项目减免税备案和 25 批货物免表办理，减免税款 1224 万元，帮助湖南人文科技学院办理科教用品减免税 9 票，减免税款 23.8 万元。提高出口原产地签证便利化水平，签发各类出口货物原产地证书 734 份，金额 11140.7 万美元。推广原产地证书签发“网上申报 + 智能审核 + 自助打印”模式，企业自助打印证书 575 份，自助打印率 88.2%。

【综合监管】2022 年，娄底海关开展进口目的地事中查验 7 次，出口前产地检验 152 次。对新印科技股份有限公司从韩国进口 4 条碳粉旧生产线和 2 条感光鼓旧生产线成套设备 94 个集装箱货物开展现场查验 14 次，协调深圳海关工业品检测技术中心和中国检验认证集团深圳有限公司对上述旧品进行固体废物属性鉴定。办结稽查作业 4 起，查发率 100%；办结核查作业 14 起，查发率 85.7%。移交缉私案件线索，其中办理一般行政案件 1 起，办理进口危险化学品伪瞒报涉检案件 1 起，一般行政案件和

▲2022 年 3 月 17 日，娄底海关关员赴企业上门指导加工贸易、AEO 认证等业务（梁光强　摄）

① 指企业可以任意选择通关或者报关地点和口岸，在全国任何一个地方都可以办理相关手续。

涉检案件办理均实现零的突破。开展国门生物安全风险监测，设置实蝇监测点 26 个，收集样本 1417 个；对辖区 8 家进口粮食定点加工工厂及中储粮仓库，开展外来有害杂草、红火蚁现场监测 20 余次；抽取供港活猪风险监控样品 9 个；抽样检测重点监测疫病 24 次，一般监测疫病 5 次，潜在风险疫病 1 次。加强对进口粮食调运的后续监管，完成 2 家进口粮食储备库备案考核，完成进口粮食调运初审约 6.89 万吨，实际调运进口粮食入仓和加工约 7 万吨。开展进出口商品质量检验与维护进出口食品安全工作，出口危险化学品及其包装使用鉴定 130 次，4245.5 吨，货值 671.12 万美元，检出不合格 6 批次；开展危险货物包装使用鉴定 1 一次，检出不合格 1 批次，开展化工品检验 9 次。

▲2022 年 7 月 11 日，娄底海关关员开展进口设备现场查验　（梁光强　摄）

【服务开放型经济发展】2022 年，娄底海关贯彻落实海关总署稳外贸 10 条措施、长沙海关 35 条措施，联合娄底市商务局成立工作专班，走访调研双峰、新化、冷水江和经开区以及 10 余家企业，“一企一策”帮助企业解决通关、担保、签证、AEO 认证、国际物流等实际困难问题，研究引导外贸数据回流、扩大进出口的具体措施。加大政策宣传力度，利用“娄底海关外贸企业服务群”推送政策法规解读、答复企业咨询，全年推送政策信息 500 余次，会同商务部门开展外贸业务集中培训 2 次，参加企业近百家。推广“互联网＋海关”“零接触”线上办理等方式，建立“一对一”关企联系机制，指导企业开展加工贸易。

撰稿人

张　琦

【综合服务保障】2022 年，娄底海关推动综合管理和工作秩序规范，建立规章制度 43 项，“两科三机制”向“一办两科”过渡。严格执行“周计划、月计划、年计划”，统筹推进各项工作。定期开展消防设施、监控设备、水电器具、公务用车检查，牢牢守住疫情防控、大院安全、行车安全等安全底线。组建青年理论学习研究小组，开展关级课题研究 2 个。落实“过紧日子”要求，从严控制“三公”经费，压减一般性支出，中央预算执行率 100%。

湘西海关

【概况】2022年，湘西海关围绕“走前列、提质量、创一流、出精品”的工作目标，开拓创新、攻坚克难，推动各项工作迈上新台阶。办理进出口商品检验检疫业务337批次、货值2.2亿元，同比分别增长39.8%、72.7%；实施危险货物包装使用鉴定153批，同比增长26.4%；签发各类原产地证书226份、签证金额6236.3万美元，同比分别增长11.3%、32.7%；新增备案进出口收发货人55家，24家企业实现“破零”倍增。湘西土家族苗族自治州（以下简称“湘西州”）进出口总值21.6亿元、同比增长28.4%，居湖南省第6名，高出湖南省平均增速8.2个百分点。

【党的建设】2022年，湘西海关落实“第一议题”制度，召开党委会议18次，提出贯彻落实措施96项，就安全生产、疫情防控等进行安排部署。抓好政治理论学习，开展党委理论学习中心组学习10次，班子成员讲专题党课人均3次；鼓励年轻干部走上讲台，开办海关夜校24期，举办青年理论研究小组读书班6期。

制发工作方案，明确5个方面、19项重点工作任务，梳理岗位政治要求55条，查摆5个方面重大风险隐患。将专项教育活动与党支部建设统筹推动，提炼“首创”“小背篓”“螺丝钉”3个特色党建品牌，推进建成廉政文化长廊及党建文化长廊，实现科室党支部由“建在科上”向“强在科上”转变。

【学习宣传贯彻党的二十大精神】2022年，湘西海关组织全关干部集中收看党的二十大开幕会，制订工作方案，立足实际提出25条贯彻落实措施。主要负责人赴湘西州政协宣讲党的二十大精神，160多名新任政协委员现场听课。11月28日，邀请长沙海关关长朱光耀同志在花垣县十八洞村精准广场通过“院坝讲堂”方式，为全体关员宣讲党的二十大精神。

【“海关重点项目和财物管理以权谋私”专项整治】2022年，湘西海关落实纪法教育、制度教育、警示教育规定，深入排查问题4个，廉政风险3个，全部整改完毕。举一反三，全面清理工作制度，先后制定、完善制度5项，制定工作流程图4项，将“当下改”与“长久立”结合起来，推动整改工作层层递进、步步深入。

【队伍建设】2022年，湘西海关扎实开展岗位大练兵，关税岗位练兵成绩获长沙海关一等奖，统计岗位练兵获长沙海关二等奖，1人被评为青年岗位能手。培树身边先进典型，3人荣获三等功，1人被评为“十佳”基层一线党支部书记。抓好职务职级晋升推荐，全年职务晋升1人次，职级晋升5人次，1人遴选至长沙海关工作。向地方政府报送外贸形势分析6期，完成青年理论研究文章2篇，牵头完成关级课题2个，参与完成署级、关级研究课题4个，青年理论研究年度积分在长沙关区隶属海关中名列第2。

【获评省级青年文明号】2022年5月4日，湘西海关青年突击队获评湖南省级青年文明号。开展青年大学习活动，组织专题学习9次，参与人员40余人次；发挥青年志愿者服务队作用，联合湘西州人民银行团委开展无偿献血活动20余人次。参加社区抗疫、维稳巡逻、交通劝导等活动，弘扬向上的正能量。

【业务改革】2022年，湘西海关落实各项改革措施，签发湖南省首份RCEP原产地证书，助推锰产品、苗绣、鱼子酱等产品扩大出口；推广“提前申报”“两步申报”等改革措施，出口提前申报报关单数量增长34倍，进口提前申报率居关区前列；助力花垣县鱼子酱生产企业妥善应对法国技术性贸易壁垒，3月实现法国官方解除对中国进口鱼子酱出口禁令，相关工作成果在海关总署技贸措施工作简报中刊载。

▲2022年4月11日，湘西海关关员开展出口苗绣调研（易臻 摄）

【商品检验】2022年，湘西海关抓好出口危险化学品监管、进口医疗器械等重点业务领域，实施进出境货物检验检疫277批次，货值2589.9万美元，同比分别增长28.2%、68.1%；实施出境货物危险包装使用鉴定153批、同比增长26.4%。检出不合格危险化学品10批，不合格检出率6%，居长沙海关第2位。开展安全生产专项行动，2次派员参加工业领域安全生产专项行动，赴11家企业进行现场走访，查发安全隐患142项。组织属地进口医疗器械属地查检实操演练1次，提高执法规范性以及一线监管能力。首次在进口医疗器械木质包装中检出滑刃线虫①，实现开关以来在外来有害生物检出方面“破零”。

【食品化妆品检验】2022年，湘西海关坚持推进“湘品出境”战略，引导支持湘西特色食品走出国门，出口食品9批，货值68.1万美元，主要出口产品为白酒、葛粉、鱼子酱产品。与湘西州市场监督管理局、卫生健康委员会加强合作，参与食品标准评审，提出标准修订2条。参加食品宣传周活动，就进口红酒、奶粉防伪、进境食品准入流程等内容进行现场讲解，现场接受群众咨询20余人次，发放宣传资

① 具有滑刃型食道即背食道腺在中食道球的食道腔内开口的食道和口针的一类线虫。

料50余份。强化进口冷链食品监管，对云南磨憨口岸、上海外高桥口岸入境的3批进口香蕉口岸报关信息进行核实。

【动植物产品检疫】2022年，湘西海关支持湘西特色水果走出国门，出口水果6批、货值10.6万美元，同比分别增长28.2%、68.1%，主要出口产品为柑橘、脐橙。开展外来有害生物监测活动，设立实蝇监测点23个，开展专项监测14次，捕获各类实蝇230余只；设置杂草监测点3个，开展杂草监测9次，覆盖湘西州所有进口粮食储备库。开展"4·15"国门安全宣传日活动，赴企业开展《生物安全法》专题讲座，提高企业的思想认识和防控处置能力。

【稽查与核查】2022年，湘西海关加强稽核查力度，办结稽查作业6起，稽查查发率达100%。移交龙山县某企业假发出口骗税案件线索，为湖南省2022年首起海关查发移交出口骗税案件成案，1人被推荐为打击骗取留抵退税违法犯罪成绩突出个人。

【打击走私】2022年，湘西海关强化"全员打私"意识，行政立案3起，办结2起，罚没收入0.99万元。推进"国门利剑2022"联合专项行动，查封处理一批来源不明化妆品、涉嫌海南离岛免税"套贷购"走私商品。打私综治工作得分98分，位列湖南省第一梯队。

【综合管理】2022年，湘西海关坚持"文化育关"理念，组织道德讲堂2次，开展元宵包汤圆、端午包粽子、中秋做月饼系列活动，组织"一封家书"活动，凝聚干事创业、团结向上的动力。组织召开内控领导小组会议2次，依托HLS2017平台加强监控预警，处置异常数据有效数28条，有效率80%，补征税款23次，报送专项成果2篇。

【后勤保障】2022年，湘西海关落实"过紧日子"要求，办公费、印刷费、维修（护）费、差旅费同比分别下降75.3%、76.07%、61.21%、50.84%，连续3个季度"紧日子"评估评为优秀。10月25日，被国家机关事务管理局等4部委联合授予"节约型机关"。边关"六小项目"使用管理功效逐渐显现，保障项目稳步顺利推进，干部职工在共建、共管、共享中增强幸福感、归属感。完善值班工作3项制度，配备办公设备和生活物品，组织值班专题培训，全年值班工作"零问题"。

【签发湖南首份RCEP原产地证书】2022年1月1日，RCEP正式生效当日0时15分，湘西海关为湘西丰达合金科技有限公司出口日本的278万美元电解金属锰片签发了RCEP原产地证书，这是湖南省签发的首份RCEP原产地证书。企业凭RCEP原产地证书可在目的国享受关税减免，增

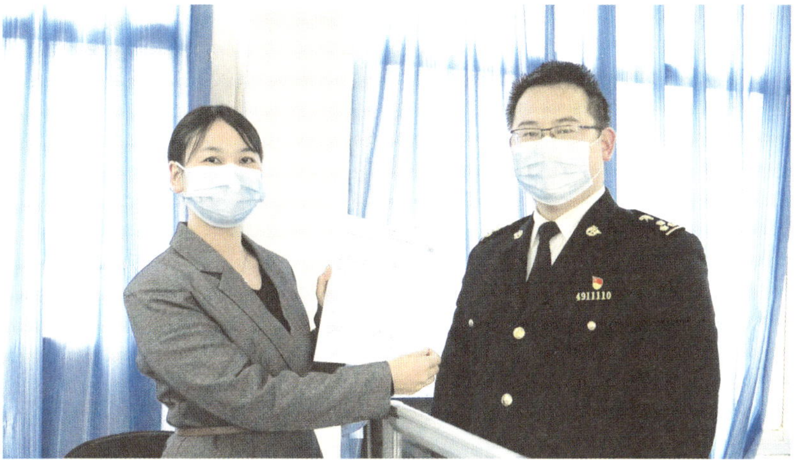

▲2022年1月1日，湘西海关出具湖南省首份RCEP原产地证书　（易臻　摄）

强了我国产品的国际竞争力。

【助力花垣鱼子酱恢复出口日本】2022 年 3 月 24 日，经湘西海关检验合格，由湖南花垣鲲海食品有限公司生产的 301 千克鲟鱼子酱启程出口日本，这是湖南省 2022 年首批出口鱼子酱产品，也是该类产品时隔 3 年重新进入日本市场。湘西海关支持企业不断改进生产工艺、提高产品品质，助力企业获得对欧盟注册，为企业进入全球鱼子酱市场取得通行证。RCEP 生效后，湘西海关引导企业开拓 RECP 成员方市场，并为该批鱼子酱签发湘西州首份对日本 RCEP 原产地证书。鱼子酱恢复对日本出口，标志着湖南高端加工食品进一步开拓国际市场。

▲2022 年 3 月 24 日，湘西海关关员对出口鱼子酱进行检验　（易臻　摄）

【湖南首家海关服务站落户保靖县】2022 年 11 月 27 日，湘西海关立足“首倡之地”当有“首创之为”，落实“乡村振兴”和共建“一带一路”，打通服务县域开放型经济发展“最后一公里”，发挥“通讯员”“辅导员”“讲解员”作用，助推湘西州保靖县“酉水明珠、黄金茶城”农产品顺利走出国门，湖南首家海关服务站在湖南省湘西州保靖县挂牌成立。举办各类业务培训 4 次、100 余人，走访调研企业 20 余家，解决问题 30 余个，新增备案企业 8 家，实现外贸进出口 257 万元，同比增长 50%。

【湘西州加工贸易顺利“破零”】2022 年 3 月 3 日，湘西海关审核通过湖南华美兴泰科技有限责任公司提交的加工贸易手册申请，标志着湘西州加工贸易业务实现零的突破。该备案企业为主要从事高端储能产品设计制造的科技型企业，该批加工贸易备案产品为进口钕铁硼磁环和磁条，备案金额 236.2 万元，生产成品为无线充电移动电源。发展加工贸易有助于进一步丰富和优化外贸结构，有效利用国内国际两个市场、两种资源，也有利于资金、技术、人才和产业的引进，帮助湘西州开放型经济发展按下“快进键”。

撰稿人

易　臻

第八篇

直属事业单位

长沙海关后勤管理中心

【概况】2022年，长沙海关后勤管理中心（以下简称“后勤管理中心”）建立办公区域、管理房产、车辆、食堂、酒店5个安全责任条线，全面把准弄清安全生产风险点。开展安全大生产、内部场所等专项安全检查29次；实行安全隐患台账管理，逐一整改、闭环销号；优化升级消防等安全基础设施设备7套，升级改造3个办公区视频监控系统；推动人民东路办公区消防系统全面检修；持续完善与属地派出所、消防等部门联动配合。运用微创新科技项目在机关食堂安装燃气泄漏自动报警系统，加强技术防范。完善应急体系建设，建立防汛、抗旱、冰雪“应急救援物资储备库”。构建全员应急响应机制，形成安全生产齐抓共管格局，点、线、面有效管控。安全规范组织零星维修工程项目112个。获评“2022年度湖南省直单位优秀食堂”。

【党的建设】2022年，后勤管理中心建立健全支部组织生活制度、“三会一课”制度、支部学习制度，建立公有住房管理、食堂管理、财务基础等方面制度规定共20项。定期研究党建工作机制，研究解决支部党建工作薄弱环节、突出问题。开展党小组长党务培训，创建党小组特色子品牌，开展研讨交流6次、集体学习70余次。获评长沙海关“四强”党支部，支部品牌“工匠后勤”成为长沙海关培育品牌。

【疫情防控】2022年，后勤管理中心根据长沙本地疫情形势以及长沙海关统筹口岸疫情防控和促进外贸稳增长工作指挥部要求，发挥6台智能人、证核验终端技防核验作用，动态调整东二环办公区、湘府路办公区、人民东路办公区入院放行措施10次。消杀邮件快递14.2万件，大楼环境消杀累计5373.4万平方米。采购防疫物资31批次，发放防疫物资49.74万件。保障长沙黄花机场海关入境人员、卫生检疫岗位工作人员封闭管理60批次971人。动态改造封闭场所7次，提供入境人员、卫生检疫岗位工作人员住房1.8万间次、封闭场所环境消杀累计90平方米。

【标准化体系建设】2022年，后勤管理中心出台长沙海关关于加强机关事务管理指导意见47条。搭建“制度+岗位操作规程+绩效考核”标准化控制体系，修订建立岗位职责220条、制度23个、岗位操作规程105个、绩效考核指标280条。发挥中心聘请法律顾问作用，妥善解决民事法律纠纷、劳动用工风险等问题，各项工作依法保障、依规服务。

【机关保障服务】2022年，后勤管理中心保障会务776次、专项集中工作30批次；验放外来人员7.9万余人次、车辆4.1万余台次；物业安全巡检644次、物业维修2316次；保障就餐37.6万人次；保障公务交通出行13.37万千米。完成80批次39.94万件涉案财物出入库。物业服务热线“1332”增设24小时服务，受理业务2963项。完成采购任务156项，建立采购资料电子档案，首次将“采购意向”提前在中国政府采购网发布，最大限度提高透明度。完成准军训练室全面翻新改造，推动人民东路办公区“双电源”投入使用。长沙海关机关食堂获评“2022年度省直单位优秀食堂”。

▲2022年6月16日，后勤管理中心开展“送清凉”活动　（刘飞浪　摄）

【节约型机关建设】2022年，后勤管理中心修订完善节能节水相关制度17项，制作水管网图1份、水计量图1份。开展节能宣传周、全国低碳日体验等活动，张贴宣传海报、播放节能宣传视频并发放宣传资料420份。采取“请进来”“走出去”方式，多次到湖南省、长沙市两级机关事务管理局现场学习，邀请湖南省水利水电科学研究院、湖南省机关事务管理局、长沙市机关事务管理局专家来现场授课，开展专题培训4次，120余人次。公共区域张贴节水标识152块，加装计量器具4块，坚持对办公区水、电、气设备进行日常巡查，及时登记台账和能耗数据，杜绝“长明灯、长流水”现象。持续推行“文明餐桌、光盘行动”主题活动。长沙海关机关获评国家级“节约型机关”示范单位、湖南省“省级公共机构节约型示范单位”称号、湖南省“省级公共机构节水型单位”。

【所属企业监督管理】2022年，后勤管理中心完成3家对外投资经济实体3年国企改革任务，优化管理层级，理顺投资关系，建立健全企业相关制度。首次组织对海曦物业管理有限公司所属14家分公司开展全面联审核查，对其财务管理和内部控制进行监督检查。针对10余个内部控制风险点提出财务建议74条。下发《长沙海曦物业管理有限公司财务管理指导意见》，指导健全财务制度。

【队伍管理】2022年，后勤管理中心推荐聘任管理七级中层领导干部5名、管理八级中层领导干部2名。完善聘用员工晋升机制，优化岗位44个。开展“海关重点项目和财物管理以权谋私”专项整治，动员部署、专题推进20余次。成立3个工作小组，翻阅基建档案800余份、会计凭证200余本，获取相关资料80余份。牵头梳理长沙海关本级重点项目12个、后勤管理中心重点

▲2022年12月26日，后勤管理中心开展安全检查　（刘飞浪　摄）

项目1个。组织相关企业召开座谈会2次。开展常态化廉政教育，坚持对重点岗位、重要领域、重大项目、重大资金开展廉政及内控风险防控。获长沙海关个人嘉奖5人次、个人通报表扬7人次。

撰稿人

蔡婧怡

长沙海关技术中心

【概况】2022 年，长沙海关技术中心（以下简称“技术中心”）立足职责，优化内部审批流程 20 余项，稳步推进“1 +4 +3[①]”长沙海关实验室建设一体化运行，派驻专家上门“一对一”指导湖南省内 4 个综合实验室 17 人次，持续为长沙海关烟花爆竹、打火机 2 个实训基地提供技术支持。常德、岳阳、怀化实验室法检检测“破零”，与岳阳自贸片区就进口粮食稻谷类检测全面开展合作。建立实验室检测“绿色通道”，做好北京冬奥会、冬残奥会焰火产品检验和质量把关，保障烟花爆竹合规出口。开展出口陶瓷应对技术性贸易措施研究，为企业节约成本 10 余万元。检测技术能力涵盖食品、农产品、动植物及其产品、烟花爆竹等 16 大领域 223 类产品，获得中国检验检测机构资质认定（CMA）和 CNAS 实验室认可。第二党支部获评长沙海关“四强”党支部，“生物安全哨”获评长沙海关“党建培育品牌”，第二党支部书记获长沙海关“十佳”党支部书记，业务运营部、烟花爆竹实验室 2 个集体获青年文明号称号，1 名青年骨干获“青年岗位能手”称号。

【政治建设】2022 年，技术中心落实“第一议题”制度，组织集中学习 76 次，学习习近平总书记系列重要讲话 83 篇，落实措施 104 条，交流研讨 208 人次。开展捍卫“两个确立”、做到“两个维护”、强化政治机关建设专项教育活动，引导党员干部从政治层面强化业务工作，组织集中学习讨论 16 次，针对 4 个方面 15 个风险隐患问题，制定整改措施 28 条，按照时间节点推动问题整改。建立“海关重点项目和财物管理以权谋私”专项整治周工作推进机制，召开周例会 3 次，开展政治学习 3 次、纪法教育 3 次、警示教育 7 次，有关经验做法获中央纪委国家监委驻海关总署纪检监察组采用推广。

【法检保障】2022 年，技术中心受理法检业务 6410 批次、17037 个样品、98093 个项目，同比分别增长 36.8%、26.1%、21.0%，平均周期缩短 28.5%。检出不合格项目 298 项，检出率 0.34%。检出检疫性有害生物 31 批。开展归类化验、固体废物属性鉴别 34 批。服务 AEO 高级认证企业检验 89 批。

① 即技术中心本部实验室（食品安全、工业品检测、动物检疫、植物检疫实验室），衡阳、岳阳、常德、怀化 4 个综合实验室，烟花爆竹（浏阳）、陶瓷（醴陵）、打火机（邵阳）3 个特色实验室。

【社会委托】2022 年，技术中心受理社会委托业务 9048 批次、13710 个样品、116486 个项目，同比分别增长 10.34%、11.76%、17.58%。

【能力建设】2022 年，技术中心新开发检测能力 140 项，超年度计划 40%，分包项目同比减少 38.7%，分包费用同比减少 69%。完成实验室"二合一"评审，新增能力 786 项，认可能力范围达到 6329 项，首次实现长沙、衡阳、岳阳、常德、怀化、邵阳、浏阳、醴陵等地点资质能力全覆盖。

【制度建设】2022 年，技术中心制修订制度 17 项，建立应急预案 14 个，发布第三版实验室质量手册、程序文件。动物检疫实验室成功创建长沙海关"内控示范科室"，实现行政制度与体系要求同步设计、深度融合。

【队伍建设】2022 年，技术中心推荐提任 6 名管理七级、7 名管理八级职员，3 人推荐海关总署申报研究员职称，6 人获得技术职称晋升，1 名技术骨干取得"国家级检验检测机构资质认定评审员"资格，2 名青年科技人才获得湖南省"三尖"创新人才推荐。9 名博士组建 5 个攻关团队，认领 8 个领域课题任务，开展"卡脖子"技术难题攻关，开发建立穿山甲分子鉴定等 20 项新方法。获长沙海关集体嘉奖一次、个人记功 2 次、个人嘉奖 12 人次、通报表扬 16 人次。

▲2022 年 9 月 6 日，技术中心"揭榜挂帅"3 项科研攻关课题　（刘正华　摄）

【科研成果】2022 年，技术中心获海关总署一级科技成果 2 项，湖南省科技进步三等奖 1 项；2 项署级课题、5 项海关总署技术规范、7 个长沙海关微创新项目获得立项；3 项实用新型专利获得授权，2 项关级课题顺利通过验收；首次设立 3 项科研课题榜单，3 个博士攻关团队分别进行"揭榜挂帅"，完成水产品、肉制品、乳及乳制品中二噁英检测技术攻关。与澳门市政署合作开展"关于供澳活猪细菌抗生素耐药性调查研究二期项目"结题。

【安全生产】2022 年，技术中心推进平安建设、开展安全日巡查、安全周检查，排查风险问题 17 个，整改问题 17 项。推进"口岸危险品综合治理"百日专项行动，获海关总署有关载体经验交流 2 次。开展安全生产应急演练 4 次，湘府办公区综合实验楼修缮改造项目获海关总署立项。

【对外合作】2022 年，技术中心探索与中国海关科学技术研究中心全方位交流机制，促成其与长沙海关签订合作备忘录意向，并将技术中心 3 个实验室纳入中国海关科学技术研究中心"1 + X"实验室合作框架。稳步推进跨关区合作项目 10 项，与国家杂交水稻工程技术研究中心确定 2 个项目开展联合科研攻关，湖南农业大学校外实习实践基地正式落地技术中心。

【技术性贸易措施研究与服务】2022年，技术中心强化技术标准收集，参与中非SPS合作信息网站建设，收集整理各类国际标准、国家标准、行业标准373条，发布标准查询链接9条；强化标准制修订和课题研究，主导制定ISO烟花爆竹国际标准4项，推进5项署级技术规范的制修订，申报和推进关级课题11项；强化国际实验室互认，取得4家欧盟烟火指令授权认证机构认可，推荐1名专家加入ISO烟花爆竹技术委员会，打造具有国际影响力的实验室检测品牌；强化平台咨询服务，汇编整理国外烟花爆竹、陶瓷等技术法规和标准，免费提供给企业使用，建立24小时在线咨询服务热线，帮助企业及时应对技术性贸易壁垒。

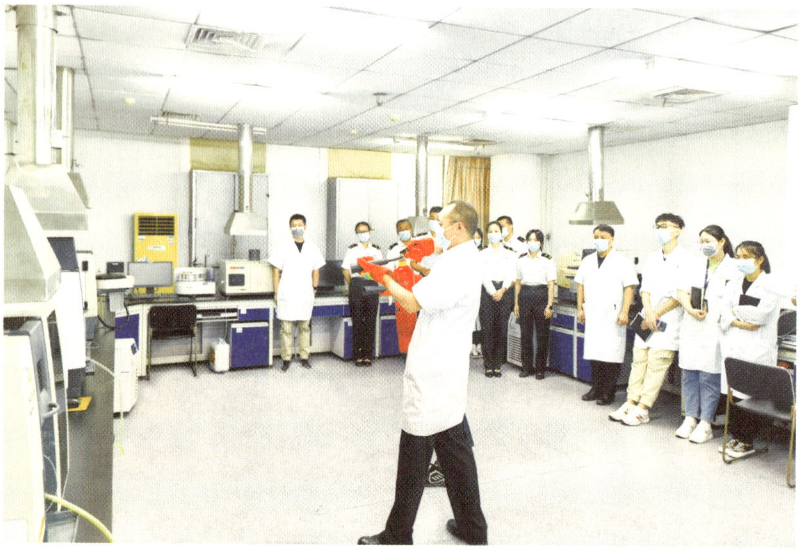

▲2022年9月23日，技术中心开展实验室安全事故应急演练　（刘正华　摄）

撰稿人

刘正华

湖南国际旅行卫生保健中心（长沙海关口岸门诊部）

【概况】2022年，湖南国际旅行卫生保健中心（长沙海关口岸门诊部）（以下简称“保健中心”）围绕海关总署、长沙海关工作部署，制定年度重点工作6大类、工作要点19项，不断调整更新具体落实措施，由46项增至52项，全部按进度完成。出入境人员健康监测及预防接种2.42万人次、同比增长38.63%；新冠病毒核酸检测1.47万份、同比增长24.05%。1人获全国抗“疟”先进个人荣誉，并被评为海关总署实验室防护安全管理专家组专家；2人获评长沙海关“最美抗疫人”称号。

【党建工作】2022年，保健中心创新“党建+”新模式，推行主题党日活动部门轮值制，开展科室间党建工作成效争先创优评比；与张家界海关旅检（监管）科开展“联学联建”，推进资源整合，实现优势互补、共同提高，获评长沙海关“十佳主题党日”；“健康爱心驿站”书记项目落地见效，接待出入境人员5000余人次、行动不便人员帮扶15人次、母婴24人次、儿童86人次，图书阅览区接待1000余人次；开设国际旅行医学、健康管理信息宣传专栏，发布稿件60篇，被“红色湘关”采用16篇，阅读量4.5万人次、同比增长93.3%。开展全员警示教育6次、召开党风廉政建设专题会议2次、落实“海关重点项目和财物管理以权谋私”专项整治工作。梳理自2012年以来工程建设类项目2个、实验室建设领域重点项目34个、疫情防控保障项目6个，制定任务分解清单33项，针对专项整治中发现的2个问题，举一反三剖析原因，制定详细整改措施到人到岗，全部按期整改到位。

【口岸卫生检疫】2022年，保健中心完成入境人员新冠病毒核酸检测1.01万人次、同比增长29.78%。加强“人物同防、多病同防”，开展入境货物和口岸监管场所环境样0.47万份、同比增长13.31%；完成媒介样品鉴定和监测35批次。检出湖南省首例新冠病毒奥密克戎变异株CH.1.1进化分支。在“健康码”平台检测结果查询的基础上，新增采样信息上传功能，实现“一扫入网”全流程电子化。制修订应急预案6个，开展应急演练7次。

【传染病监测及预防接种】2022年，保健中心稳步推进出入境人员传染病健康监测和预防接种工作。完成出入境人员传染病健康监测1.23万人次、同比增长23.95%，其中出境传染病监测0.98万人次、同比增长22.53%，入境传染病

▲2022 年 11 月 22 日，保健中心顺利通过国家 CNAS 复评审　（李名慧　摄）

监测 0.25 万人次、同比增长 29.80%，检出肝炎 36 例、梅毒 11 例、HIV 阳性 7 例、肺结核 3 例；完成预防接种 1.19 万针次、同比增长 58.17%。聚焦“智慧海关”创新驱动，上线“双平台”，开设湖南省首家新冠疫苗中英文报告线上转录功能，高效便利出境人员，受理 0.62 万份；上线地方卫健“金苗”系统，实现疫苗施种全流程电子化，做到“进系统、留痕迹、可追溯”，提高医疗服务安全性。

【课题研究】2022 年 11 月 22 日，保健中心顺利通过 CNAS 复评审，新增湘府路临检实验室认可资质点，新增授权签字人 2 人、认可类别 4 类、检测项目 67 项。申报署级课题 2 项、湖南省 2022 年青年科技人才项目 1 个、湖南省自然科学基金项目 1 个、口岸疫情防控子课题 1 项。

【对外合作】2022 年，保健中心与广州海关技术中心签订跨关区合作协议，促资源优势互补；与中南大学湘雅医院、美奥口腔等单位签订合作协议，开展多方面合作；应邀赴南华大学、湖南省疾病预防控制中心进行学术讲座，到高校、涉外企业开展出入境传染病防控健康宣教 5 次。

【安全生产】2022 年，保健中心以“内控示范科室”创建为抓手，开展 4 批次 15 项内部综合管理制度“废改立”工作，新制定并发布采购操作规程，做到用制度管人、用流程管事；组织开展“每周一制度”领学活动，加强对新修订制度学习、理解和把握，确保新修订制度落地落实落准。组织汇编 11 万余字内控管理资料，动态完善“内部风险防控清单”4 个、“内控节点成效”

▲2022 年 10 月 28 日，保健中心开展健康体检服务　（周唐薇　摄）

72 个；建立“周计划、月汇报、季总结”督办机制。

【队伍建设】2022 年，保健中心 1 人入选长沙海关青年理论研究小组，3 人加入长沙海关奥密克戎变异株应对处置检测研究小组，4 人加入长沙海关口岸猴痘疫情防控工作专班；完成 2 名管理八级职员考核聘任，以及 3 名新聘事业编人员试用期满考核定级工作；1 人赴海关总署卫生检疫司集中工作 7 个月；1 人赴中南大学湘雅三医院进修学习 3 个月；组织撰写专项工作专报 2 篇、理论研究文章 3 篇。

【“三窗合一”创新项目稳步推进】2022 年，保健中心、长沙市科学技术局、长沙市公安局召开“三窗合一”（湖南自由贸易试验区外国人来华工作一站式服务中心）专题工作推进会 10 余次，建立优化整合、预约服务、绿色通道、内部协作等工作机制 4 项，吸引外籍高精尖人才（中国经济社会发展需要的科学、科技领军人才、国际企业家等）来长沙创新创业，打造外国人来华工作管理服务“长沙样板”。完成受理单 633 人次，接受咨询近 2000 人次。

▲2022 年 12 月 26 日，保健中心向“三窗合一”外籍专家进行防疫健康宣教　（麻祝安　摄）

【大学生实践教学基地首次建立】2022 年 6 月 22 日，保健中心与南华大学公共卫生学院签订合作协议，保健中心—南华大学实践教学基地落地正式启动，首批 4 名 2019 级卫生检验与检疫专业的毕业生到保健中心开展毕业实习，经临检组、口岸组及理化检验组轮转科室学习并通过考核，11 月份圆满完成实习任务。

撰稿人

艾晓娟　李名慧　吴玥蓉

中国电子口岸数据中心长沙分中心

【概况】2022 年，中国电子口岸数据中心长沙分中心（以下简称“数据分中心”）夯实窗口服务，深化智能客服应用效能，持续完善常见问题知识库，智能客服接通率 99%，问题命中率 76%，有效缩减热线等候时长；紧盯对外服务窗口和银行合作制卡代理点服务质效，制定准入准出规范流程，为合作制卡代理点提供规范性指导；在湖南省内县级区域新增合作制卡代理点 2 个，有效延伸电子口岸服务，便利企业就近办理业务，减轻企业成本。协助做好重点时期网络安全保障工作，建立应急响应机制，全面梳理排查关区信息系统运维及网络安全中的“失常、失控、失效”风险；主动优化跨境电商平台运维监控系统，做好“6・18”“双十一”等时期跨境进出口科技服务保障，协助出口企业完成跨境电商出口清单申报 2298.41 万票，完成跨境电商进口清单申报 81.44 万票，二级节点数据交换平台传输报文量约为 1.93 亿个，确保进出口企业跨境通关顺畅。为全国首个完成国际贸易“单一窗口”、跨境电商、出口退税联网核查等全部 12 个系统测试工作，首个全面放开国产密码算法的数据分中心。

【党建工作】2022 年，数据分中心落实“第一议题”制度，创新开展“科技微讲堂”活动，党员干部带头讲专题党课和微党课 8 人次，制作包含习近平总书记重要讲话精神、党规党纪及法律法规等内容的“学习在路上”定时推送 52 期，结合信息化服务、微创新研究、内部管理等方面工作，撰写理论文章 8 篇，获评长沙海关“四强”党支部，所辖“科技青年特战队”获评长沙海关青年文明号；深化“湘关科技排头兵”党建品牌内涵，通过党建品牌复核。

【电子口岸基础服务】2022 年，数据分中心开展电子口岸服务业务，新增电子口岸入网企业 4526 家，制发电子口岸 IC 卡 8562 张，注销企业 233 家，服务热线和远程技术服务 2.52 万次。建成并运维数据交换平台传输跨境电商业务单证 4420.42 万单。

【科技运维保障】2022 年，数据分中心加强网络与信息安全管理。定期开展日常安全专项检查，对电子口岸专网网络薄弱环节、风险点进行安全性加固，通过 MPLS VPN 网络技术和动态路由技术，将长沙海关至隶属海关网络单线路模式升级为双线路备份模式，完成长沙海关骨干网优化升级。强化主动防御体系，部署蜜罐系统、流量威胁监测分析系统等安全设备，快速感知攻击行为，深度搜集攻击者信息并进行追踪和溯源，加强重要业务系统保障力度，以安保为契

▲2022 年 10 月 31 日，科技处（数据分中心）党支部组织开展党的二十大精神集中学习 （陈文超 摄）

机，提升网络安全保障能力。完成中国共产党第二十次全国代表大会，北京冬奥会、残奥会等重要时期网络安全保障任务。开展安全检查应急处置，成立现场保障工作组，系统、网络等关键岗位人员“7 × 24 小时”现场值班，全年“零事故”。

【科技创新应用】2022 年，数据分中心发挥科技“微创新”作用，自主开发“钉钉疫情防控告警”程序，实现疫情防控风险自动告警。开发网络运维服务监控程序，实现关区网络服务监控自动化。以科技服务内部管理，开发收支合同管理系统，大幅提升数据分中心及其所属经济实体收支合同管理工作效率。揭榜关区“RPA 智能机器人应用研究”项目，探索 RPA 技术在海关信息化建设和办公中应用并形成研究报告。申报“送收样智能化监管系统硬件改进研究”微创新项目，探索并实现“智能锁 + 普通样品箱”创新模式。

【“国产算法”应用试点】2022 年，数据分中心主动向中国电子口岸数据中心请缨列为“国产算法”应用试点首批三个试点单位之一。对近年来长沙关区新入网 7000 余家外贸企业进行分析筛选，综合考量业务范围和业务量，先后选取一般贸易、跨境电商和代理报关企业等具有鲜明特色 7 家企业参与试点，做好新卡试制工作，在保障数据传输安全前提下多轮次进行测试。实施过程中，发现并提交问题 5 个，研究解决措施并做好后续服务跟踪。

【“电子营业执照”应用试点】2022 年，数据分中心成立工作专班，研究制订“电子营业执照”应用试点实施方案。结合长沙海关电子口岸企业用户实际情况，修改完善对外服务窗口业务办理流程，制作发布“电子营业执照”快速注册操

▲2022 年 9 月 30 日，数据分中心开展党的二十大期间安全保障工作 （向燕妮 摄）

作指南，组织开展内部业务操作培训，确保熟练掌握试点操作流程。与长沙海关12360海关热线、湖南国际贸易“单一窗口”客服热线开展联动宣传，通过“线上+线下”方式征集28家试点企业参与试点测试，运用工作群、服务热线、在线远程、现场等方式全流程指导企业参与测试工作。采用热线电话回访、窗口现场问询等方式了解企业应用感受，实时收集企业在系统使用过程中遇到问题及意见建议，梳理汇总试点功能应用场景单一、信息核验流程不便、跨部委联动宣传不足3个方面问题汇总上报中国电子口岸数据中心并被采纳。

【深化“关银一KEY通”推广应用】2022年，数据分中心协同中国建设银行湖南省分行推进“关银一KEY通”项目实施，科学分析企业需求，增设临澧、浏阳2个合作制卡代理点，开通合作制卡代理点26个，开通数列全国42个分中心第1位，在湖南省内14个地市州全覆盖基础上实现电子口岸服务向县域市场主体拓展延伸。建立动态“准入准出”机制，严格对银行合作制卡代理业务服务情况、人员实操培训情况、数据安全情况等事项进行考核，完成中国建设银行湖南省分行下辖23个合作制卡代理点现场评估考核工作，优化“关银一KEY通”项目推广应用，完成掌上智能制卡服务系统小程序上线。

【热线服务】2022年，数据分中心做好智能客服、长沙海关总机1688、湘关科技1999等热线服务。与长沙海关12360海关热线、湖南国际贸易“单一窗口”客服热线进行知识库共享、服务对接等横向交流，通过新增、更新、完善常见知识库内容提升智能语音应用效能，大幅缩减企业办理业务等待时间。服务用户1.99万人次，受理热线电话2.52万个，长沙海关总机话务4466个，智能在线客服解答问题1862个，人工坐席服务1.89万人次，完成故障工单2059条（含长沙海关关区运维工单1675条，海关总署故障工单384条），保持全年“零投诉”。收到企业致谢锦旗1面。

【安全生产】2022年，数据分中心认真学习贯彻习近平总书记关于安全生产重要论述，传达学习湖南省安全生产委员会办公室有关通知文件精神20余次，邀请消防讲师开展安全知识和应急技能培训讲座2次，与全员签订安全生产责任书，开展重点岗位人员谈心谈话，筑牢全员安全生产思想防线；强化责任落实，协助做好重点时期网络安全保障工作，加强关区信息系统运行及网络

▲2022年11月22日，数据分中心收到致谢锦旗　（向燕妮　摄）

安全监控，建立应急响应机制，从安全保障、机房巡检、疫情防控、应急管理各环节全面梳理排查“失常、失控、失效”风险，实行“7×24小时”全天候服务保障，加强网络运维管理，高效协同做好安全监控和应急处置，有效保障各类系统稳定运行。

【专项整治】2022年，数据分中心严格按照“海关重点项目和财务管理以权谋私”专项整治工作方案要求，排查实物和电子资料514份，梳理信息化建设领域重点项目4个、廉政风险点3个，查发问题5个，制定整改措施3条，完成1个海关总署督导检查问题和1个长沙海关自查问题的整改，专题工作周报14期。

【制度建设】2022年，数据分中心运用专项整治、巡察审计、专项检查等工作成果，有序推进制度“立改废”，制定固定资产管理实施细则、文档资料管理制度、聘用人员制服装备管理办法及修订货物与服务类非政府采购操作办法等9项内部制度，强化制度执行力。

【疫情防控】2022年，数据分中心实时全覆盖传达学习疫情防控最新要求，确保相关措施第一时间落实到位。结合工作职责重点抓好电子口岸对外服务窗口疫情防控，确保防疫工作全年未出现任何纰漏。12月，树牢全国海关“一盘棋”意识，迅速响应海关总署数据中心紧急需求，在保健中心、后勤管理中心大力支持下，24小时内紧急采购一批紧缺抗原检测试剂盒、药品等物资迅速发往海关总署数据中心。

撰稿人

刘　彪　刘慧琴　陈文超　李　猛　李成效　余灵芳　谢　媛　谭　昕

第九篇

荣誉·名录

2022 年长沙海关青年文明号、青年岗位能手名单

长沙海关青年文明号

12360 热线话务组
科技青年特战队
长沙黄花机场海关办公室
长沙黄花机场海关快件监管科
星沙海关驻浏阳办事处“护花使者”青年集体
星沙海关综合管理后勤服务团队
株洲海关青年先锋队
韶山海关监管科
岳阳海关查验科
常德海关青年突击队
张家界海关办公室
益阳海关报关大厅
郴州海关青年先锋突击队
长沙海关技术中心业务运营窗口
长沙海关技术中心烟花爆竹实验室

长沙海关青年岗位能手

政治建设走前列类：
刘　婷　机关党委（政工办）党风廉政科四级主任科员
王宏鹏　监察室纪律审查科三级主任科员
何昌笠　永州海关综合业务科四级主办
张　琦　娄底海关综合业务科二级主办
周唐薇　保健中心健康管理部专业技术十级职员

业务建设提质量类：

庞德军　综合业务处自贸区和特殊区域科四级主任科员

刘涌钢　张家界海关旅检（监管）科副科长

易　胜　长沙邮局海关办公室四级主办

邓伟超　星沙海关驻浏阳办事处监管科四级主办

张佳成　株洲海关稽核科三级主办

队伍建设创一流类：

吴　超　进出口食品安全处三级主任科员

夏　荫　科技处信息化管理科副科长

姚　巍　岳阳海关综保区监管科三级主办

李　洋　常德海关监管科四级主办

禹思宇　技术中心动物检疫实验室专业技术八级职员

综合管理出精品类：

李昕怡　办公室信息宣传科四级主任科员

彭琳超　长沙黄花机场海关办公室四级主办

赵佳威　邵阳海关办公室三级主办

赵文鑫　财务处经费科副科长

李　渊　怀化海关办公室二级主办

2022年长沙海关“十佳好关警员”名单

苏　立　王鹤洋　张建军　高　琦　邓伟超　何古璇　李　渊　李名慧　陈超卓　许　鹏

2022 年长沙海关优秀公职律师名单

毛志远　石　丹　代　玮

2022年长沙海关“最美抗疫人”名单

最勇“逆行人”

王凯旋　长沙黄花机场海关旅检一科副科长
王勃维　长沙黄花机场海关旅检二科副科长
张　超　长沙黄花机场海关旅检三科副科长
于　霄　长沙黄花机场海关旅检四科事业编干部
欧阳健　星沙海关企业管理科二级高级主办

最准“狙击手”

李　莹　长沙黄花机场海关查验科科长
陈　旭　长沙黄花机场海关旅检一科二级主办
张尔达　岳阳海关查验科四级主办
颜　可　岳阳海关物流监管科三级主办
王婕敏　保健中心专业技术十级职员

最炫“孤勇者”

王光锋　长沙黄花机场海关旅检二科科长
赵　越　长沙黄花机场海关旅检四科四级主办
彭　旺　长沙黄花机场海关旅检三科四级主办
梁丽明　长沙黄花机场海关旅检四科协管员
杜　浩　星沙海关综合业务二科二级主办兼副科长

最暖“护卫员”

孙　丽　长沙黄花机场海关人事政工科副科长
王　康　岳阳海关办公室四级主办

李　琳　张家界海关协管员

韩伟洲　后勤管理中心经营科工勤技能三级职员

周唐薇　保健中心健康管理部专业技术十级职员

最强“后援团”

长沙黄花机场海关卫生监督科方珊家属

长沙黄花机场海关旅检三科唐依文家属

星沙海关监管二科储海辉家属

岳阳海关综合业务科李俊毅家属

张家界海关旅检科（监管科）贺邦治家属

2022年度长沙海关关区“十佳”基层一线党支部书记名单

刘中青　长沙黄花机场海关旅检四科党支部

朱海燕　长沙邮局海关监管科党支部

杨　奕　星沙海关综合业务一科党支部

贺乐微　株洲海关稽核科党支部

钟　斐　韶山海关办公室党支部

吴　倩　邵阳海关监管稽核科党支部

乔伯林　张家界海关旅检（监管）科党支部

何国荣　怀化海关综合业务科党支部

唐　堂　湘西海关监管稽核科党支部

陈　芳　技术中心第二党支部

2022年长沙海关表彰奖励名录

一、《长沙海关关于对在疫情防控等重点工作中表现突出的集体和个人予以奖励的命令》（湘关人发〔2022〕60号），共对2个集体和53人次予以表彰奖励。

（一）集体嘉奖（1个）

岳阳海关直航船舶检疫工作组。

（二）集体通报表扬（1个）

郴州海关快件现场“国门绿盾2021”行动组。

（三）个人嘉奖（31个）

易盛艳　陈　旭　张贻旺　付　水　王　婕　李雨舟　唐铭宏　彭家炜　王光锋　游　阳
高　轩　张　超　刘彦戎　戴李叶　牟竞与　肖珺丹　赵　越　于　霄　龙　琨　李承坚
王韶楠　文险峰　朱海燕　李星洲　李国江　尹　远　肖湘黔　薛　程　尹丹妮　沈水平
吴　超

（四）个人通报表扬（22个）

张弘雷　田天池　杨　咪　张明富　朱燕琼　尹　炎　夏　荫　刘　涛　吕　朝　罗银海
包　然　高　巍　王　卫　李　璇　李星洲　杨晓晖　张尔达　吴振品　宋丹丹　冯思轩
吴　超　郭上时

二、《长沙海关关于对表现突出的集体和个人予以奖励的命令》（湘关人发〔2022〕125号），共对3个集体和29人次予以表彰奖励。

（一）集体嘉奖（2个）

新一代查验管理与实验室系统对接工作组；

推广企业集团加工贸易监管改革工作组。

（二）集体通报表扬（1个）

冬奥会和冬残奥会备降工作组。

（三）个人嘉奖（14个）

高　琦　包　然　罗志萍　江紫薇　卞玲飞　余立羽　文　成　王鹤洋　庞德军　张　煌
卢颂华　刘涌钢　雷清艳　刘子暄

（四）个人通报表扬（15个）

黄才新　周生磊　田祖明　易盛艳　谢　兵　沈　兵　方　丛　龙庚哲　罗红辉　李　莹

刘军舟　邹　苗　孙　迟　丁非同　吴　娟

三、《长沙海关关于给予刘建道、代伟等2名同志奖励的命令》（湘关人发〔2022〕181号）。

个人三等功（2个）：刘建道　代　伟。

四、《长沙海关关于对表现突出的集体和个人予以奖励的命令》（湘关人发〔2022〕197号），共对4个集体和119人次予以表彰奖励。

（一）集体嘉奖（4个）

综合处、法规处、人教处、监察室、邮局海关、办公室、商检处；

供港活猪中转仓非洲猪瘟监测疑似阳性事件处置工作组；

网络故障处置工作组；

打击治理海南离岛免税“套代购”走私专项行动工作专班。

（二）个人三等功（6个）

江紫薇　王　鹏　龙　斌　张建军　戴　勇　贺乐微

（三）个人嘉奖（29个）

吴　栋　王宏鹏　罗　集　张佳成　谭艳芳　李其达　丁非同　申志波　焦艳娜　任文辉

赵文鑫　田际平　谢　桢　朱学仕　时　悦　刘　婷　丁　宁　黄银玉　陈桂林　肖　敏

陈振圜　张云超　汤纪文　雷兆龙　李志东　杨　禹　管恩学　刘承伟　崔　创

（四）个人通报表扬（84个）

陈　力　杨　柳　徐　芊　彭争光　刘涌钢　胡忆文　朱学仕　刘劲彪　张明磊　粟大为

邓群赞　滕侠峰　夏　荫　肖　俊　曾时应　刘　彪　李其达　刘　晗　汤纪文　陈　为

和莎莎　袁　华　石　丹　曹建全　李献坤　刘　廷　张　煌　赵金楠　刘　涛　尹夏磊

梁雄杰　张世超　杨　禹　张华茂　李尚书　吴玥蓉　周唐薇　粟大为　雷林峰　李　铠

李　渊　成　玮　刘　婷　张凯欣　梁　德　毛先平　朱晓岚　杨　鑫　吴　倩　张聪聪

姚兰姝　雷洪哲　曾俊杰　袁湘果　王　慧　曾　丹　田际平　尹夏磊　成　玮　刘　婷

张文博　罗　武　李超平　黄　赫　李　渊　赵佳威　罗扬帆　符璇芝　曹　蔷　韩　亮

余　钧　郭　岱　何古璇　王鹤洋　毛先平　张凯欣　徐湘湘　陈　芳　谭　昕　刘　彪

孙小洁　李　洋　罗志萍　王　颖

五、《长沙海关关于给予徐玲娜等同志奖励的命令》（湘关人发〔2022〕200号）。

（一）个人三等功（1个）

徐玲娜

（二）个人嘉奖（8个）

蒋伟华　王　晖　戴　华　文　成　付善良　莫　瑾　吕小园　杨　炎

（三）个人通报表扬（18 个）

王东辉　王友华　李　磊　肖中宁　刘　沂　余　钧　焦艳娜　朱绍华　王晓丽　陈弼飞

徐　炜　李俊毅　姜金林　杨　纯　黄迎波　陈　练　朱　明　唐　堂

六、《长沙海关关于对表现突出的集体和个人予以奖励的命令》（湘关人发〔2023〕19 号）。

（一）集体三等功（1 个）

邮局海关监管科。

（二）集体嘉奖（6 个）

推进湖南自贸试验区建设工作组；

促外贸稳增长工作组；

“口岸危险品综合治理”百日专项行动工作组办公室；

迎审工作组；

基建工作专班；

“清邮行动”工作专班。

（三）集体通报表扬（8 个）

“龙腾 2022”知识产权保护专项行动工作组；

迎检工作专班；

H986 集中审像中心建设工作小组；

“直提直装”改革工作小组；

专项整治工作专班；

关区审计工作组；

卡口优化管理改革工作小组人员；

科普讲解比赛工作小组。

（四）个人三等功（25 个）

林　俊　苏　立　王新宇　余　钧　向剑雄　庞德军　王　晖　曾群策　李　璇　吴　超

郑西安　刘　梁　王鹤洋　刘凌云　谢凌钦　张佳成　赵雅婷　刘如山　毛先平　唐　康

曾俊杰　黄好成　高　琦　徐湘湘　罗志萍

（五）个人三等功（3 个）

肖向东　刘象文　申志波

（六）个人嘉奖（49 个）

余　钧　刘　源　陈运高　王诗题　韦　平　王蜀燕　王　超　谭艳芳　袁　华　尹夏磊

江资成　罗志萍　刘子暄　颜　涛　姚　巍　刘凌云　李志琳　李东芝　王敬东　陈再辉

卢颂华　衷　韬　陈　芳　吴　倩　张　剑　张贻旺　丁非同　张　超　邹　苗　刘中青

刘涌钢　郭　岱　陈　佳　陈姝瑾　易海清　徐　玉　陈义双　罗　集　吴泰伟　戴永和

粟大为 朱燕琼 陈义双 刘 峰 王丽红 于 霄 朱金国 胡忆文 唐连飞

（七）个人通报表扬（77个）

李 莉 张明磊 陈弼飞 代 玮 郭上时 黄好成 李俊毅 刘凌云 李 璇 龙庚哲
陆俊颖 马茂鑫 潘华林 王 珂 谢正文 袁 华 于 青 曹 克 鲁少平 王 穗
粟大为 周唐薇 蒋芳兰 卢颂华 梁雄杰 张聪聪 刘 婷 陈 华 陈珑方 贺文基
周则灵 梁 德 陈运高 王敬东 陈 力 李其达 邹 颖 陈周昊 宋 锽 肖江柳
张佳成 唐剑丽 张 露 王 鹏 慕恒敏 肖 俊 管恩学 赵 鑫 刘光绿 江资成
彭 丁 朱燕琼 邓中秋 唐卫兵 陈 华 罗 武 朱小君 朱晓岚 谢 桢 袁小雅
周 涛 曹一丽 傅向阳 孙小洁 田天池 王鹤洋 谢 兵 凌 娜 韩 亮 刘 侃
张聪聪 王炜鉴 刘 婷 黎中意 吴 倩 李超平 王婕敏

第十篇

海关统计资料

1993—2022年度长沙海关进出口商品总值表

年度	人民币（亿元）			美元值（亿美元）		
	进出口	出口	进口	进出口	出口	进口
合计	43761.2048	29201.7	14559.5	6497.2	4332.9	2164.3
1993	99.9	65.6	34.3	17.3	11.4	6.0
1994	185.5	133.0	52.5	21.5	15.4	6.1
1995	170.5	123.0	47.5	20.4	14.7	5.7
1996	155.2	112.5	42.6	18.7	13.5	5.1
1997	156.7	119.9	36.8	18.9	14.5	4.5
1998	147.7	106.3	41.4	17.8	12.8	5.0
1999	127.8	82.5	45.2	19.6	12.8	6.7
2000	205.7	135.2	70.5	24.8	16.3	8.5
2001	229.4	145.2	84.3	27.6	17.5	10.0
2002	239.1	148.7	90.3	28.8	18.0	10.8
2003	308.6	177.6	131.0	37.3	21.5	15.9
2004	450.5	257.1	193.4	54.4	31.1	23.4
2005	493.5	308.1	185.5	60.0	37.5	22.5
2006	588.5	407.1	181.4	73.5	50.9	22.6
2007	742.0	499.5	242.5	96.9	65.2	31.7
2008	880.4	589.8	290.6	125.5	84.1	41.3
2009	691.8	374.8	317.0	101.5	54.9	46.6
2010	993.6	539.5	454.1	146.6	79.6	67.0
2011	1229.7	642.8	586.9	189.4	99.0	90.4
2012	1385.7	795.7	590.0	219.5	126.0	93.5
2013	1560.8	919.1	641.7	251.8	148.2	103.5
2014	1894.8	1225.4	669.4	308.3	199.4	108.9
2015	1821.3	1187.7	633.6	293.0	191.4	101.6

续表

年度	人民币（亿元）			美元值（亿美元）		
	进出口	出口	进口	进出口	出口	进口
2016	1740. 5	1174. 1	566. 5	262. 4	176. 9	85. 5
2017	2433. 9	1565. 4	868. 5	360. 3	231. 7	128. 6
2018	3075. 7	2024. 5	1051. 2	464. 7	305. 4	159. 3
2019	4340. 0	3076. 6	1263. 4	628. 5	445. 4	183. 1
2020	4884. 9	3304. 0	1580. 9	706. 8	478. 2	228. 6
2021	5491. 1	3814. 8	1676. 3	850. 1	590. 7	259. 4
2022	7036. 3	5146. 3	1890. 0	1051. 1	768. 8	282. 4

2022 年长沙海关进出口商品月度总值表

月份	进出口				出口				进口			
	人民币（亿元）	同比（%）	美元值（亿美元）	同比（%）	人民币（亿元）	同比（%）	美元值（亿美元）	同比（%）	人民币（亿元）	同比（%）	美元值（亿美元）	同比（%）
合计	7036.3	28.1	1051.1	23.6	5146.3	34.9	768.8	30.1	1890.0	12.7	282.4	8.9
1 月	482.0	21.7	75.6	24.8	319.9	22.1	50.2	25.3	162.1	21.0	25.4	24.0
2 月	286.9	1.1	45.0	3.2	177.9	-1.7	27.9	0.4	109.1	6.1	17.1	8.1
3 月	363.3	-15.0	57.2	-13.7	237.7	-13.2	37.4	-11.9	125.6	-18.1	19.8	-16.9
4 月	495.5	12.0	77.8	14.1	353.9	15.5	55.6	17.6	141.6	4.0	22.2	6.0
5 月	688.8	64.3	107.5	66.8	550.7	101.3	86.0	104.3	138.1	-5.1	21.5	-3.7
6 月	812.6	84.9	122.3	79.3	650.0	131.3	98.0	124.7	162.5	2.6	24.4	-1.1
7 月	584.5	28.6	86.7	22.4	440.8	36.9	65.4	30.3	143.7	8.2	21.3	3.1
8 月	600.3	16.2	89.0	11.3	444.8	22.1	65.9	16.9	155.5	1.9	23.1	-2.3
9 月	579.9	20.8	85.4	15.4	425.6	22.2	62.7	16.8	154.3	17.1	22.7	11.8
10 月	665.2	43.8	95.9	34.0	479.1	45.5	69.1	35.6	186.1	39.5	26.8	30.0
11 月	778.0	38.3	109.7	25.2	579.4	37.2	81.7	24.2	198.6	41.6	28.0	28.1
12 月	699.3	15.4	99.0	4.5	486.5	7.9	68.9	-2.2	212.8	37.1	30.1	23.9

2022年长沙海关进出口商品国别（地区）前30位总值表

进口原产国（地） 出口最终目的国（地）	进出口		出口		进口	
	人民币（亿元）	同比（%）	人民币（亿元）	同比（%）	人民币（亿元）	同比（%）
总计	7036.3	28.1	5146.3	34.9	1890.0	12.7
美国	822.1	11.9	725.4	11.9	96.7	12.5
中国香港	556.5	7.2	524.7	5.4	31.8	47.8
马来西亚	379.6	91.4	246.1	110.9	133.5	63.5
韩国	287.6	3.8	195.1	9.6	92.5	-6.6
澳大利亚	285.8	8.8	106.1	67.3	179.6	-9.8
越南	276.9	34.0	246.5	39.1	30.4	3.1
印度尼西亚	214.4	75.0	138.2	92.4	76.2	50.3
印度	210.4	38.1	198.4	47.8	11.9	-34.1
泰国	209.0	23.2	145.8	55.3	63.2	-16.5
巴西	207.5	25.6	77.9	58.1	129.6	11.8
中国台湾	196.7	9.2	53.0	3.8	143.7	11.4
中国	196.0	48.3	0.0	—	196.0	48.3
日本	189.5	-5.8	121.1	16.2	68.4	-29.4
菲律宾	181.2	95.3	167.3	107.4	14.0	15.0
德国	167.1	6.3	115.0	15.9	52.1	-10.1
新加坡	161.9	202.2	152.4	239.0	9.5	10.3
南非	138.5	-3.8	74.2	46.0	64.3	-31.0
俄罗斯	127.3	51.3	110.1	58.7	17.2	16.3
阿联酋	115.4	36.9	92.0	22.9	23.4	148.4
荷兰	113.4	4.8	82.5	12.7	30.9	-11.8
英国	100.7	-4.9	96.2	-4.3	4.4	-16.6
加拿大	100.0	15.5	74.5	7.1	25.5	50.0

续表

进口原产国（地） 出口最终目的国（地）	进出口		出口		进口	
	人民币（亿元）	同比（%）	人民币（亿元）	同比（%）	人民币（亿元）	同比（%）
沙特阿拉伯	92.4	52.2	88.9	59.2	3.5	-27.9
墨西哥	87.2	46.1	80.8	47.6	6.4	30.4
智利	81.2	60.2	24.6	16.1	56.6	91.8
尼日利亚	73.8	81.5	70.9	78.6	3.0	199.6
意大利	59.6	34.0	53.9	42.9	5.7	-15.4
秘鲁	59.1	88.6	18.7	46.6	40.4	117.4
刚果民主共和国	55.2	122.5	5.6	122.7	49.6	122.5
波兰	49.4	73.5	48.6	81.3	0.8	-51.2

2022年长沙海关进出口商品贸易方式总值表

贸易方式	进出口		出口		进口	
	人民币（亿元）	同比（%）	人民币（亿元）	同比（%）	人民币（亿元）	同比（%）
合计	7036.3	28.1	5146.3	34.9	1890.0	12.7
一般贸易	5797.6	34.8	4530.4	41.8	1267.2	14.6
国家间、国际组织无偿援助和赠送的物资	0.1	-50.4	0.1	-50.4	0.0	—
其他捐赠物资	0.2	309.5	0.2	309.5	0.0	—
来料加工装配贸易	227.5	2.7	116.9	2.4	110.6	2.9
进料加工贸易	442.7	-9.6	268.9	-5.7	173.9	-15.0
寄售、代销贸易	0.2	3828.4	0.0	—	0.2	3828.4
加工贸易进口设备	0.0	-93.6	0.0	—	0.0	-93.6
对外承包工程出口货物	3.5	139.2	3.5	139.2	0.0	—
租赁贸易	0.7	13245.9	0.7	13245.9	0.0	—
外商投资企业作为投资进口的设备、物品	0.1	—	0.0	—	0.1	—
出料加工贸易	0.6	164.9	0.2	140.6	0.4	183.3
易货贸易	0.0	8.6	0.0	8.6	0.0	8.7
保税监管场所进出境货物	241.4	49.9	29.7	64.8	211.6	48.0
海关特殊监管区域物流货物	207.9	-6.0	86.3	-25.0	121.6	14.7
特殊监管区域进口设备	0.5	-88.4	0.0	—	0.5	-88.4
其他贸易	113.3	24.2	109.4	26.7	3.9	-20.0

2022 年长沙海关进出口企业性质总值表

企业性质	进出口		出口		进口	
	人民币（亿元）	同比（%）	人民币（亿元）	同比（%）	人民币（亿元）	同比（%）
合计	7036.3	28.1	5146.3	34.9	1890.0	12.7
国有企业	811.6	7.8	213.1	28.6	598.5	1.9
中外合作企业	0.2	146.6	0.2	135.8	0.0	209.3
中外合资企业	268.0	-4.6	167.1	4.1	100.9	-16.2
外商独资企业	198.8	-14.3	149.4	17.2	49.4	-52.8
集体企业	33.0	122.3	11.9	9.5	21.1	434.5
私营企业	5720.5	36.0	4602.9	37.5	1117.6	30.4
个体工商户	0.6	-15.1	0.6	-16.8	0.0	12159.2
报关单位	0.0	-100.0	0.0	-100.0	0.0	-100.0
其他	3.7	-15.9	1.3	-3.9	2.4	-21.0

2022 年长沙海关进出口商品收发货人所在地总值表

收发货人所在地	进出口		出口		进口	
	人民币（亿元）	同比（%）	人民币（亿元）	同比（%）	人民币（亿元）	同比（%）
合计	7036.3	28.1	5146.3	34.9	1890.0	12.7
长沙市	3313.1	25.0	2462.2	32.8	850.9	6.8
株洲市	210.1	-6.0	157.3	-5.1	52.9	-8.7
湘潭市	373.7	38.5	270.5	75.3	103.2	-10.7
衡阳市	487.2	42.5	309.9	66.8	177.4	13.6
邵阳市	255.4	6.3	244.0	4.1	11.4	92.4
岳阳市	736.3	21.4	324.9	2.6	411.4	42.0
常德市	252.7	106.2	218.6	119.0	34.1	49.9
张家界市	18.3	41.9	17.9	47.1	0.4	-47.3
益阳市	209.3	41.4	194.8	36.9	14.5	151.3
娄底市	198.0	23.1	103.4	190.6	94.6	-24.5
郴州市	498.7	20.4	371.0	14.0	127.7	43.8
永州市	415.0	55.1	408.1	57.6	7.0	-20.2
怀化市	46.8	172.0	42.3	189.6	4.4	71.9
湘西自治州	21.6	41.4	21.5	41.2	0.2	74.1

2022年长沙海关进出口商品运输方式总值表

运输方式	进出口		出口		进口	
	人民币（亿元）	同比（%）	人民币（亿元）	同比（%）	人民币（亿元）	同比（%）
合计	7036.3	28.1	5146.3	34.9	1890.0	12.7
水路运输	5050.3	35.1	3878.8	43.2	1171.5	13.9
铁路运输	134.6	42.0	104.7	48.7	29.9	22.5
公路运输	1197.8	0.9	661.6	-3.1	536.3	6.4
航空运输	488.3	15.0	336.3	9.8	152.1	28.5
邮件运输	8.8	-21.4	8.4	-20.4	0.3	-40.1
其他运输	156.5	330.3	156.5	338.8	0.0	-98.3

2022 年长沙海关进出口商品章节总值表

商品章节	进出口		出口		进口	
	人民币（亿元）	同比（%）	人民币（亿元）	同比（%）	人民币（亿元）	同比（%）
合计	7036.3	28.1	5146.3	34.9	1890.0	12.7
第 1 章 活动物	1.6	-27.9	1.6	-27.9	0.0	—
第 2 章 肉及食用杂碎	30.7	-16.8	1.7	22.5	29.0	-18.3
第 3 章 鱼、甲壳动物、软体动物及其他水生无脊椎动物	36.8	53.7	3.0	603.9	33.7	43.6
第 4 章 乳品；蛋品；天然蜂蜜；其他食用动物产品	4.0	-10.3	1.6	180.6	2.4	-37.6
第 5 章 其他动物产品	9.8	-14.0	6.9	-18.2	2.9	-2.0
第 6 章 活树及其他活植物；鳞茎、根及类似品；插花及装饰用簇叶	0.1	35.1	0.1	35.1	0.0	—
第 7 章 食用蔬菜、根及块茎	88.4	31.4	88.4	31.3	0.1	202.8
第 8 章 食用水果及坚果；甜瓜或柑橘属水果的果皮	26.4	8.7	12.3	192.0	14.1	-29.8
第 9 章 咖啡、茶、马黛茶及调味香料	14.1	2.7	9.9	12.0	4.2	-14.2
第 10 章 谷物	9.6	-50.4	1.5	-29.2	8.1	-53.0
第 11 章 制粉工业产品；麦芽；淀粉；菊粉；面筋	0.8	-0.1	0.1	261.8	0.7	-7.8
第 12 章 含油子仁及果实；杂项子仁及果仁；工业用或药用植物；稻草、秸秆及饲料	167.9	26.2	4.6	-54.4	163.3	32.8
第 13 章 虫胶；树胶、树脂及其他植物液、汁	11.3	-12.4	11.2	-13.0	0.1	380.3

续表1

商品章节	进出口		出口		进口	
	人民币（亿元）	同比（%）	人民币（亿元）	同比（%）	人民币（亿元）	同比（%）
第14章 编结用植物材料；其他植物产品	0.8	-15.2	0.2	-28.7	0.6	-9.4
第15章 动、植物或微生物油、脂及其分解产品；精制的食用油脂；动、植物蜡	11.5	55.8	8.6	248.8	2.9	-40.8
第16章 肉、鱼、甲壳动物、软体动物及其他水生无脊椎动物、昆虫的制品	2.1	-7.7	2.1	-7.7	0.0	-40.7
第17章 糖及糖食	1.8	15.8	0.6	172.7	1.2	-11.5
第18章 可可及可可制品	0.0	23.8	0.0	-26.1	0.0	44.8
第19章 谷物、粮食粉、淀粉或乳的制品；糕饼点心	34.4	1.8	0.1	-23.4	34.3	1.9
第20章 蔬菜、水果、坚果或植物其他部分的制品	4.7	-1.2	4.6	-1.8	0.1	54.3
第21章 杂项食品	6.3	117.0	5.6	191.0	0.7	-25.8
第22章 饮料、酒及醋	1.8	-22.3	0.5	65.2	1.4	-34.1
第23章 食品工业的残渣及废料；配制的动物饲料	7.8	-47.6	5.5	-57.9	2.3	25.3
第24章 烟草、烟草及烟草代用品的制品；非经燃烧吸用的产品，不论是否含有尼古丁；其他供人体摄入尼古丁的含尼古丁的产品	8.1	108.6	8.1	108.6	0.0	—
第25章 盐；硫磺；泥土及石料；石膏料、石灰及水泥	11.1	74.5	9.4	82.7	1.7	39.8
第26章 矿砂、矿渣及矿灰	350.4	1.9	1.4	527.5	349.0	1.6
第27章 矿物燃料、矿物油及其蒸馏产品；沥青物质；矿物蜡	148.0	62.0	10.0	3622.7	137.9	51.5
第28章 无机化学品；贵金属、稀土金属、放射性元素及其同位素的有机及无机化合物	140.5	26.5	124.8	23.8	15.7	52.1
第29章 有机化学品	70.6	13.6	67.8	25.6	2.8	-65.5
第30章 药品	3.0	10.1	1.1	-13.7	1.9	30.9

续表 2

商品章节	进出口		出口		进口	
	人民币（亿元）	同比（%）	人民币（亿元）	同比（%）	人民币（亿元）	同比（%）
第 31 章 肥料	4.4	17.4	4.4	17.4	0.0	—
第 32 章 鞣料浸膏及染料浸膏；鞣酸及其衍生物；染料、颜料及其他着色料；油漆及清漆；油灰及其他类似胶粘剂；墨水、油墨	16.8	-0.9	9.7	-3.3	7.1	2.4
第 33 章 精油及香膏；芳香料制品及化妆盥洗品	44.6	124.6	34.0	148.3	10.6	71.7
第 34 章 肥皂、有机表面活性剂、洗涤剂、润滑剂、人造蜡、调制蜡、光洁剂、蜡烛及类似品、塑型用膏、“牙科用蜡”及牙科用熟石膏制剂	9.8	59.9	9.0	75.5	0.8	-20.5
第 35 章 蛋白类物质；改性淀粉；胶；酶	5.6	17.9	4.5	21.5	1.1	5.1
第 36 章 炸药；烟火制品；引火合金；易燃材料制品	47.2	59.5	47.2	59.5	0.0	-100.0
第 37 章 照相及电影用品	5.0	116.2	1.1	57.3	3.9	142.4
第 38 章 杂项化学产品	39.0	1.4	30.8	12.0	8.2	-25.2
第 39 章 塑料及其制品	240.8	49.5	201.1	51.0	39.8	42.7
第 40 章 橡胶及其制品	68.4	33.1	14.9	45.5	53.6	30.0
第 41 章 生皮（毛皮除外）及皮革	3.1	-36.6	1.1	-30.7	2.0	-39.4
第 42 章 皮革制品；鞍具及挽具；旅行用品、手提包及类似容器；动物肠线（蚕胶丝除外）制品	180.3	31.5	180.1	31.6	0.2	-34.9
第 43 章 毛皮、人造毛皮及其制品	2.7	-45.1	2.7	-45.1	0.0	-89.9
第 44 章 木及木制品；木炭	42.2	36.0	29.0	44.8	13.2	19.9
第 45 章 软木及软木制品	0.1	-31.6	0.1	-31.5	0.0	-96.0
第 46 章 稻草、秸秆、针茅或其他编结材料制品；篮筐及柳条编结品	1.9	88.6	1.9	88.7	0.0	-100.0

续表3

商品章节	进出口		出口		进口	
	人民币（亿元）	同比（%）	人民币（亿元）	同比（%）	人民币（亿元）	同比（%）
第47章 木浆及其他纤维状纤维素浆；回收（废碎）纸及纸板	20.4	50.5	0.2	668.3	20.2	49.4
第48章 纸及纸板；纸浆、纸或纸板制品	65.1	21.5	64.7	22.6	0.4	-51.6
第49章 书籍、报纸、印刷图画及其他印刷品；手稿、打字稿及设计图纸	6.6	30.2	4.9	16.2	1.7	98.3
第50章 蚕丝	0.1	69.2	0.1	71.9	0.0	-100.0
第51章 羊毛、动物细毛或粗毛；马毛纱线及其机织物	1.1	27.3	1.1	26.9	0.0	60.7
第52章 棉花	8.2	-3.1	6.8	24.5	1.5	-52.0
第53章 其他植物纺织纤维；纸纱线及其机织物	7.5	33.7	7.2	30.4	0.3	222.8
第54章 化学纤维长丝；化学纤维纺织材料制扁条及类似品	9.1	22.3	9.0	22.9	0.1	-11.6
第55章 化学纤维短纤	4.9	67.1	4.7	77.6	0.2	-24.7
第56章 絮胎、毡呢及无纺织物；特种纱线；线、绳、索、缆及其制品	8.5	37.9	8.1	36.3	0.5	72.7
第57章 地毯及纺织材料的其他铺地制品	3.4	130.2	3.4	130.3	0.0	-69.6
第58章 特种机织物；簇绒织物；花边；装饰毯；装饰带；刺绣品	6.4	78.2	6.2	87.5	0.3	-17.3
第59章 浸渍、涂布、包覆或层压的纺织物；工业用纺织制品	5.5	43.6	5.1	70.0	0.4	-47.8
第60章 针织物及钩编织物	10.6	87.7	9.8	102.1	0.8	2.8
第61章 针织或钩编的服装及衣着附件	165.8	68.8	165.6	68.8	0.2	57.6
第62章 非针织或非钩编的服装及衣着附件	103.3	38.8	103.1	38.6	0.2	202.9
第63章 其他纺织制成品；成套物品；旧衣着及旧纺织品；碎织物	52.1	36.5	52.0	36.9	0.1	-46.9

续表 4

商品章节	进出口		出口		进口	
	人民币（亿元）	同比（%）	人民币（亿元）	同比（%）	人民币（亿元）	同比（%）
第 64 章 鞋靴、护腿和类似品及其零件	246.7	28.6	245.9	28.6	0.8	51.9
第 65 章 帽类及其零件	8.0	128.8	8.0	128.6	0.0	555.9
第 66 章 雨伞、阳伞、手杖、鞭子、马鞭及其零件	3.0	88.3	3.0	88.3	0.0	28.7
第 67 章 已加工羽毛、羽绒及其制品；人造花；人发制品	82.0	2.5	76.5	-3.7	5.5	938.6
第 68 章 石料、石膏、水泥、石棉、云母及类似材料的制品	46.6	106.9	45.0	118.9	1.6	-18.3
第 69 章 陶瓷产品	121.9	36.4	121.4	36.4	0.5	38.4
第 70 章 玻璃及其制品	87.7	25.5	59.1	94.8	28.6	-27.7
第 71 章 天然或养殖珍珠、宝石或半宝石、贵金属、包贵金属及其制品；仿首饰；硬币	221.3	1.1	118.3	6.1	103.0	-4.2
第 72 章 钢铁	284.5	126.8	268.2	129.0	16.3	96.3
第 73 章 钢铁制品	310.6	81.8	308.9	84.1	1.6	-45.8
第 74 章 铜及其制品	39.9	73.5	2.5	71.1	37.4	73.7
第 75 章 镍及其制品	89.4	97.9	1.1	56.3	88.3	98.6
第 76 章 铝及其制品	34.6	30.3	33.6	39.7	1.0	-59.6
第 78 章 铅及其制品	0.4	-35.0	0.3	-47.9	0.1	34.9
第 79 章 锌及其制品	0.3	-51.4	0.3	-37.3	0.0	-81.1
第 80 章 锡及其制品	0.7	635.5	0.0	-40.4	0.6	1151.9
第 81 章 其他贱金属、金属陶瓷及其制品	71.4	63.0	36.8	53.2	34.6	75.0
第 82 章 贱金属工具、器具、利口器、餐匙、餐叉及其零件	53.2	27.2	52.7	27.2	0.5	20.9
第 83 章 贱金属杂项制品	55.3	53.3	55.0	53.7	0.2	-8.7
第 84 章 核反应堆、锅炉、机器、机械器具及零件	624.1	14.8	504.3	47.6	119.9	-40.6
第 85 章 电机、电气设备及其零件；录音机及放声机、电视图像、声音的录制和重放设备及其零件、附件	1262.5	20.9	849.3	11.9	413.2	44.7

续表5

商品章节	进出口		出口		进口	
	人民币（亿元）	同比（%）	人民币（亿元）	同比（%）	人民币（亿元）	同比（%）
第86章 铁道及电车道机车、车辆及其零件；铁道及电车道轨道固定装置及其零件；附件；各种机械（包括电动机械）交通信号设备	19.1	69.8	17.2	66.9	1.8	102.2
第87章 车辆及其零件、附件，但铁道及电车道车辆除外	187.4	66.2	172.7	94.8	14.7	-38.9
第88章 航空器、航天器及其零件	0.9	13.5	0.2	104.6	0.6	-2.9
第89章 船舶及浮动结构体	2.2	103.3	2.2	103.0	0.0	150.9
第90章 光学、照相、电影、计量、检验、医疗或外科用仪器及设备、精密仪器及设备；上述物品的零件、附件	104.9	-16.7	67.5	-21.4	37.4	-6.6
第91章 钟表及其零件	6.5	94.0	6.5	96.1	0.0	-61.8
第92章 乐器及其零件、附件	3.9	62.1	3.8	60.1	0.1	196.1
第93章 武器、弹药及其零件、附件	0.0	123.4	0.0	123.4	0.0	—
第94章 家具；寝具、褥垫、弹簧床垫、软坐垫及类似的填充制品；未列名灯具及照明装置；发光标志、发光铭牌及类似品；活动房屋	312.6	32.9	312.3	32.9	0.3	7.3
第95章 玩具、游戏品、运动用品及其零件、附件	222.5	15.5	222.4	15.5	0.1	-54.3
第96章 杂项制品	75.4	68.4	75.3	68.6	0.1	-5.3
第97章 艺术品、收藏品及古物	0.4	-92.0	0.3	-82.6	0.0	-99.3
第98章 特殊交易品及未分类商品	61.5	-32.5	59.1	-32.9	2.5	-20.6
第99章 跨境电商B2B简化申报商品	0.1	-47.6	0.1	-47.6	0.0	—

附录

长沙海关各部门、单位行政排序及简称

名称	简称
办公室	办公室
法规处	法规处
综合业务处	综合处
关税处	关税处
卫生检疫处	卫检处
动植物检疫处	动植检处
进出口食品安全处	食安处
商品检验处	商检处
口岸监管处	监管处
统计分析处	统计处
企业管理和稽查处	稽查处
缉私局	缉私局
财务处	财务处
科技处	科技处
督察内审处	督审处
人事教育处	人教处
机关党委（思想政治工作办公室）	机关党委（政工办）
监察室	监察室
离退休干部办公室	离退办
中华人民共和国长沙黄花机场海关	机场海关
中华人民共和国长沙邮局海关	邮局海关
中华人民共和国星沙海关	星沙海关
中华人民共和国株洲海关	株洲海关
中华人民共和国韶山海关	韶山海关
中华人民共和国衡阳海关	衡阳海关
中华人民共和国邵阳海关	邵阳海关
中华人民共和国岳阳海关	岳阳海关

续表

名称	简称
中华人民共和国常德海关	常德海关
中华人民共和国张家界海关	张家界海关
中华人民共和国益阳海关	益阳海关
中华人民共和国郴州海关	郴州海关
中华人民共和国永州海关	永州海关
中华人民共和国怀化海关	怀化海关
中华人民共和国娄底海关	娄底海关
中华人民共和国湘西海关	湘西海关
长沙海关风险防控分局	风控分局

“中国海关史料丛书”编委会